新校区鸟瞰规划图

新校区教学楼效果图 1

新校区教学楼效果图 2

软件园校区大门

软件园校区教学楼1

软件园校区教学楼 2

软件园校区教学楼 3

软件园校区田径场

软件园校区篮球场

软件园校区学院长廊

学生获奖

篮球赛

学生五四大合唱

校园十佳歌手大赛

学生毕业典礼

专场招聘会

福州软件职业技术学院
入学指南

主编◎《福州软件职业技术学院入学指南》编写委员会

北京理工大学出版社
BEIJING INSTITUTE OF TECHNOLOGY PRESS

版权专有 侵权必究

图书在版编目（CIP）数据

福州软件职业技术学院入学指南/《福州软件职业技术学院入学指南》编写委员会主编.—北京：北京理工大学出版社，2018.8（2019.9重印）

ISBN 978-7-5682-6089-3

Ⅰ.①福… Ⅱ.①福… Ⅲ.①高等职业教育—技术学校—入学教育—福州—指南 Ⅳ.①G718.5-62

中国版本图书馆CIP数据核字（2018）第181608号

出版发行 / 北京理工大学出版社有限责任公司
社　　址 / 北京市海淀区中关村南大街5号
邮　　编 / 100081
电　　话 / （010）68914775（总编室）
　　　　　（010）82562903（教材售后服务热线）
　　　　　（010）68948351（其他图书服务热线）
网　　址 / http：//www.bitpress.com.cn
经　　销 / 全国各地新华书店
印　　刷 / 三河市华骏印务包装有限公司
开　　本 / 787毫米×1092毫米　1/16
印　　张 / 16
彩　　插 / 4　　　　　　　　　　　　　　　　　　责任编辑 / 江　立
字　　数 / 375千字　　　　　　　　　　　　　　　文案编辑 / 江　立
版　　次 / 2018年8月第1版　2019年9月第2次印刷　责任校对 / 周瑞红
定　　价 / 38.00元　　　　　　　　　　　　　　　责任印制 / 施胜娟

图书出现印装质量问题，请拨打售后服务热线，本社负责调换

《福州软件职业技术学院入学指南》
编委成员

主 任 委 员 　林新辉

副主任委员 　刘建华　　林艺勇

委　　　员 　叶镇国　　陈燕峰　　王李沙　　魏丽静

　　　　　　　　黄剑豪　　张　燕　　卓白云

福州软件职业技术学院校训

励学强技
厚德笃行

目　录

第一部分　认知篇

一、学院概况 ·· 1
二、校训及校训释义 ·· 2
三、校徽及校徽释义 ·· 2
四、学院各教学系部介绍 ·· 3
   1. 经济管理系介绍 ·· 3
   2. 软件工程系介绍 ·· 6
   3. 现代设计系介绍 ·· 10
   4. 建筑工程系介绍 ·· 12

第二部分　心理素养篇

一、大学生心理健康的标准 ·· 15
二、大学生心理发展的特点 ·· 15
三、大学生心理发展矛盾和冲突的主要表现 ······················· 16
四、完善的自我意识 ·· 16
五、正确认识自我 ··· 16
六、大学生可能面对的挫折 ·· 17
七、正确面对挫折 ··· 17
八、大学生情绪特点的主要表现 ······································· 17
九、大学生恋爱心理的产生与心理特点 ····························· 18
十、如何对待"失恋" ·· 18
十一、培养健康的恋爱心理与行为 ···································· 19
十二、良好人际关系交往的原则 ······································· 19

第三部分　学习篇

一、新生入学问答 ··· 21
   1. 学生不能按时报到怎么办？ ······································ 21
   2. 新生入学报到办理相关入学报到手续。 ····················· 21

3. 新生入学还需要体检吗？体检不合格怎么办？ 21
4. 如果检查出身体有疾病还能继续上学吗？ 21
5. 学校的学制是几年？ 22
6. 学生不喜欢现在的专业，可以转专业或转学吗？ 22
7. 上学期间可以出国留学吗？ 22
8. 学生休学的年限是多少？ 22
9. 学生休学后如何办理复学？ 22
10. 考试作弊如何处理？ 22
11. 学校开设那些课程？能学其他专业的课程吗？ 23
12. 学校的考试怎么进行？如果考试不及格怎么办？ 23
13. 如果有事不能上课，必须请假吗？ 23
14. 学生身体不好，能不上体育课吗？ 23
15. 什么是重修？ 23
16. 如果不能参加期末考试怎么办？ 23
17. 毕业、结业、肄业都是什么意思？ 23
18. 如何申请校内勤工助学岗位？ 23
19. 学院官方认证的对外端口是什么？福软通如何下载？ 24
20. 如何办理并充值火车票优惠卡？ 24

二、学习过程 24

1. 大学期间学什么？ 24
2. 大学生活学习方式和方法有何变化？ 24
3. 大学的学习目标是什么？ 24
4. 如何对待专业课、公共课和选修课？ 25
5. 大学与中学学习有什么不同？ 25
6. 如何制订科学的学习计划？ 26
7. 大学生要面临怎样的生活方式转变？ 26
8. 大学生的思维方式应该如何转变？ 26

三、职业资格证书 26

1. 什么是职业资格证？ 26
2. 学院对学生考取职业资格证方面有什么规定？ 27

四、实习指南 29

1. 什么是实习？ 29
2. 实习有什么要求？ 29
3. 实习课程如何考核？ 29
4. 实习期间有哪些注意事项？ 30
5. 学生没有参加岗位实习的作何处理？ 30

五、升学指南 30

1. 全日制统招专升本 31
2. 非全日制专升本 32

  3. 各升本途径一览 ·· 34

第四部分 生活篇

一、新生入学须知 ·· 35
  1. 新生的床上用品问题? ·· 35
  2. 学生宿舍是如何分配的? ·· 35
  3. 学生宿舍如何用电? ·· 35
  4. 宿舍如何自我管理? ·· 35
  5. 该摒除哪些不良宿舍文化? ·· 35
  6. "文明宿舍"评比标准是什么? ·· 36
二、公共服务 ·· 37
  1. 如何管理好自己的银行卡? ·· 37
  2. 存取款需要注意什么? ·· 37
  3. 寒暑假放假如何购买车票? ·· 37
三、安全意识 ·· 38
  1. 学习紧急处置、疏散、自救的方法 ·· 38
  2. 高校盗窃案的特点 ·· 39
  3. 防盗的基本方法 ·· 39
  4. 几种易盗物品的防盗措施 ·· 39
  5. 发生盗窃案件的应对方法 ·· 40
四、应急事件的处理 ·· 40
  1. 地震应对措施 ·· 40
  2. 食物中毒应对措施 ·· 41
五、课外活动 ·· 42
  1. 什么是学生社团,都有哪些社团 ·· 42
  2. 参与社团活动有哪些注意事项 ·· 42
  3. 参加社会实践的形式有哪些 ·· 43
  4. 社会实践的意义有哪些 ·· 43
  5. 找兼职工作的注意事项 ·· 43
  6. 兼职中合法权益受到侵害时该怎么办 ·· 44

第五部分 军训篇

一、为什么要军训 ·· 45
二、军训时训练用品都有什么 ·· 45
三、军训包括什么科目 ·· 45
四、队列训练包括什么 ·· 45
五、军训的注意事项有哪些 ·· 45

六、军训必备物品有什么 ··· 46

第六部分　毕业求职篇

一、职业生涯规划部分 ··· 47
  1. 职业生涯规划的基本概念及意义 ·· 47
  2. 职业生涯规划的基本步骤 ·· 47
  3. 可利用的资源库 ··· 48
二、求职攻略部分 ··· 49
  1. 职业素养 ··· 49
  2. 职业选择 ··· 50
  3. 自荐材料的制作 ··· 55
  4. 笔试 ·· 59
  5. 面试 ·· 60
  6. 心理调适 ··· 64
  7. 就业忠告 ··· 65
三、服务指南部分 ··· 67
  1. 毕业生就业问题 ··· 67
  2. 有关毕（结）业生报到证及个人档案去向的相关说明 ··········· 70
  3. 就业陷阱识别 ··· 71
  4. 常用就业网站及书籍 ·· 73

第七部分　政策法规篇

中华人民共和国高等教育法 ··· 75
普通高等学校学生管理规定 ··· 83
普通高等学校学生安全教育及管理暂行规定 ··· 94
学生伤害事故处理办法 ·· 98
普通本科高校、高等职业学校国家奖学金管理暂行办法 ······················ 103
高等学校学生行为准则 ·· 106
福建省高等学校学生宿舍消防安全管理规定 ··· 107

第八部分　管理制度篇

福州软件职业技术学院学生管理暂行规定（修订） ······························ 115
福州软件职业技术学院学生课外素质教育及综合测评办法（修订） ···· 127
福州软件职业技术学院学生违纪处分规程（修订） ······························ 135
福州软件职业技术学院违纪处分委员会审理程序（修订） ···················· 143
福州软件职业技术学院学生申诉处理办法（试行） ······························ 147

福州软件职业技术学院奖学金管理规则……150
福州软件职业技术学院学生宿舍使用计算机及上网管理规定（修订）……152
福州软件职业技术学院学生宿舍管理规定（修订）……153
福州软件职业技术学院学生申请走读及管理若干规定（修订）……156
福州软件职业技术学院学生考勤管理办法（修订）……158
福州软件职业技术学院学生外出活动管理办法（修订）……160
福州软件职业技术学院学生心理健康咨询实施办法（修订）……162
福州软件职业技术学院学生突发事件应急处理预案（修订）……165
福州软件职业技术学院学生军事训练管理规定（修订）……169
福州软件职业技术学院校园文化活动管理办法……172
共青团福州软件职业技术学院委员会工作条例……176
福州软件职业技术学院共青团员管理办法……178
福州软件职业技术学院学生代表大会章程（试行）……181
福州软件职业技术学院学生社团管理规定（修订）……185
福州软件职业技术学院学生干部管理办法（修订）……190
福州软件职业技术学院青年志愿者管理办法（修订）……195
福州软件职业技术学院学生社会实践活动管理办法……198
福州软件职业技术学院学生诚信档案管理办法……201
福州软件职业技术学院推荐优秀团员作为党的发展对象的工作细则……207
福州软件职业技术学院先进集体与个人评选办法……209
福州软件职业技术学院学生奖励学分实施管理办法（试行）……217

第九部分　学生资助篇

福州软件职业技术学院国家奖学金管理办法（修订）……222
福州软件职业技术学院国家励志奖学金管理办法（修订）……225
福州软件职业技术学院国家助学金管理办法（修订）……227
福州软件职业技术学院家庭经济困难学生认定管理办法（修订）……230
福州软件职业技术学院生源地信用助学贷款管理办法（修订）……233
福州软件职业技术学院学生勤工助学管理办法（修订）……236
福州软件职业技术学院学生应征入伍服义务兵役资助管理办法（暂行）……239

第一部分 认知篇

一、学院概况

福州软件职业技术学院是一所国家计划内统一招生并可独立颁发国家承认、教育部电子注册的专科学历的全日制民办普通高等学校。学院由国内知名网络游戏与移动互联网应用的开发商和运营商网龙网络有限公司（港交所主板上市公司）旗下全资子公司福建天晴在线互动科技有限公司举办。

学院校区位于福州市鼓楼区福州软件园内，学院新校区位于福州市长乐区湖南镇。现有在校生3 000多人，设有软件工程系、现代设计系、经济管理系、建筑工程系、公共基础部等5个教学单位，开设了涵盖软件技术、艺术设计、财经专业及虚拟现实（VR）等当今经济社会建设急需的20多个专业。依托网龙集团及福州软件园区内的产业，逐渐形成了以软件、动漫、艺术设计类专业为特色，经管、商贸、艺术、外语、信息多学科协调发展的专业结构。

自2005年创办以来，学院秉承着"厚德笃行，励学强技"的校训精神，始终坚持"面向社会，以能力为本，以质量立校，以特色立名"的办学理念，坚持德育为先、能力为重的育人思想，大力推行"双证书"制度和工学结合，探索工学交替、任务驱动、项目导向的教学模式，积极开展校企合作，培养了近15 000名具有良好职业道德、娴熟的专业技能，能够满足生产、建设、服务、管理第一线需求的高素质技能型人才。

学院拥有一支年龄结构合理，学历、职称相应高水平、高素质，具备丰富教学经验和较强实践动手能力的师资队伍，现有专兼任教师近300名，其中副高以上职称55人，研究生及以上学历教师92名，具备"双师"素质的教师97名，省级教学名师2人。

近三年来，学院立足成为"福建省教育信息化标杆院校"的建设目标，着重依托网龙网络公司的技术与资源优势，积极开展基于"互联网+教育"的信息化教育教学改革，试点慕课混合式翻转课堂教学模式，实施基于知识点为核心的教考分离改革和电子书包建设，开发了为教学、教辅与管理提供信息化服务的"教育先生"产品体系，建设了满足"互联网+"需求的录播室、资源工厂、未来实训室和VR实训室，建成了122门共计2 177学时的慕课课程。

几年来，学院深入推进体制机制创新，不断加强内涵建设，全面提升办学水平、社会服务能力和人才培养质量，社会声誉不断提升。学院招生录取率和报到率始终位居全省民办高职院校前列，毕业生一次性就业率均达93%以上，呈现了招生就业"进出两旺"的良好发展态势。学院先后被授予"平安校园""文明校园""福州市先进基层党组织""福州市教育系统先进基层党组织""福建省五四红旗团委""福州市创建全国文明城市先进工作单位""福州市十佳'两新'团组织""福建省软件适用人才重点培训基地"等荣誉称号，并被腾讯大闽网网络评选为"海西教育十佳民办院校""十大最具知名度民办院校"。

二、校训（如图1-1所示）及校训释义

图1-1 校训

"厚德"乃为人之本。"厚德"一词出自《易经·坤卦》："地势坤，君子以厚德载物。""厚德载物"意指以博大宽容的道德胸怀包举万物，承载理想的精神，意在要求学院要坚持德育先行，将德作为育人之本、立校之本、办学之基，期望广大师生能以高尚的道德立身，以高尚的道德承载天下重任。

"笃行"乃为学之道。"笃行"一词出自《礼记·中庸》："博学之，审问之，慎思之，明辨之，笃行之。""笃行"意指对事业、学业专心致志，锲而不舍，知行合一，求是务实。"笃行"意在引导广大师生要脚踏实地，身体力行，学以致用。

"励学"乃成功之基。"励学"一词出自宋真宗《励学篇》的诗，劝勉人勤奋学习，孜孜不倦奋斗以成就人生。"励学"指励志求学、激励进取的意思，勉励广大师生勤奋为学，刻苦磨砺，注重知识的积累，素质的提升，以此为今后的成功做积累。

"强技"乃生存之需。"强技"，即提高技艺、增强技能，要求注重理论与实践的结合，掌握技术、提高技艺、增强技能。"强技"突出以职业技能为核心，这是高等职业教育的"立身之本"。"强技"要求广大师生在专业技术方面刻苦钻研，精益求精，勇于探索创新，以一技之长求生存与发展，以一技之优在竞争中保持优势，以一技之能服务社会与国家。

"厚德笃行，励学强技"八字校训，言简意赅，寓意深刻，蕴涵着学院的办学特色、办学定位，也体现着学院的治校理念、兴校方针。"厚德"突出了德育为先的教育理念；"笃行"强调的是重视实践、知行合一；"励学"是求学、治学的态度；"强技"则体现高等职业教育的特色。

三、校徽及校徽释义

校徽（如图1-2所示）的设计理念是：运用图文复合的方式展现了稳重性、象征性和辨识性的设计理念。

整个校徽是以大象为主要元素，配合盾牌形状背景，底部用橄榄枝加以点缀构成的圆形图标。

图标外沿带有我院中英文标识字样，即福州软件职业技术学院（FUZHOU SOFTWARE TECHNOLOGY VOCATIONAL COLLEGE），使之具有很强的符号识别。

图 1-2 校徽

校徽中跳舞的大象不仅具有稳重、可靠和力量的特征，而且象征着"Nothing Is Impossible"的寓意，学士帽元素代表丰硕的学识，而书本是知识的海洋，大象跟书本的结合象征着我院在探索现代职业教育的道路上脚踏实地又不乏创新，百尺竿头，更进一步；而橄榄枝寓意和谐、荣誉与友好。整个校徽象征着我院对人才培养的重视，同心同德，争取更大的荣誉，创造更美好的明天。

四、学院各教学系部介绍

1. 经济管理系介绍

（1）系部概况

经济管理系现设有7个专业，分别为会计专业、审计专业、互联网金融专业、网络营销专业、物流管理专业、国际贸易实务专业、市场营销专业，在校生1200多人。系部拥有雄厚专业的师资队伍，其中教授1人，副教授3人，硕士以上比例67%，"双师"型教师达90%以上。其中既有来自"211"高校的资深教授，也有来自企业界的专业人士，整支队伍充满活力，富有朝气。校外专任老师与行业兼职教师在教学、科研、社会服务、创新创业以及文化传承中坚持不懈地追求卓越，为教育事业贡献自己的青春和力量。

经济管理系严把教学关，致力于不断提升教学质量，坚持以研促教，取得了较为丰硕的教学和科研成果。其中，会计、审计、市场营销、网络营销、国际贸易实务、物流管理专业获批校级精品课程6门，完成信息化课程建设30余门，开展翻转课堂教学项目实践1项，并在相关信息化教学改革比赛中屡屡获奖。除此以外，老师积极投入科研工作，获教育厅和学校教育教学改革等基金项目共计20余项，指导大学生创新创业实践项目10余项；在各类刊物上发表论文70余篇。

经济管理系致力于理论教学与实践教学相结合，积极寻求校企合作，为学生搭建实践平台，与企业紧密合作共同培养高素质技能人才。目前，已与北京外企市场营销顾问有限公司福州分公司、福州名成水产品市场有限公司、福建中讯证券研究有限责任公司、泰康人寿福建分公司、国房网、骊特房产、蔚蓝集团等52家企业签订校企合作实训基地协议并建立了长期稳定的合作关系。

经济管理系在学院的有力指导下,以"两学一做"的学习实践为主线稳步推进系部事务建设,深入开展各类主题活动为载体的工作实践,在系部支部建设、学生管理上取得了成果。首先,系部党总支按照学院"两学一做"学习教育推进计划,组织统筹,凝练特色,开展了"参观古田会址,学习古田会议精神"、"海峡人才杯"大学生创业营销大赛、"畅谈中国梦"主题演讲比赛等学习实践,将教学研讨、师生交流、学困生帮扶有机融合,横纵延伸至生活的各个角落,提炼学习心得。其次结合学生实际,系部打造了一支业务精干、管理卓越、精准服务的辅导员工作团队,建立了"学生－辅导员－教师－家长"的四级监管互动机制,实现学生学业进步、生活自律、行为养成和就业有为的良好局面。最后,积极实践导师制,引导学生创新创业实践。

(2)专业介绍

1)会计电算化专业

专业介绍：本专业培养德、智、体、美、劳等全面发展,具有良好职业道德素养,同时掌握手工及电算化会计处理程序和方法,毕业后能从事会计核算、报税、出纳、财务管理、会计电算化软件处理等工作,具有较强的创业意识和创新精神,具有较强的实践能力的高素质技能型人才。

主要课程：基础会计、财务会计、成本会计、财务管理、管理会计、审计实务、纳税实务、会计电算化、出纳实务、Excel与财务应用及会计电算化综合实训。

就业方向：本专业的就业领域是非常广泛的,其主要就业领域是在银行、公司、事业单位担任以下职务：出纳员、往来结算核算员、财产物资核算员、资金核算员、财务成果核算员、成本核算员、会计主管、办税员、审计助理、营销员、保险员、理财规划师、资产评估师等金融机构从业人员。

2)会计与审计专业

专业介绍：本专业培养具有良好的职业道德和创新精神,熟悉国家财经法规和财税政策,通晓会计学、审计学基本理论和实务,能够独立处理企事业单位日常会计业务；能够胜任企事业单位、政府审计机关和会计师事务所、税务师事务所会计与审计相关岗位工作的高素质技能型专门人才。

主要课程：基础会计、财务会计、成本会计实务、财务管理、管理会计、财经法规与会计职业道德、纳税实务、会计电算化、审计基础、财务审计、审计专业相关知识及相关会计实训。

就业方向：本专业的就业领域是非常广泛的,其主要就业领域是在银行、公司、事业单位担任以下职务：会计岗位、电算化岗位、审计岗位、财务管理岗位等。

3)物流管理专业

专业介绍：本专业旨在培养具备良好的专业修养、专业知识和专业能力,凸显物流管理的现实需求与特色,掌握现代物流理论知识和现代物流技术与方法的高素质技能型物流管理人才。培养学生能够掌握现代物流、采购、仓储管理、物流信息系统等专业基本理论知识和相应的专业操作技能。

主要课程：物流管理基础、物流市场营销基础、物流企业会计、物流采购管理、物流企业运营管理、生产管理、物流运输组织与管理、物流信息技术、仓储与配送管理、物流设施与设备。

就业方向：本专业学生毕业后可在工商企业、大型连锁企业、第三方物流企业从事货物运输、仓储、配送、采购、会计、物流信息服务，并能初步设计、优化和组织实施物流方案等工作。

4）网络营销专业

专业介绍：网络营销专业是伴随着互联网高速发展、网民规模日益扩大而诞生的。当今社会的方方面面都受到互联网的深刻影响，互联网塑造了全新的社会生活形态，潜移默化地改变着人们的日常生活。应运而生的网络营销专业，致力于培养熟悉市场营销和互联网营销理论，掌握互联网营销和电子商务策略，具备营销型网站搭建的知识和技能，能够灵活运用互联网营销手段进行品牌营销、产品推广、网站营运以及管理的"懂网络、有技术、会营销"高素质技能型人才。

主要课程：网络营销理论与实务、网页设计、网络广告制作、网络市场调研技术、网络营销策划、网上创业实训等相关课程。

就业方向：本专业的就业方向为传统公司和新兴互联网公司，以互联网为平台从事网络营销类工作，包括技术支持、网络营销方案设计、网站编辑、网页设计、顾客关系管理、网络广告推广、网站文案编辑，鼓励学生自主创业，运营网店。

5）国际贸易实务专业

专业介绍：本专业立足于培养德、智、体全面发展，适应社会经济发展需要，理论基础扎实，综合素质较高的应用型国际贸易专门人才。学生毕业时能够较系统地掌握国际经济和国际贸易的基本理论，掌握国际贸易的基本知识和技能，了解当代国际经济贸易的发展现状，熟悉通行的国际贸易规则和惯例以及中国对外贸易的政策法规，了解主要国家与地区的社会经济情况，能在涉外经济贸易部门及相关单位从事业务、管理、调研和宣传策划工作。学院鼓励并组织学生选择参加外贸跟单员、外贸单证员、报关员、报检员、高级国际货运代理员等认证和职业资格考试以提高学生的专业技能，增强其就业岗位的竞争优势。

主要课程：国际贸易、国际贸易实务、国际金融、进出口检验检疫理论与实务、报关实务、国际结算实训、电子商务、国际商法、国际商务谈判、外贸英文函电、国际贸易综合实训等。

就业方向：在外贸部门、工贸企业、独立报关报检行、物流企业、三资企业和各类金融机构等企事业单位从事外贸制单、跟单、报关、报检、结算、涉外文秘等业务、管理与服务等岗位。

6）互联网金融专业

专业介绍：本专业培养适应区域经济建设和社会发展需要，面向传统金融机构互联网金融业务和互联网金融企业一线业务岗位，掌握金融基础理论知识与网络金融存贷业务、产品营销、客户理财等业务操作处理专业技能，能从事互联网金融信审专员岗、稽核专员岗、催收专员岗、客户开发岗、客户管理及关系维护岗、客户理财顾问岗、互联网金融产品开发岗等工作岗位的高素质技能型应用人才。

主要课程：会计学原理、金融学、证券投资、保险原理与实务、商业银行经营管理、电子支付与网络银行、证券市场基本法律法规、互联网金融、金融产品营销与管理、互联网思维、互联网金融产品分析与设计。

就业方向：本专业的主要就业领域为银行、证券公司、互联网金融公司等金融企业互网业务一线岗位，初始主要岗位包括银行对公业务、个人业务的各项临柜业务操作岗与银行卡与授信业务客户经理岗位、证券公司、互联网金融公司等金融企业的各项临柜业务操作岗与开发客户、客户管理及关系维护等岗位，获得一定工作经验后可获得的发展岗位群主要包括：银行及证券公司等金融企业各基层营业机构业务柜组负责人、主办会计、基层网点负责人等业务管理岗位，预计平均获得时间为3～5年。

7）物流金融管理专业

专业介绍：本专业培养德、智、体、美全面发展，适应"一带一路"和海峡西岸经济区发展需要，具备人文精神、科学素养和诚信品质，系统掌握物流管理和现代金融业务专业知识，能够开发、设计、综合运用新的金融工具和手段，创造性地解决物流金融实务问题，具有创新、创业意识，具有竞争和团队精神，能够在物流公司、银行、证券、保险等单位从事物流、金融、财务管理等工作，适应现代金融信息服务业发展的高素质技能型专门人才。

主要课程：物流基础、会计学原理、金融学基础、证券投资、保险原理与实务、证券市场基本法律法规、物流金融市场开发、融资与投资实务等。

就业方向：本本专业毕业生主要面向物流企业、工商企业、金融机构培养银行信贷员、物流金融业务监管员、物流金融业务开发员、工商企业融投资主管等岗位。

2. 软件工程系介绍

（1）系部概况

软件工程系依托学院投资方国内知名网络游戏与移动互联网应用的开发商和运营商网龙网络有限公司（以下简称网龙公司），依据福建省电子信息产业发展，构建特色专业，努力将本系打造为培养计算机网络、信息安全、软件技术等IT类专业高素质技术技能型人才的重要基地。软件工程系现开设计算机应用技术、计算机网络技术、信息安全与管理、多媒体应用技术、大数据技术与应用、软件技术、软件技术（智能手机方向）、软件技术（软件测试技术方向）八个专业，目前在校生603名。近年来该系学生多次在高职技能大赛中取得了二等奖、三等奖、优秀奖的好成绩，毕业生就业主要集中在国家机关、企事业单位、互联网相关行业，从事互联网、4G网络建设，系统集成，互联网应用开发，信息安全管理等工作，多年来，毕业生就业率始终保持在90%以上。

软件工程系现有教职工11人，10人具有中级以上职称，其中硕士以上学位占比46%以上，教授级职称1人、高级职称1人、中级职称9人，此外，还聘请知名企业专家组成了高水平的兼职教师团队，建设了一支职业素质优、专业水平高、科研能力强、实践经验丰富、勇于创新的专兼职教师团队。

软件工程系立足与服务区域信息产业，多年来，学院加大实训基地建设力度，建设有"设备先进、师资一流、动作模式一流"的开放性校内外实训基地。现在建设成了四个大型校内实训基地软件测试（QA）研究发展中心、网络安全产学研究发展中心；同时依托学院投资方网龙公司提供的实训场所，包括技能认证发展中心、VR培训中心、体验学习实验室、移动学习实验室；并与多家知名企业深度合作，先后与中国移动、星网锐捷网络等30多家公司签署了校外实习基地协议，为学生创造了仿真企业的实践教学环境，提供了有利的校企合作联合培养场所和条件。

多年来，软件工程系在专业建设、教学改革、学生培养各方面取得优异成绩的情况下，致力于社会服务工作，系部教师曾参与OSTA（国家职业技能鉴定中心）办公软件应用试题汇编教材的编写工作。在学生培养方面，注重学生的综合职业素质的培养，鼓励学生积极参加国家级、省级各类技能大赛，学生参加省级、国家级技能大赛，取得了2016年福建省职业技能大赛移动互联网应用软件开发获二等奖的优良成绩，多名获奖学生获得了国家励志奖学金。

（2）专业介绍

软件工程系现开设计算机应用技术、计算机网络技术、信息安全与管理、多媒体应用技术、大数据技术与应用、软件技术、软件技术（智能手机方向）、软件技术（软件测试技术方向）八个专业，毕业生就业主要集中在国家机关、企事业单位、互联网相关行业，从事互联网、4G网络建设，系统集成、互联网应用开发、信息安全管理等工作，多年来，毕业生就业率始终保持在90%以上。

1）大数据技术与应用专业

专业介绍：面向首都信息产业、服务类企业，培养掌握大数据处理、数据分析和展示等相关技术；具备处理复杂数据流、整合趋势报告的能力，能利用最新的技术进行数据采集、处理、存储、分析、预测和优化的工作技能，从而协助企业决策者制定合适的技术线路线或者业务发展蓝图的高素质高技能人才。

主要课程：Web信息检索与数据抓取、大数据处理技术、数据挖掘应用、分布式数据库、Java模块开发、数据可视化技术、前端设计与开发、数据分析。

就业方向：本专业的毕业生利用大数据技术在诸多领域内从事信息数据的预报分析、数据处理、优化和展示等工作。主要从事的岗位有：数据采集员、数据分析师、大数据应用开发工程师、数据化可视工程师、Web前端开发工程师、数据运营专员等。

2）数字媒体应用技术专业

专业介绍：本专业培养具有大专文化层次，具有良好职业道德和综合素质，并具有良好艺术素养和数字内容制作核心技术能力的专门人才。在校期间能系统地掌握数字展示的核心技术和创作理念，重点掌握三维虚拟仿真场景建模、场景贴图绘制、烘焙渲染，交互界面设计与制作，三维交互平台搭建和控制，学生最终可以通过数字头盔、数字眼镜、数字手套和虚拟驾驶等VR设备身临其境地体验自己创建的虚拟世界。

主要课程：建筑模型制作、建筑动画渲染、展览展示视频制作、互动媒体制作、建筑沙盘制作、交互编程基础等课程。

就业方向：本专业毕业生就业主要面向虚拟仿真设计公司；手机游戏及各类手机APP制作公司；产品展示公司；航天、军事、城市规划、房地产、博物馆、教育等领域的交互可视化部门；特种器械模拟企业；虚拟现实培训班专业教师助教等。

3）软件技术专业（软件测试技术方向）专业

专业介绍：本专业培养掌握系统的计算机基础理论、程序设计基础、软件测试技术、数据库操作等专业知识，具备运用先进的软件工程方法、技术和工具，从事软件测试和软件测试管理相关工作的高素质技术型人才。

主要课程：Java应用软件开发、软件测试技术、软件功能测试、软件性能测试、软件测试管理、前端设计与开发、数据库应用。

就业方向：软件测试专业方向的信息产业发展势头强劲，人才需求量缺口巨大。相对而言,该行业入职门槛低、待遇高、职业寿命长。本专业毕业生主要面向各类软件企业、相关企事业单位从事软件测试、软件质量保证、软件系统维护、软件技术支持、软件销售与售后服务,以及与计算机相关的多种工作。典型工作岗位包括软件测试员、软件测试工程师、测试组长、测试经理、质量保证工程师、项目经理、计划经理等。

4) 信息安全与管理专业

专业介绍:培养满足信息安全行业一线需要,具备网络及信息安全基础理论知识,具有网络及信息系统的安装、配置及安全管理能力,掌握网络攻防技术、电子数据取证技术,能够利用电子取证技术进行司法鉴定,能够保障信息系统安全、稳定运行,并能对信息系统安全风险进行评估,制定相应系统安全解决方案的高素质技能型人才。

主要课程:服务器安全与配置、数据库安全与管理、网络设备安全与配置、网站建设与安全防御、黑客攻防技术、电子数据取证技术、计算机病毒分析与防御、信息系统安全等级保护与风险评估。

就业方向:在各类企事业单位及政府机关的 IT 部门,从事单位的网络及信息系统的建设、维护,网站建设及安全管理工作;在信息安全服务类企业,从事信息系统安全风险评估、信息安全技术培训及信息安全事件应急响应工作。系统安全管理工程师、信息安全工程师、信息安全商务技术工程师、信息安全等级测评师。国家机关、企事业单位如:公安、国安、银行、证券、保险、移动、电信、联通等,从事信息系统安全管理与保障、电子取证、网络警察等工作;信息安全公司,为客户提供信息安全技术支持、培训及信息安全事件应急响应、数据恢复服务,负责公司信息安全产品的销售及推广,与客户交流沟通,根据客户需求,为客户制定完善的系统安全方案。为客户的信息系统提供全面的安全测评服务,评估系统安全现状及面临的安全漏洞,制定相应的解决方案。

5) 软件技术专业

专业介绍:以服务海西经济和社会发展为主要宗旨,本专业是培养拥护党的基本路线,德、智、体、美、劳全面发展,掌握必需的计算机理论知识,具备较强的软件编程能力的程序员人才。培养出熟练掌握一个主流的传统软件开发工具,熟悉软件工业化标准,能够胜任软件代码设计、系统维护、软件测试和销售第一线需要的、具有创新精神、创业意识和创造理念、系统掌握创新创业知识的高素质技能型人才。培养适应软件发展需求和移动物联网大方向,掌握流行软件开发技术。顺应物联网开发大方向,与企业需求相适应的应用型技术人才。

主要课程:程序设计基础、网页设计、Java 程序设计、SQL Server 数据库管理与程序设计、Android 移动应用开发技术、Java Web 程序设计、软件工程与文档写作。

就业方向:程序员、软件测试人员;数据库维护与开发人员;计算机系统安装与维护;办公自动化系统使用与维护;计算机及软件产品销售;其他相关岗位。

6) 软件技术专业(智能手机开发方向)专业

专业介绍:以服务海西经济和社会发展为主要宗旨,本专业是培养拥护党的基本路线,德、智、体、美、劳全面发展,掌握必要的计算机基础理论和软件开发过程,具备具体的应用软件设计能力,掌握必需的 Android(安卓)嵌入式系统理论、Android(安卓)嵌入式编程技术、方法和工具,能满足 Android(安卓)方向嵌入式系统应用、设计、开发、测试和销售第一线需要的、具有创新精神、创业意识和创造理念、系统掌握创新创业知识的高素质技能型人才。

主要课程：程序设计基础、SQL Server 数据库管理与程序设计、Java 程序设计、网页设计、移动终端 UI 设计、Java Web 程序设计、软件工程与文档写作、Linux 操作系统应用、Android 移动应用开发技术。

就业方向：无线开发程序员、测试人员；数据库维护与开发人员；网页制作、网站管理；计算机系统安装与维护；办公自动化系统使用与维护；计算机及软件产品销售。

7）计算机网络技术专业

专业介绍：以服务为宗旨，以就业为导向，走产学结合的发展道路，培养拥护党的基本路线，适应生产、建设、管理、服务第一线需要的，具有创新精神、创业意识和创造理念，系统掌握创新创业知识，并具有一定创业技能的，在德、智、体、美等方面全面发展的高素质技能型人才，为全面建设小康社会、构建社会主义和谐社会作出应有的贡献。毕业生能够掌握进行企业级网络构建与组网所需的基本知识；掌握构建企业级电子办公平台和电子商务平台所需的基本知识；熟练应用当前流行的操作系统进行企业级网络环境的配置与管理并进行日常维护与管理；具备充足的网络安全知识，可以使用标准防护手段保护企业级系统数据的安全性与完整性，学生能够运用所学的专业知识去大胆尝试，勇于创新。掌握无线组网技术和 BYOD 架设、优化、维护。

主要课程：网络工程与综合布线、网络互连技术、局域网技术与应用、网络安全技术与应用、网络设备配置与管理、无线网技术与应用。

就业方向：主要培养从事网络集成与工程监理、Web 网页制作与网站设计、信息安全与网络管理的高级网络技术应用型人才。

8）计算机应用技术专业

专业介绍：本专业培养适应社会主义现代化建设事业需要的德、智、体、美、劳等全面发展，具有较高的会计、财务信息管理专业理论水平，较强的财务信息管理专业技能，能胜任各类中小企业、事业单位、咨询机构等单位财务信息的搜集、分析和数据处理等相关工作，具有创新精神、创业意识和创造理念，系统掌握创新创业知识，并具有一定创业技能的，具有良好职业道德和可持续发展的高素质技能型人才。

主要课程：计算机网络基础、会计学基础、财务会计、Excel 与财务报表分析、ERP 原理与应用（含会计电算化）、SQL Server 数据库管理与程序设计、网页设计。

就业方向：工业企业、商业企业从事财务会计核算、财务管理、出纳等方面的工作；商业银行、农村信用社等金融企业从事财务会计核算、稽核、财务管理等方面的工作；工商、金融等企业从事财务信息输入、输出和财务信息分析运用方面的工作。

9）物联网工程技术专业

专业介绍：本专业掌握物联网信息技术的基本理论知识和基本技能，经过相关课程的技能训练，熟练并系统地掌握物联网应用系统集成、物联网硬件与软件设计、物联网相关的计算机、通信和传感器的基本理论、基本知识、基本技能和基本方法，能在企事业单位从事物联网系统规划、分析、设计、开发、部署及维护管理等方面工作的应用技能型专门人才。

主要课程：传感器技术、无线传感网络技术（ZigBee 技术）、射频识别（RFID）、单片机技术、关系数据库与 SQL、电子科学与技术等。

实习实训主要包括：常规实训 1（电子技术＋EDA＋单片机）、常规实训 2（物联网/无

线传感网实践与实验）、毕业实训（构建小型物联网）

就业方向：本专业的毕业生利用物联网技术在诸多领域内从事物联网的通信架构、网络协议和标准、无线传感器、信息安全等的设计、开发、管理与维护等工作，主要从事的岗位有：感知设备或芯片设计、IT 网络管理和应用、系统集成与开发、物联网管理与应用等岗位。

3. 现代设计系介绍

（1）系部概况

现代设计系现设有动漫制作技术（VR 方向）、产品艺术设计（VR 方向）、广告设计与制作（VR 方向）、视觉传播设计与制作、视觉传播设计与制作（VR 方向）、数字媒体应用技术等六个专业，以虚拟现实技术培养为龙头，辐射相关设计专业，教学设备先进，拥有未来教室、虚拟现实技术实训室、动漫游戏实训室等多间实现培养目标的实训工作室，专业特点突出，培养目标明确，教学体系完善，拥有雄厚的师资力量。现代设计系在网龙网络有限公司等相关行业公司的支持下，拥有企业精英组成的专家委员会为专业建设提供指导，企业技术骨干常设讲座，并讲授部分专业技术课程，为学生就业提供直接通道。设计系设立以来，为增强学生就业竞争力，提供了丰富的技术实践机会，行业岗位针对性强。现代设计系实施学院双创双证和现代学徒制的培养方针，学生就业率高，待遇高，适应性强，设计系各届毕业生普遍得到用人单位一致好评。

（2）专业介绍

1）广告设计与制作（VR 方向）专业

专业介绍：本专业以培养具有创新精神、创业能力和艺术审美能力，以及较强的计算机软件运用、广告设计与制作能力，熟练掌握平面设计、包装设计等制作方法，兼具技术和艺术综合发展潜力的高素质技能型人才。通过专业学习和实践，使学生掌握广告设计与制作的基本理论知识和平面设计、包装设计、网页设计、出版印刷及虚拟现实技术（VR）三维设计等相关应用领域的知识，熟悉艺术设计专业技术及相关生产制作工艺，具有广告设计和表达、二维、三维图形图像处理的基本技能，具备拓展、策划、创意、制作和管理的能力。

2）产品艺术设计（VR 方向）专业

专业介绍：本专业以培养面向当前 VR 技术和行业需求的产品设计，与生产、建设、服务和管理第一线人才为目标，以提高人才培养质量为核心，以合作办学、合作育人、合作就业为宗旨，致力具有创新精神、创业能力和艺术审美能力，以及较强的 VR 虚拟现实技术相关的软件运用、设计创新能力，熟练掌握 VR 虚拟现实技术的产品设计基础知识和计算机辅助设计知识，具有艺术综合发展潜力的高素质技能型人才。通过专业学习和实践，使学生掌握虚拟现实技术中产品设计基本理论知识和模型制作等相关应用领域知识；熟悉产品艺术设计专业技术及相关生产制作工艺，具有 VR 图形设计和表达、计算机二维、三维图形图像处理及建模的熟练技能，具备拓展、创新、设计和管理能力。

3）数字媒体应用技术专业

专业介绍：本专业培养具有扎实的数字媒体技术应用能力和艺术理论基础，掌握数字技术在影视艺术领域、网络多媒体艺术领域中的知识、技能和具体运用，成为具有数字媒体技术应用和艺术设计于一体的，具备较宽知识面和较强技能的高级专门人才。通过专业学习和实训，使学生熟练掌握视觉设计及视觉设计软件 Photoshop、Illustrator 的应用、影视后期软件及应用，熟练掌握编导、摄像、后期编辑所需的专业技术及工作流程，具有在互联网和移动互联网等各类媒体上进行影视设计和制作的能力。毕业后可在影视公司、广告公司、互联网和移动互联网公司以及各类企事业单位从事影视剪辑、影视特效与合成、摄影摄像、动画设计等方面的工作，要求无色盲。

4）视觉传播设计与制作专业

专业介绍：本专业主要培养具有良好综合素养和职业道德、具有创新精神和创业能力的高端技能型专门人才。通过专业学习，学生能够熟练掌握文字编排、图形设计、色彩运用等平面设计基本知识和标识设计、广告创意、书籍装帧、包装设计、企业形象策划（VI）等基本技能，具有运用计算机和网络技术进行广告传播设计与制作的能力和学习新技术、新业务的能力。可胜任面向企业和行政事业单位的平面广告设计师、新媒体广告设计师、展艺设计师、包装设计师等岗位工作，要求无色盲。

5）视觉传播设计与制作（VR 方向）专业

专业介绍：本专业主要具有创新精神、创业能力和艺术审美能力，以及较强的计算机软件运用、广告设计与制作能力，熟练掌握平面设计、包装设计、三维视觉 VR 技术等制作方法，兼具技术和艺术综合发展潜力的高素质技能型人才。通过专业学习和实践需要掌握文字编排、图形设计、色彩运用、等平面设计基本知识和标识设计、广告创意、书籍装帧、包装设计、企业形象策划（VI）等基本技能，更具有运用计算机和三维 VR 技术进行广告传播设计与制作的能力和学习新技术、新业务的能力。可胜任面向企业和行政事业单位的平面广告设计师、新媒体广告设计师、展艺设计师、包装设计师等岗位工作，培养具有创新精神和创业能力的高端技能型专门人才，要求无色盲。

6）动漫制作技术（VR 方向）专业

专业介绍：本专业培养全面掌握动漫、游戏制作技术，具有较强的动漫、游戏设计与制作技能，并熟练掌握虚拟现实动漫游戏资源制作技能，适应动漫、游戏相关企业设计、制作第一线需要，具有创新精神和创业意识以及有良好职业道德和可持续发展的高素质技能型人才。通过学习和实践，掌握动漫角色设计、场景、道具设计、动漫和游戏相关产品二维及三维设计的相关知识和基本方法，熟悉虚拟现实软件设计流程和各种虚拟现实资源制作和使用，具有计算机二维和三维动画设计制作的技能，具备虚拟现实影视动画、游戏的创意、设计、制作的能力。

主要课程：原画设计、动画创作、二维角色设计、三维角色设计、二维场景设计、三维场景设计等。

就业方向：本专业毕业生主要就业于影视动漫、媒体传播行业及游戏制作行业，担任原画设计师、场景美术设计师、游戏角色设计师、动漫角色设计师；动画设计、动画特效师等岗位的工作。

7）数字展示技术（VR 方向）专业

专业介绍：数字展示技术（VR 方向）专业是学院与福建网龙网络有限公司校企共建专业，定向培养数字展示技术虚拟现实领域应用型人才。专业面向地方经济建设和社会发展需要，培养德、智、体、美全面发展，掌握虚拟现实技术（资源制作）软件应用技术，运用虚拟现实技术相关软件进行虚拟现实资源制作的技能，同时具备较强的实践能力、创新精神和一定的艺术修养。

主要课程：学生将着重学习 VR 素材处理、VR 摄影、Photoshop 等软件应用基础知识；熟练 VR 资源制作技术相关专业知识，具体包括 VR 场景模型制作、VR 角色模型制作、拓扑低模制作、VR 角色动作设计、VR 特效设计、VR 全景视频制作、VR 游戏交互设计等专业知识。校内配有虚拟现实 VR 教室，未来教室，录播室，非线性剪辑实训室等多个实验实训场所。本专业师资力量雄厚，承办了福建省 2017 年度职业教育虚拟现实技术（VR）专业骨干教师省级培训，并与合作企业网龙华渔教育联合开办了实战工作室，提供了参与网龙实战项目的企业实习实训机会。

就业方向：学习合格毕业后可在虚拟现实类制作公司，担任虚拟现实资源制作师，3D 游戏制作与开发工程师，并且可在动漫、游戏制作公司，广告传媒公司等相关单位，从事三维建模，多媒体互动展示等岗位工作，要求无色盲。

8）游戏设计、游戏设计（VR 方向）专业

专业介绍：本专业培养德、智、体、美、全面发展，掌握游戏资源制作技术、具有二三维游戏资源设计与制作技能，较强的计算机三维建模基础、熟练掌握游戏及虚拟现实相关软件运用，能够在游戏制作公司，影视传媒公司，动漫制作公司，广告传媒公司等相关单位，从事游戏资源设计制作、游戏原画设计、角色设计、动画特效设计、影视后期制作等岗位工作，具有创新精神和创业意识，并具有良好职业道德和可持续发展的高素质技能型人才。

主要课程：游戏道具设计，游戏场景设计，Q 版游戏角色设计，写实游戏角色设计，游戏动画设计，游戏动作与特效等。

就业方向：本专业毕业生主要就业于数字娱乐游戏行业、动漫设计行业、数字媒体设计行业，游戏行生产品，开发的行业以及网络媒体、文化传播行业，担任游戏美术设计、游戏原画师、3D 动画设计师、游戏场景，地图设计师、3D 建模工程师、贴图工程师等工作。

4. 建筑工程系介绍

（1）系部概况

建筑工程系现有工程造价、建筑室内设计及建筑室内设计（VR 方向）三个专业。与中国水利水电第十六工程局、好日子装饰有限公司、北京拓泓思源公司等多家企业开展校企合作，积极探索产学研结合、学徒制的培养模式。利用校企合作企业的实训基地，结合校内实训基地工程测量实训中心、晨曦软件算量实训中心及完美教室等实训资源培养学生实践动手能力。本系师资力量雄厚，已形成一支老中青相结合、思想作风好、学术造诣高、团结和谐、结构合理、充满活力的教学团队，并有多位双师型及双师素质的教师，极大地满足了教学需求，促进了专业的不断发展壮大。系部以育人为根本，以就业为导向，以企业人才需求为培养目标，坚持产学结合、工学结合，全面提升专业教学质量，重视学生动手能力训练。坚持一切为学生服务的理念，努力提高毕业生岗位适应能力和竞争能力，积极为毕业生提高就业质量和创造发展空间作出不懈努力。

（2）专业介绍

1）建筑室内设计专业

专业介绍：本专业培养拥护党的基本路线，适应生产、建设、管理、服务第一线需要的德、智、体、美全面发展，具有创新精神、创业意识和创新创业能力的高素质技能应用型专

门人才。通过学习，突出以"工作室"实际项目实训，并与一些大中型装修设计公司、工程施工单位建立校企合作培养模式，使学生在毕业前就掌握室内设计方案设计表现、施工图设计、效果图设计、工程施工监理等职业技能，具备室内设计、家具设计、家居陈设创新设计等综合能力。

主要课程：设计素描、设计色彩、平面构成、色彩构成、立体构成、装饰图案、建筑室内设计欣赏、计算机辅助设计（含 Photoshop、AutoCAD、3DS Max 等软件）、建筑装饰材料与施工工艺、居住空间设计、建筑室内设计施工图绘制、建筑室内设计综合专题设计、建筑室内设计企业项目实训。

就业方向：毕业后可在各类机关、企事业单位从事专业设计及管理部门需求的高素质技能型专门人才等方面的工作。能在室内装修行业从事室内设计技术工作和管理工作。

2）建筑室内设计（VR 方向）专业

专业介绍：本专业培养拥护党的基本路线，适应生产、建设、管理、服务第一线需要的德、智、体、美全面发展，具有创新精神、创业意识和创新创业能力的高素质技能应用型专门人才。通过学习，突出以"工作室"实际项目实训，并与一些大中型装修设计公司、虚拟表现设计单位建立校企合作培养模式；使学生在毕业前就掌握室内设计方案设计表现、施工图设计、虚拟现实表现技术等职业技能，具备室内设计、家具设计、家居陈设创新设计等综合能力。本专业培养德、智、体、美全面发展，具有良好的美术基础、审美能力和计算机应用基础、互联网和移动应用技术基础，熟练掌握计算机二维及三维动漫设计、制作及后期合成技术，具备较强的创新设计能力，同时兼具技术和艺术综合发展潜力的高素质技能型人才。

主要课程：设计素描、设计色彩、平面构成、色彩构成、立体构成、建筑室内设计欣赏、计算机辅助设计（含 Photoshop、AutoCAD、3DS Max 软件）、建筑装饰材料与施工工艺、建筑室内设计施工图绘制、101VR 室内设计教学平台及应用、3DS Max VR 制作与设计、Unity& 虚幻引擎及 VR 应用、VR 建筑室内设计企业项目实训。

就业方向：毕业生能够适应企事业专业设计和管理部门需求的高素质技能型专门人才，能在室内装修行业从事室内设计技术和管理相关工作。同时运用所学最新的 VR 技术，为室内装修设计行业带来全新的展示手段，提高用户体验。

3）工程造价专业

专业介绍：本专业培养德、智、体、美全面发展，掌握工程造价专业基本知识、技能，熟悉工程造价的业务，具有从事建筑工程造价工作职业能力的高素质技能型人才。学院组织学生选择参加工程造价员、建筑八大员等认证和资格考试，至少取得一本相应的职业资格证书，以提高专业技能和增强就业岗位竞争优势。

主干课程：建筑制图、建筑工程概论、安装工程定额与预算、建筑施工、工程量清单计价、建筑工程概（预）算、结（决）算、建筑工程造价管理、建筑工程项目管理、工程招投标、工程合同管理。

就业方向：可在建筑工程相关的设计施工监理部门、房地产企业及各类企事业单位从事工程造价预决算、工程项目管理、工程招投标代理和工程造价咨询等工作。

4）建设工程管理专业

专业介绍：本专业培养能够适应社会主义现代化建设需要的德、智、体、能全面发展的、从事建筑施工管理（如施工员、质检员、预算员、资料员、测量工、钢筋工等）、工程造价管理等工作的高素质技能型专门人才。

主干课程：工程制图、建设法规、AutoCAD、工程经济、工程测量、工程施工组织设计与进度管理、建筑施工技术、建筑工程项目管理、建筑材料的检测与保管等。

就业方向：各类建筑企业工程项目中的一线工程管理人员；政府建设部门专业技术人员；各类建筑企业质量检查部门、安全部门、建筑经济核算部门的一般性岗位；房地产开发、策划人员；市政、园林施工管理人员；工程测量专业技术人员。

第二部分　心理素养篇

一、大学生心理健康的标准

1. 了解自我、善待自我

心理健康的大学生能体验到自己存在的价值，能了解自我、接受自我，对自己的能力、性格和优缺点都能做出恰当的、客观的评价；自信乐观，生活目标和理想目标切合实际，能扬长避短。

2. 能保持对学习较浓厚的兴趣和求知欲望

一般来说，大学生的求知欲望是很强的，而且也很爱学习，兴趣广泛。能保持对学习较浓厚的兴趣和求知欲望的人，更能保持一种年轻的心态，同时也更利于身心的健康。

3. 能保持和谐的人际关系，悦纳他人

良好的人际关系是心理健康的润滑剂，人际关系和谐的人有安全感和幸福感。同学们应该用尊重、信任、友爱和宽容的态度与人相处，能分享、接受和给予爱和友谊。

4. 能保持良好的环境适应能力

面对现实，接受现实，并能主动地适应或改变现实。做到这一点，既要有高于现实的理想，又不要沉湎于不切实际的幻想和奢望中；既要对自己的能力有充分的信心，又能在环境改变时坦然面对现实，对环境做出客观正确的判断。

5. 能控制情绪，心境良好

能够经常保持愉快、乐观和满意的心境，对生活和未来充满希望；能适度地表达和控制自己的情绪，胜不骄败不馁，谦而不卑。

6. 人格完整统一

大学生应该在能力、性格、道德水准和理想各方面平衡发展，所思、所想、所言协调一致。

7. 心理行为符合年龄特征

心理年龄随着生理年龄的增长而不断发展提高着，称其为年龄特征。心理健康的大学生应具有与年龄相当的心理行为，成年人如果还像幼儿那样得不到喜欢的东西就哭闹，那就是心理上不太成熟或没有成长。

心理健康是一个宏观维度上的概念，以上概括的几条标准并不是绝对的标准。在生活中每个人都会遇到各种困扰，也会出现各种消极情绪或行为，但不代表就是心理不健康。

二、大学生心理发展的特点

大学生作为处于青年时期的一个特殊群体，其心理发展水平处于正在走向成熟而又未完全成熟的状态，这就决定了大学生的心理发展具有以下特点：个性发展趋于成熟与稳定，智力发展达到最佳水平，人际交往领域迅猛扩展，情绪强烈、容易激动、情感内容日益丰富，爱情需要与性意识快速发展，兴趣深化并与能力、职业成就相联系，规划生活、设想未来与预期开始走向社会化。

三、大学生心理发展矛盾和冲突的主要表现

1. 独立性与依赖性的矛盾

进入拥有一定社会气氛的大学校园后的大学生，自信心、自尊心和独立意识迅速增强；但由于各种主客观因素的制约，大学生在经济上尚未独立、思想上还不很成熟、生活上自理能力参差不齐、人际交往阅历尚浅等等都表现出显著的依赖性。这种依赖性与迅速发展的独立性之间产生了一种现实的矛盾冲突。

2. 优越感与自卑感的矛盾

千军万马过独木桥时的胜利者，自然是同龄人中的佼佼者，而进入大学后，发现自己身处强手如林的新的环境和集体中，这里不仅有学习能力强的高手，更有实践能力和社会工作能力强的能人志士，彼此间的差距尽管难以通过简单的考试加以区分，但各自都心知肚明：自己是高手，但高手之外还有高手。于是原有的优越感与现实中的自卑心理之间产生了冲突和矛盾。

3. 交往需要与心理闭锁的矛盾

尽快适应新的环境、促进自己各方面能力提升的内在需要使得大学生对交往的渴望更加迫切，而在自我意识的作用下，大学生在人际交往的过程中会自觉不自觉地掩饰、隐藏自己的真实情绪，不愿轻易表露出自己真实的心理状况，这就是心理"闭锁"，它阻碍着大学生的人际交往。

4. 情绪与理智的矛盾

当认识与需要不一致时，尽管在理智上明白应该理性地进行分析，并选择恰当的行为以满足自身需要，但往往受制于不稳定的情绪和缺乏有效的自我调控而事与愿违，甚至因一念之差而成千古恨事。

5. 求知欲与辨别力的矛盾

大学生求知欲强，这是日后成功的前提，但同时在认识和吸收新鲜事物的过程中，辨别是非能力上的不足又往往容易迷失方向，在价值判断和价值选择上误入歧途。

四、完善的自我意识

自我意识在人格形成与人格结构中占有极其重要的地位，它是心理健康的标志。塑造健全的自我意识是大学生完善个性、实现自我价值和全面发展的重要途径和保证。

完善自我意识主要包括正确认识自我、积极悦纳自我、努力超越自我三个方面。

五、正确认识自我

正确认识自我是指一个人能够全面、客观而准确地评价自己，它是自我调控的重要因素，是塑造和完善自我意识的基础。大学生要做到全面认识自己，并非易事，但可以从以下几个方面加以努力。

1. 在自省中认识自我。如果你知道自己脾气比较暴躁，性情直率，在很多时候，你该告诫自己要三思而后行。假如你知道自己脆弱和敏感，就要教育自己大胆一些，果断一些。

2. 在对他人的认识中认识自我。心理学中有替代学习的概念，就是说在很多情况下不需要自己去亲身经历所有的事情，当观察到别人的行为结果时，能够给予自身一些启示，当碰到同样问题时就不会无所适从。

3. 在他人的评价中认识自我，当一个人的自我评价与别人对他的评价有较大程度的一致时，说明自我意识较为成熟了。

4. 在比较中认识自我，这包含两层意义。通过与他人的比较，要准确定位，不能认为某些方面强于对方就沾沾自喜，也不要因为可能与对方有差距而妄自菲薄。与自己比较是要看到自己每天的进步，看到可以改进的不足，有客观而可行的目标。

5. 在实践活动中借助表现和成果认识自我。

六、大学生可能面对的挫折

学习中的挫折主要表现为：专业上的挫折、课程上的挫折、基于对有些老师和他人的才学及为人等的畏惧或不信任而带来的挫折、考试成绩不佳造成的挫折等。

生活中的挫折主要表现在：自尊心上的挫折、失恋的挫折、生理或心理疾病上的挫折等。

交往中的挫折主要表现在：交往的功利性、复杂性带来的不适应和挫折。

七、正确面对挫折

正确认识挫折，一方面要努力克服错误的思想方法，纠正以偏概全、无限扩大后果和挫折本不该发生等错误的思维方式；另一方面要确立"失败"的正确观念，要把每一次失败看作是为今后的成功积累动力、积累机会、积累希望。

正确对待挫折要最终战胜挫折，还必须在正确认识挫折的基础上，采取科学、理智的行为方式：一是要避免愤怒、生气、自暴自弃、借酒消愁等错误的有害的不良行为；二是要采用正确的方法和途径，树立正确的奋斗目标，正确分析和探求造成挫折的真实原因，善于灵活应变和情绪转移，增强挫折容忍力，合理宣泄，寻求社会支持。

要正确面对挫折和失败，善于总结经验、吸取教训，坚定自己的信念。将小成功积少成多，你便会相信自己是个有能力的人。回忆成功的往事片段能在你颓废失意时帮助你走出自卑，恢复信心。

八、大学生情绪特点的主要表现

大学时期是青年人心理走向成熟的重要时期，也是情绪丰富多变、相对不稳定的时期。随着社会角色的变化、知识素养的提高以及所处特定年龄阶段的影响，大学生的情绪带有鲜明的特征，主要表现为以下几方面。

1. 丰富性

大学时期是人生面临多种选择的时期，学习、交友等人生大事在这一阶段完成，同学们对任何事情都特别关注，对新鲜事物也十分好奇。因此，考试不及格、朋友误解甚至天气变化等都可能导致消极情绪的产生。

2. 不稳定性
大学生面临复杂的社会现象容易产生迷茫，情绪容易跌宕起伏。
3. 冲动性
大学生群体兴趣广泛，年轻气盛，从众心理比较严重，情绪易被激发。
4. 阶段性
不同年级的学生呈现不同的情感特点。
5. 内隐性
很多大学生的情感不像中小学生那样容易喜形于色，有时外显的表现和内心的体验不一致。

九、大学生恋爱心理的产生与心理特点

爱情是人类永恒的话题。每个人在成长的过程中，都有过懵懂和青涩的初恋，都有过令自己魂牵梦绕的最爱。爱情是人世间最美好的感情，爱与被爱都是一件幸福的事。爱与性的关系极其密切，真正的性是建立在爱情基础上的，是灵与肉的完美结合。

随着年龄的增长，生理和心理发育的日益成熟，大学生开始产生了对爱情的渴望和追求，这是爱情产生的基础条件。大学生大多都是十八到二十几岁的青年，都有一颗火热的心，生理和心理的成熟使得他们有意无意地关注异性，幻想着爱情。

大学生的恋爱心理表现出有别于社会青年的心理特征。

1. 恋爱目的多样化
除了因感情问题恋爱的，渴望和好奇、寂寞孤独或者从众心理等也是很多大学生恋爱的主要动机。
2. 恋爱观念开放化
随着时代的发展，当代大学生的恋爱观念日渐开放，传统道德逐渐淡化，谈恋爱已不再顾及他人评价。
3. 恋爱关系脆弱化
不少大学生在谈恋爱的时候，不考虑经济、地域、家庭等社会性因素，只追求一种浪漫色彩。对于恋爱中的挫折往往不能理性地分析与解决，因此恋爱率高，表现为分手率也高。

十、正确对待"失恋"

恋爱的一方见异思迁，或自身存在对方无法接受的缺点，或双方在交往中的分歧严重或外界的压力等原因都可能造成失恋，失恋会造成一系列消极心理，如羞辱、愤恨、悲伤、失落、孤独、虚无、绝望等。如果这些不良情绪得不到及时的排除或转移，那么便容易导致出现自杀、报复和抑郁等心理和行为特征。

失恋的心理应对与调节既是感情上的问题，又是知识性、技术性的问题。为了使自己尽快从失恋的痛苦中挣脱出来，恢复心理平衡、保持心理健康，要做到以下几点：一是要不失理智，找出原因、完善自我；二是要及时进行情境转移、积极放松和调试心态；三是要不失德，多为对方着想，毕竟每个人都有追求幸福的权利；四是要不失志，化失恋的痛苦为奋进的动力。

十一、培养健康的恋爱心理与行为

1. 树立正确的恋爱观

正确理解和对待爱情，恋爱观是指人们对待恋爱的根本观点和看法。树立正确的恋爱观要从以下几个方面努力：一是正确理解和对待爱情，爱情是相互理解和信任，是一份责任和奉献；二是摆正恋爱与学业的关系，学业是大学生价值感的主要支柱，也是未来事业的基础环节，所以应把学业放在首位；三是恋爱双方应有共同的理想和追求，理智地选择恋爱对象，这是爱情之树常青的重要因素；四是要正确处理情爱与性爱的关系，双方应更多地看重情爱。

2. 发展健康的恋爱行为

恋爱言谈要文雅，讲究语言美；行为要自然大方；亲昵动作要高雅，避免粗俗化；恋爱过程中要平等相待、相敬如宾；要善于控制感情、理智行事。

3. 培养爱的能力与道德责任感

培养爱的能力，包括培养和迎接爱的能力、拒绝爱的能力和发展爱的能力。

4. 培养爱的道德责任感

这是大学生恋爱朝健康方向发展的保障和动力。恋爱双方要努力做到周恩来同志所提出的"八互"，即"互敬、互信、互学、互助、互爱、互让、互勉、互谅"，提高恋爱挫折承受能力。面对爱情挫折，要学会用理智来驾驭感情，分析原因，寻求恰当的解决方法和途径，在新的追求中再次确认和实现自己的价值，提高自己的心理承受能力和思想道德水平。

十二、良好人际关系交往的原则

建立良好的人际关系对个人的成长和发展非常重要，这可以用卡耐基的一句话来说明：在造就一个人成功的各种因素中，85%取决于人际关系沟通的能力，15%取决于他的专业能力。具体来说，需要了解以下几条人际交往的原则。

1. 诚信宽容

真诚是做人的基本要求。同学之间坦诚相待，互通有无，有利于增进彼此之间的友情，减少摩擦。如果交流的时候遇到意见分歧或对方有错误时，应该暂时退让，站到对方的立场上想一想，委婉地让对方接受自己的意见。另外，培养幽默感也有助于缓和紧张的局面。

2. 尊重对方，求同存异

每个人有自己的个性特点，因此我们要尽可能理解别人的需要，尊重别人的兴趣爱好，承认别人与自己的差异。比如当别人午睡时，应尽量放轻动作，要听音乐就带上耳塞；有同舍室友亲友来访时，应热情接待等。

3. 善于沟通

同学之间不管有没有矛盾，都要多进行沟通，可以增进彼此的了解，学会提高倾听的艺术，静听他人的谈话，不贸然打断和插话，可以用眼神或简单的赞同鼓励对方讲下去。

4. 避免言谈失礼

生活中，因脱口而出的一句话造成对方怒发冲冠、大打出手的情景并不少见。大学生在与他人交往的过程中要注意自己使用的语言，防止"祸从口出"，减少不必要的麻烦。同时，如果在谈话中产生对峙状态，要学会克制自己。

第三部分 学习篇

一、新生入学问答

1. 学生不能按时报到怎么办？

答：因故不能按期报到者，应事先用电话、传真或信函向学院学生处请假（附原单位或所在街道、乡镇证明）。请假时间一般不得超过两周。未请假或者请假逾期者，除因不可抗力等正当事由以外，视为放弃入学资格。

2. 新生入学报到办理相关入学报到手续。

答：新生入学报到流程如图 3-1 所示。

图 3-1 新生入学报到流程图

新生报到期间如遇问题和困难，请及时与系部的老师、辅导员联系。各位新同学，你已经是一名大学生了，在办理报到手续、搬运行李、整理房间时应尽量自己多动手，自主自立。在你办好了报到手续之后，别忘了给家里的亲人报一声平安，给陪同送行的家人道一声谢谢。

3. 新生入学还需要体检吗？体检不合格怎么办？

答：需要。新生因患有疾病的，经学校指定的二级甲等以上医院诊断，不宜在校学习的或有其他合理理由的，由本人申请并经学院批准，可保留入学资格，原则上不超过两年，但不具有学籍，保留入学资格时长不计入最长修业年限。保留入学资格的学生，在获得通知之日起两周内办理离校手续，因病回家治疗的，医疗费用自行负责。两周内不办理离校手续者，取消入学资格。

4. 如果检查出身体有疾病还能继续上学吗？

答：如果新生在体检复查时发现患有疾病，经学院指定的二级甲等以上医疗单位诊断不宜在校学习的且短期内可以治愈的，经学院同意，可保留入学资格，保留入学资格的条件、期限等由学校规定。保留入学资格期间不具有学籍。

保留入学资格的学生，可在次学年开学前（8月底）向学院书面申请入学，因病休学者需提供县级以上医院健康证明，经学校指定医院复查合格，可重新办理入学手续；复查仍不合格或逾期不办理申请入学手续者，取消入学资格。

5. 学校的学制是几年？

答：我院教育学制为三年，并实行弹性修业年限。

（1）学生一般在规定的学制年限内完成学业。

（2）提前修满专业培养计划规定学分的学生，可以申请提前毕业。

（3）在学制年限内因学业或身体等原因无法修满专业培养计划规定学分而达不到毕业要求者，可以延长修业时间两年。学生应征参加中国人民解放军（含中国人民武装警察部队）的学生可保留学籍至退役后两年，服役时间不计入修业年限。休学创业学生的修业年限在原有学制基础上可申请延长两年，休学时间计入修业年限。

6. 学生不喜欢现在的专业，可以转专业或转学吗？

答：学生一般应当在所录取的专业完成学业。以特殊招生形式录取的学生，国家有相关规定或者录取前与学院有明确约定的，不得转专业。有下列情形之一者，可以申请转专业，原则上在校期间转专业不超过两次：

（1）确有兴趣和专长（如：获省级以上单科竞赛优秀奖），转专业更能发挥其专长者；

（2）入学后发现某种疾病或生理缺陷，经学校指定医院证明不能在原专业学习，但尚能在其他专业学习者；

（3）经学校认可确有某种特殊困难，不转专业无法继续学习者；

（4）休学创业或退役后复学的学生，因自身情况需要转专业的，学校应当优先考虑。

本学院内转专业，由学生本人向所在系提出书面申请，拟转入系同意接收，经学生处、教务处签署意见后送院务会集体讨论批准，并报教务处备案。

7. 上学期间可以出国留学吗？

答：可以。学生自费出国留学。

8. 学生休学的年限是多少？

答：学生休学一般以一学期或一学年为期，经批准可连续休学，但累计不超过两次；因创业申请休学，可放宽休学期限，修业年限在原有学制基础上延长两年。

9. 学生休学后如何办理复学？

答：学生复学按下列规定办理。

（1）休学或保留学籍期满的学生，应于学期开学前向所在系、学生处、教务处提交复学书面申请，并附派出所或街道、居委会证明（因患病休学者还须持县级以上医院病情诊断证明以及学校指定二级甲等以上医院复查证明），经所在系、学生处、教务处复查合格，报分管院长批准后，方可复学。

（2）学生在休学或保留学籍期满后两周内不办理复学申请手续或者申请复学经复查不合格者，按自动退学处理。

（3）休学或保留学籍期间有违法纪录的学生，取消复学资格。

10. 考试作弊如何处理？

答：学生在课程考试时违纪作弊，该课程总成绩记零分，并标"作弊"字样，视情节轻重给予相应处分，取消重修资格。

11. 学校开设哪些课程？能学其他专业的课程吗？

答：学校开设的课程根据专业的不同而不同，除了公共基础课是所有学生共同开设的以外，每个专业都有自己的专业基础课、专业核心技能课等。另外学生可以根据自己的兴趣、专业，来选择面向全校学生开设的公共选修课程学习，其成绩和学分计入学生学籍卡片。

12. 学校的考试怎么进行？如果考试不及格怎么办？

答：每学期期末考试公共课由教务处统一安排，专业课由各系安排。学生必须参加教学计划规定的课程考核。考核成绩载入学生学籍卡片，毕业时归入学生档案。学生每学期不及格课程，均可进行一次补考。生产实习、课程设计等实践教学环节因故未参加或考核成绩不及格者应重修，重修随下一年级同期进行。

13. 如果有事不能上课，必须请假吗？

答：是的。学生因故不能参加教学计划规定的各类学习课程的，必须按照《福州软件职业技术学院学生考勤管理办法》履行请假手续。未请假或请假未准而擅自不出勤者，均以旷课论。对一学期内旷课累计达到或超过一定学时的，按《福州软件职业技术学院学生违纪处分规程》执行。自行离校连续两周未参加学院规定的教学活动的，按自动退学处理。

14. 学生身体不好，能不上体育课吗？

答：对体弱、体残者，凭医院或相关证明，材料上报任课教师，经教务处审核后按教务处要求进行成绩考核。

15. 什么是重修？

答：凡补考不及格的科目均须重修，重修应履行相应手续，批准后方可进行。

16. 如果不能参加期末考试怎么办？

答：确因疾病（提供医院证明）或特殊原因不能按时参加考核的，可向学院书面提出缓考申请。缓考申请必须在该课程考核前提出，经分管院长审批后生效。缓考课程的考核原则上安排在同一门课程下一次考核（一般为补考）时进行，不另行单独组织。缓考取得的成绩按正常考核成绩予以记载。同一门课程只能申请缓考一次，一学期一般只能申请缓考两门课程。补考不能申请缓考。

17. 毕业、结业、肄业都是什么意思？

答：毕业是指具有我院正式学籍的学生，在修业年限内取得本专业培养方案规定的应修学分，达到学校的毕业要求，准予毕业，发给毕业证书。

结业是指修业年限期满，已修读本专业培养方案规定的全部课程（含毕业实习、毕业设计或论文），未达到毕业要求者，按结业处理，发给结业证书。

肄业是指学生没有修完专业培养方案规定的课程而中途退学的，凡在校学习满一年以上的退学学生，按肄业处理，发给肄业证书。在校学习一年以下的退学学生，学校只发给学习证明。

18. 如何申请校内勤工助学岗位？

答：学生申请勤工助学应满足以下条件：

（1）经注册取得我院正式学籍的家庭经济困难学生；

（2）遵守校规校纪，无不诚信记录；

（3）学有余力，不影响学业；

（4）主动申请，并递交《福州软件职业技术学院勤工助学岗位申请表》。

19. 学院官方认证的对外端口是什么？福软通如何下载？

答：福州软件职业技术学院网站 http：//www.fzrjxy.com/ 可以扫描二维码下载福软通 APP。

20. 如何办理并充值火车票优惠卡？

答：新生入学后辅导员会下发《关于购买学生火车票优惠卡的通知》，学生根据文件说明进行办理即可。火车票优惠卡一年充值一次，具体待辅导员通知。

二、学习过程

1. 大学期间学什么？

答：大学期间学习任务十分艰巨，既要学专业知识，又要学专业外的知识；既要学科学研究方法，又要学实验、技术操作；既要学做事，又要学做人。首先，大学里所学的知识是由基础课、专业基础课和专业课组成的，循序渐进，一环扣一环，前面任何一环没有学好都将会影响到后面课程的进行。其次，学生在校期间还要取得外语、计算机等级等相关职业资格证书。此外，大学还根据培养专门人才的要求，开设大量的选修课、专题讲座和实验、实习及社会调查等许多反映现代科学技术发展的新知识和新内容的课程。大学里各种各样的讲座很多，要积极参加学校里的文化活动，应多与学者交流，多与同学交流。

2. 大学生活学习方式和方法有何变化？

答：学习方式和学习方法不同。大学课程，老师在课堂上大都只讲重点。新生要养成良好的学习习惯，做到提前预习，通过预习，发现课程重点和难点，了解课程的内在联系，做到心中有数，掌握听课的主动权。大学学习充分体现出学生学习的主动性、积极性和自觉性，并不断探索和总结适合自己的有效的学习方法。大学的学习一定要改变往日应试教育的学习方式，积极参加课外实践和各种兴趣小组，这对于未来的发展十分重要。

3. 大学的学习目标是什么？

答：大学是人生成才、成就事业的一个新起点。古人云"有志者事竟成""学必先立志"。大学生应从高考胜利的满足和陶醉中清醒过来，根据学校教学的客观现实和自己的实际，制定出个人在学业、思想道德、心理发育等素质培养方面的奋斗目标和行动方略，以增强进取的内动力，为再创大学阶段的人生辉煌打下良好的基础。

大学阶段的学习与就业挂钩，主要实行学分制，该学什么、如何安排学习时间，可根据个人特点有所侧重。大学的学习方式对学生的自主意识要求很强。因此，大学新生要转变学习方法，了解所学的专业和就业，规划职业目标，并努力去实现。

4. 如何对待专业课、公共课和选修课？

答：（1）专业课：学习目标要明确。

不同专业的大学生有不同的专业课，但不同专业的大学生对待本专业课程的学习态度应该是一致的，那就是不管喜欢与否，都要尽力学好。在学习专业课时，学习目标要明确具体，以不断提高学习动机和学习兴趣，主动克服各种学习困难，做到直接学习兴趣和间接学习兴趣的结合。

（2）公共课：认识到其实用价值。

大学新生要充分认识到公共课的实用价值及其对自身的意义，部分实用性强的公共课（例如外语）要当成专业课来学习。

（3）选修课：杜绝"捞取学分"。

选修课可以开眼界、长见识、扩大自己的知识面。选修课重在培养学生的人文素质、广泛的兴趣。但选修课在一些大学生心目中的地位和分量不如专业课和公共课。要杜绝为了捞取学分才选修某些课程以及"选而不修"等不正常现象。

5. 大学与中学学习有什么不同？

答：大学学习与中学时期的学习相比，存在着许多不同之处，其中最主要的是学习内容、学习方法上发生了较大变化。

（1）内容多了

中学阶段，一般只学习十门左右的课程，而且有两年时间都把精力花到高考科目上了，老师主要讲授一般性的基础知识。而大学需要学习的课程在30门左右，每一个学期学习的课程都不相同，内容多，学习任务远比中学重得多。大学一年级主要学习公共课程和基础课程，二三年级重点学习专业课、实训课和进行毕业设计、做毕业论文。

（2）自习多了

中学里，经常有老师占用自习课，让同学们非常苦恼，大学里这种情况几乎不存在了。因为大学里课堂讲授相对减少，自学时间大量增加。同时，大学为学生学习提供了非常好的环境，大学有藏书丰富的图书馆，有设备先进的实验室，还有丰富多彩的课外科研活动。

（3）老师管得少了

在学习方法上，中学时期，只要跟着老师走就可以了，一切听从老师指挥，老师教学生是"手拉手"领着教，而大学老师则成了导演，学生成了演员。提倡学生自主学习，课外时间要自己安排，逐渐地从"要我学"向"我要学"转变，不采用题海战术和死记硬背的方法，提倡生动活泼地学习，提倡勤于思考。

（4）讲课快了

大学教师讲课一是介绍思路多，详细讲解少。主要讲授重点、难点内容，而且许多教师都使用投影机、多媒体授课，实现了授课手段多样化，授课进度比较快，一节课可能要讲授一章或几章的内容。二是课堂讨论多,课外答疑少。三是参考书目多,课外习题少。四是课堂教学强调动手动脑,教、学、做一体化。

6. 如何制订科学的学习计划?

答:科学可行的学习计划,是主动学习、实现理想目标的重要手段。制定学习计划需要注意以下五点。

(1) 制订科学可行的学习计划,要全面分析主客观条件,对自己今后的发展方向以及采取的对策应该有一个总体上的要求。

(2) 尽快了解自己所选择的专业方向的性质、发展历史、课程结构、课程与专业之间的关系等,以便从总体上认识和把握专业状况,认识和了解每一门课程在专业课程体系中的地位和作用。这样容易建立完整的知识和能力结构。

(3) 要了解本专业最基本的课程体系结构。包括公共课程、专业基础和专业核心课程,以及课程中最基本的概念、原理等。掌握课程基本结构是提高学习效果、加快成才的基本条件。在这个基础上,在自己可支配的时间内,决定看什么书,做什么事。

(4) 要重视了解本专业和课程的发展前沿。专业杂志、报刊、网络以及学术报告会交流会是及时报导专业发展的重要载体,要注意经常浏览,把它们作为业余时间阅读的重要资料。

(5) 要规划好时间。大学整个学习期间应该规划自己的学习进度、时间和学习内容,使学习合理有序。

7. 大学生要面临怎样的生活方式转变?

答:进入大学前,有些生活琐事依靠父母亲友的帮助,进入大学后,衣食住行等个人生活都由自己处理安排,自主、自立、自律是大学生活的主旋律。大学生应适应这些生活方式的变化,自主而合理地处理好个人的学习和生活问题,注意培养独立生活的能力,要自觉遵守学校的规章制度和作息时间,养成良好的生活习惯;要积极参加学校、班级组织的文体和实习实训、志愿公益等活动。

8. 大学生的思维方式应该如何转变?

答:与中学相比,大学的生活节奏快,活动空间大,结交的人多,面对这些环境条件的变化,大学新生的思维方式要做到由"非成人化"向"成人化"转变。在思考处理所遇到的问题时,要力求做到辩证全面而不要唯心片面,要远见务实而不要目光短浅,对人生重大问题的选择要深思熟虑,三思而后行,而不要盲目冲动或感情用事,要加强道德和法制观念,做事要考虑后果。

三、职业资格证书

1. 什么是职业资格证书?

答:职业资格证书是表明劳动者具有从事某一职业所必备的学识和技能的证明。它是劳动者求职、任职、开业的资格凭证,是用人单位招聘、录用劳动者的主要依据,也是境外就业、对外劳务合作人员办理技能水平公证的有效证件。职业资格证书与职业劳动活动密切相连,反映特定职业的实际工作标准和规范。

职业资格证书是劳动就业制度的一项重要内容，也是一种特殊形式的国家考试制度。它是指按照国家制定的职业技能标准或任职资格条件，通过政府认定的考核鉴定机构，对劳动者的技能水平或职业资格进行客观公正、科学规范的评价和鉴定，对合格者授予相应的国家职业资格证书。

2. 学院对学生考取职业资格证方面有什么规定？

答：学院认真贯彻"教育部关于全面提高高等职业教育教学质量的若干意见"的精神，积极构建专业认证体系，开展职业技能鉴定工作，推行"双证书"制度，强化学生职业能力的培养。

学院根据各专业的实际情况推荐若干能力要求不同的职业资格证书考试，供水平不同的学生自主选择。要求学生毕业前至少获得两本以上有关的职业资格证书（学院各专业安排的职业资格证书见表3-1）。在专业的培养方案中，按照"课证融合"的原则，根据有关职业资格证书考试大纲的要求，参照相关的职业资格标准，安排相应的课程。

学院的职业技能鉴定中心对接了所有专业的职业技能鉴定项目。2014届毕业生获得与专业相关的职业证书的比例高达96%（其中不包含初级证书及等级证书）。

表3-1 学院各专业适合的职业资格证书详细表

序号	专业	考证科目
1	室内设计技术	办公软件应用
		3DS Max 室内设计或 AutoCAD 室内设计
2	广告设计与制作	办公软件应用
		图形图像处理 Illustrator 10.0
3	装潢艺术设计	办公软件应用
		3DS Max 商业展示设计或 AutoCAD 商业展示设计
4	动漫设计与制作	办公软件应用
		网页制作 Flash MX 2004
5	图形图像制作	办公软件应用
		图形图像处理 Photoshop
6	电脑艺术设计	办公软件应用
		图形图像处理 Photoshop
7	计算机多媒体技术	办公软件应用
		网页制作 Flash MX 2004
8	计算机多媒体技术（UI用户界面设计方向）	办公软件应用
		图形图像处理 Photoshop
9	产品造型设计	办公软件应用
		未定

续表

序号	专业	考证科目
10	计算机网络技术	办公软件应用
		网络管理员
11	网络营销	办公软件应用
		助理营销师
12	智能手机应用开发	办公软件应用
		未定
13	计算机应用技术（财务信息管理方向）	办公软件应用
		信息技术处理员或会计从业资格证
14	软件技术	办公软件应用
		程序员
15	计算机信息管理	办公软件应用
		信息技术处理员
16	市场营销	办公软件应用
		助理营销师
17	国际贸易实务	办公软件应用
		外贸单证员
18	应用英语	办公软件应用
		商务英语口语
19	连锁经营管理	办公软件应用
		助理营销师
20	物流管理	办公软件应用
		助理物流师
21	会计电算化	办公软件应用
		会计从业资格证
22	会计与审计	办公软件应用
		会计从业资格证
23	工程造价	办公软件应用
		计算机辅助设计 AutoCAD 2002

四、实习指南

1. 什么是实习？

答：学院规定各专业在学制规定的时限内必须安排学生到企业进行为期半年以上的岗位实习（含跟岗实习和顶岗实习）。岗位实习包括专业认知、跟岗实习、顶岗实习等内容，是人才培养方案的重要组成部分，是校企合作的具体体现，是深化工学结合人才培养模式改革的重要内容，是培养和提高学生综合职业能力的重要教学环节，也是拓宽就业渠道的重要途径。组织学生到企业岗位实习的目的在于通过全真的工作环境，让学生接受真正的职业训练和专业训练，一方面帮助其更好地实现理论联系实际，进一步提高专业能力和就业竞争力，另一方面促使其自觉认识社会，熟悉自己将要从事的职业的工作氛围，自觉形成良好的职业素养和求真务实的工作作风；同时引导学生树立正确的世界观、人生观、价值观和就业观，为就业做好心理准备，为实现岗位实习与毕业就业的零距离过渡奠定良好的基础。岗位实习是教学计划中的一个环节，必须坚持就业导向的基本原则。

2. 实习有什么要求？

答：岗位实习是学院专业人才培养方案的重要组成部分，不得免修，如成绩不合格，必须重修。实习期间，学生在企业跟岗、顶岗工作，既是企业的（准）员工，同时又是学校注册的学生，具有双重身份，校企双方均负有教育和管理的责任。全院各专业最后一学年的教学活动原则上统一安排为岗位实习。各专业亦可结合本专业校企合作的实际情况和教学进程的特点与需要，分阶段安排进行岗位实习。各系（部）在选择岗位实习单位时将在优先考虑学生签订的就业单位基础上，按照相对集中和就近原则由学院统一落实岗位实习单位，实习岗位要求和学生所学专业对口。学生可以根据自己实际情况，选择岗位实习单位及岗位，但必须到其所在系办理审批手续后方可到单位实习。即由本人提出书面申请，填写《福州软件职业技术学院学生自主选择岗位实习申请表》，经家长签字同意后，由系（部）审批，报招生就业处备案。自主联系实习单位的学生必须与自主联系企业签署《福州软件职业技术学院学生自主联系岗位实习协议书》，交系（部）备份。组织学生进行岗位实习，既要有利于提高学生的综合职业能力、专业能力和就业能力，又要保障学生的合法权益，并提供必要的劳动保护。因此，所有学生进行岗位实习前，均须由实习单位（无论是学院统一安排的还是学生自主选择的）和学院双方签订《福州软件职业技术学院岗位实习协议书》，明确各自的权利和义务，保障学生岗位实习安全、顺利地进行。

3. 实习课程如何考核？

答：所有参加岗位实习的学生，必须到招生就业处领取学院统一印制的《福州软件职业技术学院学生岗位实习手册》，妥善保管并认真完成该手册中规定的项目，于返校时上交给校内指导教师（如果时间有变动，由校内指导教师和辅导员通知，也可到学院教学管理系统或本系岗位实习网站查询），指导教师将主要根据《福州软件职业技术学院学生岗位实习手册》为学生评定实习成绩。

学生岗位实习成绩由以下3部分组成：学生岗位实习鉴定表、岗位实习周记、毕业设计（岗位实习总结报告）。成绩采用优、良、中、及格、不及格五级计分制。学生岗位实习鉴定表中企业鉴定成绩具有一票否决效力，即如果该成绩为不合格，则学生岗位实习成绩直接以不及格处理，不再进行成绩总评。学生岗位实习鉴定表须加盖公章（复印无效），签章的单位与招生就业处备案的实习单位须一致，无公章或单位不一致的均视为岗位实习成绩不合格。

4. 实习期间有哪些注意事项？

答：（1）认真做好岗位的本职工作，培养独立工作能力，刻苦锻炼和提高自己的业务技能，在岗位实习的实践中努力完成专业技能的学习任务。

（2）强化职业道德意识，爱岗敬业，遵纪守法，做一名诚实守信的实习生和文明礼貌的员工。

（3）服从领导、听从分配，不做损人利己、有损企业形象和学院声誉的事情。

（4）保持与学校指导教师和辅导员的联系，每半个月至少要与学校指导教师联系一次，汇报实习情况；密切注意学院教学管理系统和本系（部）岗位实习网站上公布的与毕业生有关的各种信息；联系方式和工作地点发生变动时要及时通知校内指导教师和辅导员，并保证提供的联系方式正确有效，如因提供的联系方式出现问题，一切后果自负。

（5）严格遵守企业劳动纪律和各项规章制度，如果在实习期间，由于违反单位的管理规定或因品德表现等原因被实习单位退回学校，则视为实习成绩不及格。

（6）实习学生应牢记"安全第一"，必须遵守安全管理规定，遵守交通规则，避免发生安全事故。对不遵守安全制度造成的事故，由学生自行负责；对工作不负责造成的损失，必须追究相关责任。

（7）认真做好实习工作记录，每周对实习情况进行一次记录和总结，填写学生岗位实习周记。

（8）在实习期间，实习学生（除非常特殊情况者）必须服从分配，按照要求岗位实习，完成岗位实习任务。岗位实习期间，不得私自更换实习单位，否则实习成绩以0分计。如果确因个人特殊情况或实习单位原因必须变更实习单位的按以下程序办理手续：学生个人填写《福州软件职业技术学院学生岗位实习变更单位申请表》→校内实习指导教师和辅导员核实并签署意见→系（副）主任审批→报招生就业处变更单位并备案。

（9）在岗位实习过程中，发生重大问题，学生本人和同单位实习学生应及时向实习单位和校内指导教师报告，指导教师要及时向学院和实习单位双方负责人报告。

5. 学生没有参加岗位实习的作何处理？

答：学生因自身原因没有参加企业顶岗实践或没有全部完成顶岗实践任务的，根据学籍管理规定不能按时毕业，待其随下一届参加企业顶岗实践后，补发毕业证书。

五、升学指南

大专生取得本科学历的途径大致可以分为两种：全日制统招专升本和非全日制专升本。

1. 全日制统招专升本

"全日制统招专升本"即我们常说的3+2模式，是"福建省高职高专升本科入学考试"的简称，是除高考外在校大专生唯一能获得学信网查得到的第一学历全日制本科文凭的途径，考生考入本科毕业后属于全日制本科段教育，符合《中华人民共和国学位条例》的将授予学士学位，教育厅规定统招专升本毕业生享受普通本科毕业生同等待遇，就业实行双向选择，自主择业，故而文凭含金量高，社会承认率高，可参加公务员考试、事业单位招考等，如图3-2所示。

图3-2　福建省教育考试院网站

2. 非全日制专升本

常见的就是自考。自考也称自学考试、自考专升本、专套本（专本套读）、专接本（专升本衔接、专升本链接）。分大、小自考，是自考的独立本科段。最后取得的是自考本科学历，属于成人教育本科，是第二学历，文凭上盖有两个公章，如图3-3所示。

除自考外，还可以通过函授、网络教育、电视广播大学等方式取得非全日制本科文凭。

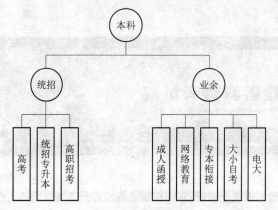

图3-3　本科学历

两种方式取得的本科证书样如图3-4及图3-5所示。

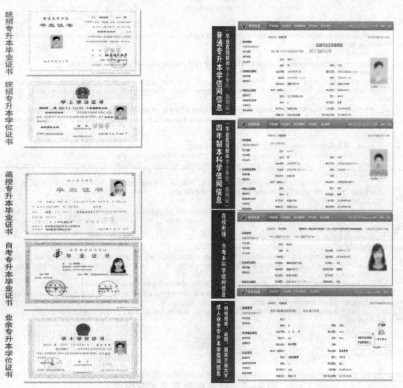

图3-4　本科证书1

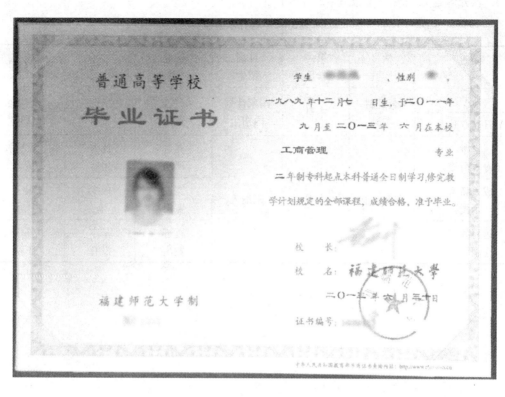

图 3-5　本科证书 2

3. 各升本途径一览（如表 3-2 所示）

表 3-2 各升本途径

	学习性质	第一学历	计划招生	毕业率	学位	含金量
高考	全日制本科	本科	国家计划内招生	严进宽出	毕业就有	全社会认可
全日制专升本						
自考（专本衔接）	非全日制	大专	未纳入	宽进严出	优秀生有	部分认可
成人高考（函授）				宽进宽出	极少有	很少认可
远程教育（网络）				宽进宽出	基本没有	基本不认

第四部分　生活篇

一、新生入学须知

1. 新生的床上用品问题？

答：为了学院宿舍床上用品的整齐，也为了统一管理，原则上学生的床上用品在开学报到时在学校内统一购买，如果学生自带，也是可以的。

2. 学生宿舍是如何分配的？

答：宿舍由学校统一分配，按照班级安排入住，学生个人不能选择宿舍。在新生报到注册时由各系分配宿舍床位。

3. 学生宿舍如何用电？

答：每学期每人每月免费使用 5 度电 2 吨水，超出部分由学生自行到楼管处缴费购买。

4. 宿舍如何自我管理？

答：每个宿舍以民主方式选出一位得到全体宿舍成员信任的舍（室）长，由他（她）负责管理和协调宿舍事务，其他同学要服从其管理。每位同学都对其宿舍负有责任，包括宿舍的安全、卫生等，应自觉按照值日表认真负责地打扫宿舍卫生，积极参加每天的大扫除；积极参加宿舍活动，形成宿舍主人翁意识。

建议由同学们轮流担任舍（室）长职务或值日生，这既可以使每位同学的能力得到锻炼，也可以使宿舍氛围变得更加融洽、和睦。

5. 该摒除哪些不良宿舍文化？

答：（1）"侃文化"。谈古论今，扯天说地，或指东骂西，或庸俗无聊，无一不侃。这种"侃文化"年级越高就越流行。然而，要注意的是，这是一种低俗的文化。

（2）"拖文化"。几个人团团围坐打扑克（"拖拉机"），无拘束地叫嚷，无限制地放纵，从深夜直到凌晨，影响他人，累坏自己。

（3）"夜文化"。有的学生晚十一点半熄灯时间才是夜生活的开始。大家围在电脑前看一场"午夜剧场"等，到凌晨两三点，"夜文化"才算大致告终。结果第二天早上上课迟到，老师在讲台上讲得口干舌燥，他却在课桌上睡得昏天黑地。

（4）"吃文化"。有的学生到外面摊点买些啤酒小食，颇有"对酒当歌，人生几何"的意味，"煮酒论英雄""把酒问青天"的气概。通常是轮流请客，或者找个借口撮一顿，乐一乐，结果有时乐极生悲，个别同学还可能借机酗酒闹事。

（5）"机文化"。电脑游戏的风行，已使这种"机文化"近乎成了男生宿舍的主流文化。在宿舍里，不难见到一大群人围着看打游戏，指点江山，出谋划策。

（6）"网文化"。网上聊天，天花乱坠。有的甚至上黄色网站，结果身中"黄毒"；有的沉迷网恋误入歧途。

（7）"买文化"。盲目消费，相互攀比，争相购买时髦服装、高级化妆品、烟酒以及先进通信工具，追求享乐、放弃艰苦奋斗精神的状况实在令人痛心和担忧。

6. "文明宿舍"评比标准是什么？

答：各高校的住宿条件各有差异，住宿环境也不尽相同，但对于"文明宿舍"的要求却是基本一致的。

（1）精神面貌好

1）自觉遵守《大学生文明公约》；

2）举止得体，言行礼貌，讲求公德；

3）室内装饰整洁美观、活泼大方、健康高雅；

4）阅读、传播合法、健康的书籍、报刊及电子出版物。

（2）学习风气好

1）有浓厚的求学气氛；

2）互助协作、刻苦钻研学业。

（3）尊师爱友好

1）尊敬师长、管理人员、工人师傅；

2）尊重师长及勤工人员的劳动；

3）服从工作人员管理；

4）团结友爱，互相帮助。

（4）组织纪律好

1）遵守"高等学校学生行为准则"及学校各项管理规章制度；

2）按时起居，学习时间不卧床；

3）按时归宿。

（5）安全观念好

1）按规定使用电源、电器和控制使用明火；

2）执行学校有关安全节能制度；

3）宿舍内不存放过量现金及贵重物品，离开宿舍时随手锁门；

4）保持警惕，遇可疑人员及情况，积极采取措施，及时报告。

（6）勤俭节约好

1）生活勤俭，节省粮食，适度消费；

2）节约水电。

（7）关心集体好

1）树立集体主义观念，珍惜宿舍荣誉；

2）踊跃参加公益劳动，整理内务，打扫公共卫生。

（8）爱护公物好

1）爱护公共财物；

2）保持房门、家具、电视及其他设备完好；

3）发现公共设施损坏及时主动报修。

（9）环境意识好

1）不随地吐痰，不在公共场所吸烟；

2）不乱扔果皮、堆放垃圾；

3）不向窗外扔杂物、泼水；

4）自行车按规定位置停放整齐。

（10）宿舍卫生好

1）按宿舍达标要求，经常保持室内外卫生；

2）每次检查均在优良分以上。

二、公共服务

1. 如何管理好自己的银行卡？

不要把银行卡和身份证放在一起，更不要为了图方便在银行卡背面写上密码或是将写有密码的字条、笔记本和银行卡放在一起。

银行卡遗失时，即使没钱也要及时挂失，不法分子可能利用你的银行卡进行其他违法犯罪，给你造成不必要的麻烦和损失。

如果看到银行门口或 ATM 机旁边贴有自称是××银行的通知，称银行要升级系统，要求您将钱转存到××账号时，一定是骗局，不可草率行事，应立刻联系银行或是报警。

2. 存取款需要注意什么？

去银行存取款最主要的是人身的安全问题，而且随着科技的进步，现在有了很多新的程序，大家都要注意，比如银行建议 2 万元以下的存取款要去自动取款机上自行操作。

在银行存款的时候不要被银行大厅里穿制服的人诱惑，将本应的存款转换为保险理财。虽然国家明文规定这样做的非法性，但还是有少数地区并没有执行。

取款超过 5 万元是需要提前预约的，也就是头天预约隔天才能取，取钱时要带好身份证，熟记密码。

取款时应该注意保护密码的隐私性，身边有其他人员逗留时，有权要求别人离开退后到 1 米线外。另外输入密码时应遮挡住密码盘，避免泄露。

在自动取款机上进行存取操作时需要注意钱币的数量和真实性，一定要在取款机的摄像头前完成点钞动作，如果发生钱币差错，马上去找银行内部的工作人员，或拨打银行服务热线。

3. 寒暑假放假如何购买车票？

提前了解节前和节后的时间安排，并对自己的时间安排做出初步的规划，结合自己的时间安排具体的往返时间。

接着就是根据自己的安排开始计算日期购票，登录 12306 的官网，看看最近已经开售到哪天的火车票了，然后相应地向后推算自己需要的火车票的具体日期，同时注意官网的通知公告，春运的时候一些车次可能会有调整，注意调整日期和恢复售票日期。

如果往返的日期较为宽裕，没有硬性的时间要求的话，可以考虑提前两天左右开始购买火车票，尤其是春运期间，火车票十分难买，如果仅仅是抢出发当天的票的话，极有可能拿不到票，所以可以预先抢票。

如果是直达的票，那么还是很难抢的，春运期间可能会抢不到，可以考虑中转，选择路程段中的大站作为中转站，这样可以省去很多的麻烦，如果抢不到票就需要经常注意查票了，后期会有一些人退票的。

登录12306的网站，点击右上角的出行向导，选择中转查询，点击切换到手动输入。

选择具体的出行日期，输入相应的起始地点和验证码，输入中转站，尽量选择一些大站或者是交通枢纽，这样可选择性比较大。

比对到达中转站和离开中转站的时间，尽量留有比较充足的时间，尤其是需要在两个站点之间转移的时候。

购买的时候分两次或三次购买各车次的乘车票就好了，就和买一张票是一样的。

三、安全意识

1. 学习紧急处置、疏散、自救的方法

突发公共事件后，事发地的有关部门在报告同时，应在保障人员安全的前提下及时、有效地进行处置，控制事态。若事态无法控制，有关部门应立即组织现场人员进行疏散，同时开展现场救援和现场保护。涉及人员伤病时，应立即联系急救部门。

尽量不去一些易受伤害的场所，包括聚众闹事、有纠纷、多种活动集中的场所。如正处于这种场所时，要尽快想办法离开。不能离开时，不要往人多的地方凑。不要参加互相矛盾的任何一方。要听从秩序维护者的指令。在人多的地方发生火灾时，不要乱挤乱跑，应有秩序地疏散。最关键的是遇到突发事件时千万不要过于惊慌，一定要镇静，只有保持头脑冷静才会有机会和办法应对突发事件。

以下列举了几种不同险情的正确自救方法。

地震发生时：应先躲避后逃生，等摇晃停止后再出门。躲避时不要站在房间中央，应及时寻找有支撑物的地方躲避。撤离时应走楼梯，不要乘电梯。

车辆着火时：车辆着火要及时报警，随后要充分利用随车灭火器材积极自救，没有灭火器材或者灭火器材数量不够的，可以用衣服、棉被等物扑火。

地铁故障时：要注意听地铁人工广播，并听从工作人员统一指挥和引导，沿着规定方向疏散。如若未进站可通过其他交通工具避开故障区段。

乘船落水时：应迅速穿上救生衣，发出求救信号。除非别无他法，否则不要弃船。一旦弃船，应迎着风向，双臂交叠在胸前，压住救生衣，双手捂住口鼻跳水。

高楼失火时：逃生勿入电梯，利用楼梯救急。身居楼层较高时，可用房间内的床单、窗帘等织物撕成能负重的布条连成绳索，系在窗户或阳台的构件上向无火层逃离。当所有通道被切断时，最佳的避难场所是卫生间。

食物中毒时：应马上向急救中心120呼救，随后用手指、筷子等刺激舌根部催吐，大量饮用温开水或稀盐水，减少毒素的吸收。

被劫持时：最重要的是尽量保持镇定，不要做无谓的抗争。同时要尽量观察劫持者的特征，为获救或日后案件侦破赢得线索。

发生烫伤时：做好现场急救和早期适当处理可使伤势不再继续加重，预防感染和防止休克。

2. 高校盗窃案的特点

由于客观场所和作案主体的特殊性，决定了高校盗窃案件有以下一系列特点：

（1）时间上的选择性

作案主体在有人的情况下是不行窃的，作案必然选择作案地点无人的空隙实施盗窃。例如，上课期间，同学们都去教室上课了，案犯便会光顾宿舍；下班的时间或节假日期间，实验室、办公室、财会室、计算机室通常处于无人状态，案犯便会乘隙而入。

（2）目标上的准确性

高校中盗窃案件比较多。财会室、计算机室在什么位置，作案人都掌握得一清二楚；哪个学生有钱或贵重物品常放在什么地方，有没有锁在箱子中或柜子里，钥匙放在何处，作案分子都基本上了解。不动手便罢，一旦动手目标十分明确，通常很快便十拿九稳地得手。

（3）技术上的智能性

高校中盗窃案件的作案主体，一般以高学历、高智商的人居多，有的本身就是大学生。他们智力超群、比较聪明，盗窃技能高于一般盗窃作案人员。他们经常会用你的钥匙开你的锁，或用易拉罐皮制作"万能"钥匙等，进行智能型违法犯罪活动。

（4）作案上的连续性

如上所述，正是由于作案人员比较"聪明"，所以其第一次作案很容易得手。"首战告捷"以后，作案人往往产生侥幸心理，加之报案的滞后性或破案的延迟性，作案人员极易屡屡作案而形成一定的连续性。

3. 防盗的基本方法

（1）贵重物品不用时最好锁在抽屉、柜子（箱子）里或寄存他处。

（2）饭卡要随身携带，不要存太多的钱，丢失后要立即挂失。

（3）注意保管好自己的钥匙，不要轻易借给他人，防止钥匙失控。

（4）最后离开宿舍的同学，要关好窗户锁好门，千万不要怕麻烦。一定要养成随手关灯、随手关窗、随手锁门的习惯，以防盗窃犯罪人员乘隙而入。

（5）不要留宿外来人员，尤其是不知底细的人，否则等于引狼入室。

（6）对形迹可疑的陌生人要提高警惕，留心观察，如可疑人员在宿舍四处走动，窥视张望，要加以询问，必要时拨打报警电话。

（7）晚上睡觉时，一定要关好门窗，不将贵重物品放于靠窗的桌子或窗台。当发现有人盗窃时，要立即叫醒舍友，共同制服盗窃者。

（8）假期不在宿舍时，要关好门窗，不要将贵重物品放于室内。

4. 几种易盗物品的防盗措施

（1）现金。最好的保管现金办法是将其存入银行。尤其是数额较大时，更应及时存入银行并加密码。密码应选择容易记忆且又不易解密的数字，千万不要选用自己的出生日期做密码。这是因为，一旦存折丢失很容易被熟悉的人冒领。特别要注意的是，存折、信用卡等不要与自己的身份证、学生证等证件放在一起，更不应将密码写在纸上，与存折一起存放，以防被盗窃分子一起盗走后冒领。在银行存取款时，核对密码要轻声、快捷，切忌旁若无人、大声喊叫。发现存折丢失后，应立即到银行挂失。

（2）各类有价证卡。各类有价证卡最好的保管方法，就是放在自己贴身的衣袋内，袋口应配有纽扣或拉链。密码一定要注意保密，不要告诉他人。如果参加体育锻炼等各项活动必须脱衣服时，应将各类有价证卡锁在自己的箱子里，并保管好自己的钥匙。

（3）贵重物品。如手提电脑、手机、金银饰品、随身听等，较长时间不用的应该带回家中或托给可靠的人代为保管。暂不使用时，最好锁在抽屉或箱（柜）子里，以防被顺手牵羊、乘虚而入者盗走。寝室的门锁最好是能防撬的，易于翻越的窗户要加防盗网，门锁钥匙不要随便乱放或丢失。在价值较高的贵重物品、衣服上，最好有意地做上一些特殊记号，即使被偷走将来找回的可能性也会大一些。

5. 发生盗窃案件的应对方法

一旦发生盗窃案件，同学们一定要冷静应对，并做到以下几点。

（1）立即报告学院保卫处或当地派出所，同时封锁和保护现场，不准任何人进入。不得翻动现场的物品，切不可急急忙忙地去查看自己的物品是否丢失。这对公安人员准确分析、正确判断侦察范围和收集罪证，具有十分重要的意义。

（2）发现嫌疑人，应立即组织同学进行堵截，力争捉拿。

（3）配合调查，实事求是地回答公安部门和保安人员提出的问题，积极主动地提供线索，不得隐瞒情况不报。学院保卫处和公安机关有义务、有责任为提供情况的同学保密。

（4）如果发现存折被窃，应当尽快到银行挂失。

四、应急事件的处理

1. 地震应对措施

（1）躲在桌子下面

地震来得快去得也快，一般大晃动也就一两分钟的时间。当发现有地震的感觉，应立刻钻到桌子下面并且抓好桌子腿，无处可钻的地方，也要用棉被、厚衣服之类的东西保护好头部，起到在被东西砸中时的一个缓冲作用。

（2）关闭火源

火灾也经常伴随地震的发生而发生，在发生地震的时候，要注意观察周围的火源。在地震中灭火的机会有三次。第一次机会在大的晃动来临之前一般都会有小晃动，这时即刻招呼大家关闭正在使用的取暖炉、煤气炉等。第二次机会在大的晃动停息的时候，再一次呼喊"关火！关火！"并去关火，切记不要在大晃动的时候去关，很危险的。第三次机会在着火之后。即便发生失火的情形，在 1~2 分钟之内，还是可以扑灭的。为了能够迅速灭火，请将灭火器、消防水桶经常放置在离火源较近的地方。

（3）向户外跑

如果发生地震时，正好在门口等容易向外跑的地方，尽量向外面空旷的地方跑，并且跑的时候注意不要被碎玻璃、砖瓦、广告牌等砸中。

（4）户外的场合，要保护好头部

人在站不稳的时候都会习惯性地去抓住东西，如门、墙壁。但在地震的时候，这些平时牢固的东西并不值得我们去依靠，说不定正是这些东西倒下把我们压住。如在日本福岛海底地震时，由于水泥预制板墙、门柱的倒塌，曾经造成过多人死伤。在繁华街道和楼区，最危险的是玻璃窗、广告牌等物掉落下来砸伤人。要注意用手或手提包等物保护好头部。

（5）在商场、地铁时按照工作人员的指示行动

在商场、地铁等人员集中的地方，一定保持冷静，避免混乱。按照商店职员、警卫人员的指示来行动。就地震而言，据说地下街是比较安全的。即便发生停电，紧急照明电也会即刻亮起来，请镇静地采取行动。

如发生火灾，即刻会充满烟雾。以压低身体的姿势避难，并做到绝对不吸烟。在发生地震、火灾时，不能使用电梯。万一在搭乘电梯时遇到地震，将操作盘上各楼层的按钮全部按下，一旦停下，迅速离开电梯，确认安全后避难。高层大厦以及新建筑物的电梯，都装有管制运行的装置。地震发生时，会自动停在最近的楼层。万一被关在电梯中，请通过电梯中的专用电话与管理室联系、求助。

（6）汽车靠路边停车，管制区域禁止行驶

发生大地震时，汽车会像轮胎泄了气似的，无法把握方向盘，难以驾驶。必须充分注意，避开十字路口，将车子靠路边停下。为了不妨碍避难疏散的人和紧急车辆的通行，要让出道路的中间部分。都市中心地区的绝大部分道路将会全面禁止通行。充分注意汽车收音机的广播，附近有警察的话，要依照其指示行事。有必要避难时，为不致卷入火灾，请把车窗关好，车钥匙插在车上，不要锁车门，并和当地的人一起行动。

（7）务必注意山崩、断崖落石或海啸

在山边、陡峭的倾斜地段，有发生山崩、断崖落石的危险，应迅速到安全的场所避难。在海岸边，有遭遇海啸的危险。感知地震或发出海啸警报的话，请注意收音机、电视机等的信息，迅速到安全的场所避难。

（8）避难时要徒步，携带物品应在最少限度

因地震造成的火灾或蔓延燃烧，出现危及生命、人身安全等情形时，采取避难的措施。避难的方法，原则上以市民防灾组织、街道等为单位，在负责人及警察等带领下采取徒步避难的方式，携带的物品应在最少限度。绝对不能利用汽车、自行车避难。

（9）不要听信谣言，不要轻举妄动

在发生大地震时，人们心理上易产生动摇。为防止混乱，每个人依据正确的信息，冷静地采取行动，极为重要。从携带的手机中，把握正确的信息。相信从政府、警察、消防等防灾机构直接得到的信息，绝不轻信不负责任的流言蜚语，不要轻举妄动。

2. 食物中毒应对措施

想吐的话就吐出，出现脱水症状时要到医院就医。用塑料袋留好呕吐物或大便，带着去医院检查，有助于诊断。

不要轻易地服用止泻药，以免贻误病情。让体内毒素排出之后再向医生咨询。

（1）催吐

进餐后如出现呕吐、腹泻等食物中毒症状时，可用筷子或手指刺激咽部帮助催吐，排出毒物。也可取食盐 20 克，加开水 200 毫升溶化，冷却后一次喝下，如果不吐，可多喝几次。还可将鲜生姜 100 克捣碎取汁，用 200 毫升温水冲服。如果吃下去的是变质的荤食品，则可服用十滴水来促使呕吐。但因食物中毒导致昏迷的时候，不宜进行人为催吐，否则容易引起窒息。

（2）导泻

如果进餐的时间较长，已超过 2~3 小时，而且精神较好，则可服用些泻药，促使中毒食物和毒素尽快排出体外。可用大黄 30 克煎服，老年患者可选用元明粉 20 克，用开水冲服，即可导泻。对老年体质较好者，也可采用番泻叶 15 克煎服，或用开水冲服，也能达到导泻的目的。

（3）解毒

如果是吃了变质的鱼、虾、蟹等引起食物中毒，可取食醋 100 毫升，加水 200 毫升，稀释后一次性服下。此外，还可采用紫苏 30 克、生甘草 10 克一次煎服。若是误食了变质的饮料或防腐剂，最好是用鲜牛奶或其他含蛋白的饮料灌服。

卧床休息，饮食要清淡，先食用容易消化的流质或半流质食物，如牛奶、豆浆、米汤、藕粉、糖水煮鸡蛋、蒸鸡蛋羹、馄饨、米粥、面条，避免有刺激性的食物，如咖啡、浓茶等含有咖啡因的食物以及各种辛辣调味品，如葱、姜、蒜、辣椒、胡椒粉、咖喱、芥末等，多饮盐糖水。吐泻腹痛剧烈者暂禁食。

出现抽搐、痉挛症状时，马上将病人移至周围没有危险物品的地方，并取来筷子，用手帕缠好塞入病人口中，以防止咬破舌头。

如症状无缓解的迹象，甚至出现失水明显、四肢寒冷、腹痛腹泻加重、极度衰竭、面色苍白、大汗、意识模糊、说胡话或抽搐，甚至休克，应立即送医院救治，否则会有生命危险。

五、课外活动

1. 什么是学生社团，都有哪些社团

答：学生社团，是大学生基于共同的兴趣和爱好并为满足这一兴趣和爱好而自发组织起来的群众性组织，是高校校园文化生活的重要载体。学院的社团主要分为专业类社团、兴趣类社团、院团委直属社团三类。

专业类社团都是各系部主办，有经济管理系企业管理协会、经济管理系会计协会、软件工程系计算机协会、心理协会。

兴趣类社团主要有足球社、羽毛球社、动漫社、沁轩文学社、健身社、书画社、吉他社、跆拳道社、国术社、轮滑社、电竞社、桌游社、格林环境保护协会、陶笛社、笛箫社。

2. 参与社团活动有哪些注意事项

答：（1）注意在社团中积极主动地锻炼自己

首先尽量争取承担社团内的一些工作。比如组织社团活动，这对个人组织能力、交际能力的提高大有裨益。但是，组织者并不是人人都可以做的，当好一名尽职尽责的"小兵"也很重要，职位再小也不要忘记自己是社团的一员，有义务和责任搞好社团活动。因此，首先要学会服从纪律安排，提高自身组织性、纪律性，另外还可以在适当的时候给组织者提一些建设性意见等。

一旦加入某个社团，就要认真做好社团的每一项工作，并坚持到底。心里要清楚在社团中应该做些什么，以及怎样培养社会实践能力，不要把自己在社团中的职位看得过重，也不要抱有太强的功利色彩。其实社团的每一个活动都能让你从中得到锻炼。

（2）处理好学习与活动的关系

要做好社团骨干，除了具备组织协调、人际交往等能力外，非常重要的一点就是要处理好学习与工作的关系。社团骨干既要学习，又要工作，二者在时间上经常矛盾。如果能恰当处理这对矛盾，创新学习方法，提高学习效率，就可以把工作占用的时间减少到最低限度，从而保证学习时间，做到工作、学习两不误；反之，则会给学习和工作带来损失。

作为社团骨干，首先要摆正学习和工作的关系。社团骨干首先是学生，这就是说，你必须把学习放在首位，工作放在从位，但也不能不做或少做工作。好的社团骨干，首先就要学习好。学习不好，威信就不高，工作就难以开展。其次，要提高学习和工作的效率。平时听课和看书时也要集中精力，切不可一边学习一边考虑工作和其他问题。另外，对于社团骨干而言，往往有很大一部分时间用在开会和搞活动上，这就需要有较高的效率和较强的时间观念。

3. 参加社会实践的形式有哪些

答：大学生走出校门到社会中进行实践，是深入了解国情、民情的有效途径，也是将学到的专业知识运用于实际的可行选择。有人说，大学里不参加社会实践，你的大学生活就是不完整的。

参加社会实践有多种多样的形式：每年的寒暑假，学校的各个院系、社团乃至班级都会组织各种各样的社会实践团，或去农村考察，或到社区调研。

4. 社会实践的意义有哪些

答：大学生在校期间的社会实践从某种意义上来说是对于大学生的一种就业指导。社会实践一方面给大学生提供了认识社会、接触社会的一个窗口，锻炼其交际能力，给大学生进入社会的信心和勇气。另一方面也是让用人单位认识学生的能力，对他们的实际工作能力作出评价。有很多用人单位在提供兼职机会给大学生，了解了其能力以后，愿意接纳这些学生成为自己的正式员工，委以重任。

5. 找兼职工作的注意事项

答：（1）谨防黑中介

社会上存在不少不规范的中介机构，这些不良中介一般具有以下几种特征：

没有营业执照或营业执照过期；没有固定的办公场所；非法中介机构，在经营其他项目的同时兼营中介。

学生做兼职一定要到有资质、信誉好的正式职介中心找工作。进门要看该职介所是否有劳动行政部门颁发的《职业介绍许可证》和工商部门颁发的营业执照，只有具备这两个证件的职介所，才可以从事职业介绍的工作。

（2）不要交抵押金和抵押物

一些用人单位在招聘时，往往收取不同金额的抵押金或身份证、学生证作为抵押物。这类骗局通常在招工广告上称有文秘、打印、公关等比较轻松的岗位或以优厚的报酬等作为诱饵吸引大学生，求职者只需交一定的保证金或者其他一些费用，如服装费、建档费等即可上班。但往往学生交钱后，招聘单位又推托目前职位已满，要学生回家听消息，接下来便石沉大海。

用人单位私自向求职者收取抵押金属于违法行为。有关法规明确规定，用人单位在招用职工时，不得向求职者收取抵押金，更不能扣留身份证、学生证等证件作为抵押物。学生在求职时要加强法律意识，以法规为依据，对违法行为予以回绝和揭发。同时，应主动与用人单位或个人签订合同，充分维护好自己的权益。在薪水的支付上也要与对方达成一致，这样可以保证自己的利益不受侵害。

（3）慎重对待娱乐场所高薪招工

有的娱乐场所以高薪来吸引求职者，工种有代客泊车、侍者，有的甚至是不正当交易，年轻学生到这些场所打工，往往容易误入歧途。

我们还要根据自身的条件选择适合自己的职业。建议大学新生可以选择在超市、商场做商品促销或到快餐店做服务生，不太适宜选择去酒吧、迪厅等娱乐场所打工。

此外，还要考虑工作的时间和地点。有些兼职是跟上班族的时间一致，甚至还有晚班的情况，这时就要考虑与自己学校的距离。太远了，一方面不安全，另一方面也增加了交通费用和花在路上的时间。

6. 兼职中合法权益受到侵害时该怎么办

大学生勤工助学中应当注意自身安全与权益，遇到合法权益遭受用人单位、非法职介机构侵害时，请立即向当地劳动保障监察机构投诉。

第五部分　军训篇

一、为什么要军训

大学生军训是根据《中华人民共和国兵役法》和《中共中央关于教育体制改革的决定》要求进行的，是高等院校改革教育内容，是学生接受国防教育的基本形式。军训的目的是通过严格的军事训练提高学生的政治觉悟，激发爱国热情，发扬革命英雄主义精神，培养艰苦奋斗、刻苦耐劳的坚强毅力和集体主义精神，增强国防观念和组织纪律性，养成良好的学风和生活作风，掌握基本军事知识和技能。

二、军训时训练用品都有什么

大一军训会配发（学生购买）军训训练服（含帽子）、军训鞋。

三、军训包括什么科目

军训的科目包括：队列训练、喊口号、拉歌、拉练，还会学擒拿或擒敌拳等。除了正常的军事训练，有些高校还会有战地救护、轻武器射击、军事地形学、电脑兵棋推演（模拟二战的主要战例）等科目。

四、队列训练包括什么

队列训练是军训重头戏，它包括：立正、稍息、停止间转法、行进、齐步走、正步、跑步、踏步、立定、蹲下、起立、整理着装、整齐报数、敬礼、礼毕、跨立等。

五、军训的注意事项有哪些

1. 调整心态

大学新生参加军训首先要调节好自己的心态，懂得军训是一次身体素质提高的过程，也是大学开头的第一课，不要因军训的大强度感到压抑，甚至因此发牢骚。应该积极参与，利用军训的机会迅速结识同学，多与大家交流沟通，争取给同伴和老师留下好的印象。

2. 扛不住时别硬撑

大学生在中学阶段多忙于紧张的学习，缺乏必要的身体锻炼，导致绝大多数人身体素质较差。负责军训的教官们也清楚这一现状，比前几年的军训强度都有所降低，对待接受军训的学生也更显得人性化。所以，大学新生入学参加军训时，遇到身体实在吃不消、扛不住时别硬撑，只要你礼貌些，按规矩举手向教官说明情况，教官一般都会让你退出队列去休息。

3. 预防脚起泡

在参加军训时挑选一双尺码比自己平时的鞋号大一码的胶鞋，到时在鞋底垫厚一点的棉垫，穿棉袜，以防军训跑步时脚起泡出血。

4. 别带硬物

军训时裤兜里别装硬物，手机、手表等都要留在宿舍。

5. 冲凉要小心

军训结束不要立即冲凉，以免引起感冒。

六、军训必备物品有什么

1. 军训时最好随身携带的物品

（1）准备一些防晒霜，主要在手臂、脸上涂抹，因为平时训练都穿着迷彩，长袖长裤，带着迷彩帽子，很少部位能晒到。

（2）大一点的水杯，军训是很苦很累的，需要喝大量的水，4.5瓶矿泉水是很正常的量。

（3）合适的鞋子和鞋垫，鞋子一定要合脚的，不然拉练时脚很容易会起血泡。拉练的时候记得在鞋里垫上些使脚舒服的棉鞋垫。

（4）防暑药，福建暑秋的天气基本在39℃以上高温，容易中暑，可以在身上带些风油精来降暑提神。

2. 军训期间宿舍需要预备的一些东西

（1）防蚊药品，蚊虫叮咬剂，特别是晚上都要军训的，带花露水、白花油，驱蚊止痒又有醒神功效。

（2）消炎药，准备好红霉素之类的消炎药，皮肤浸过汗水很容易破皮。

（3）维生素C片、钙片及各种营养品，比如维生素功能饮料、红牛等功能性饮料。军训期间，体能消耗相当大。

（4）西瓜霜之类的润喉含片，军训时经常会有拉歌之类的活动，那就放开唱吧，唱就放声吼，乐就仰天笑，当然也容易造成嗓子嘶哑。

（5）针线包，军训难免大量运动，衣服破了、裤裆破了是常有的事情，这时针线包就派得上用场了。

（6）其他药品

感冒药、创可贴之类的常备小东西。止泻药，很多同学都是去外地上大学，很容易水土不服。

（7）少量食物：压缩饼干、咸菜、牛肉干之类的食品，以备不时之需。

第六部分 毕业求职篇

一、职业生涯规划部分

人生有梦,筑梦踏实,将自己的梦想,以阶段性的小目标,落实在具体的计划中,然后身体力行,积极实践,就是职业生涯规划最具体的表现。

1. 职业生涯规划的基本概念及意义

职业生涯规划是指一个人结合自身条件和现实环境,确立自己的职业目标,选择职业道路,制定相应的培训、教育和工作计划,并按照生涯发展的阶段实现具体行动以达到目标的过程。

职业生涯规划的意义有以下几点:

(1) 学会定位,明确人生未来的奋斗目标;
(2) 认清形势,夯实目标,合理规划大学阶段的学习生活;
(3) 提升自己,促进个性发展和综合素质的发展;
(4) 调适心理,积极求职,实现"人职匹配",提高就业满意度。

2. 职业生涯规划的基本步骤(如图 6-1 所示)

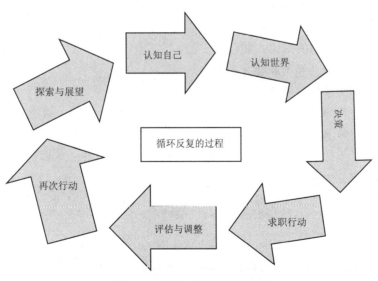

图 6-1 职业生涯规划历程图

(1) 探索与展望

你将对职业生涯规划大致的路线图有基本的了解和展望,逐渐认识到它的重要性和作用,并学会去探索、管理、规划好自己的职业生涯。

（2）认知自己

先要认知自己，包括自己的性格、气质类型、兴趣、能力倾向及价值观等，同时学会用职业生涯规划的"五步曲"（即5W，指我是谁？我想做什么？我会做什么？环境支持或允许我做什么？我的职业与生活规划是什么？）来审视自己，以此来检验自己：哪些东西是我生命中不可或缺的？我最看重什么？我有哪些技能是与众不同的？……

（3）认知世界

这里你需要了解的有：专业与职业的关系；行业发展趋势；整个社会经济发展形势；具体工作岗位对求职者的要求、条件和待遇等。

（4）决策

决策是综合整理和评估信息的部分，具体包括：综合与评估信息；目标设立与计划；处理决策过程中的主要问题包括：生涯塑造与设计、生涯目标等。在决策时有可能因信息不全而重新回到前面两个步骤。

（5）求职行动

学生通过自身的规划及所设置的工作目标进行实践锻炼。一般包括具体的求职、简历的设计与制作、面试等环节。

（6）评估与调整/再次行动

进入工作世界时，随着外部环境变化及自身的改变，原先的规划在新的情况中可能不再适合自己。这就需要适时地对职业生涯进行修正和评估，再次行动。

3. 可利用的资源库

（1）可选修职业生涯发展规划相关的课程。

（2）可向专业的职业规划师进行咨询，或者是就业咨询。

（3）相关网络职业信息的了解。

（4）相关书籍及杂志的阅读，如：

◇《中华人民共和国职业分类大典》

◇《中国大学生就业杂志》

◇《职业指导……职业生涯规划教程（第7版）》（戴安、威廉、丽莎著，中国劳动社会保障出版）

◇《大学生职业生涯规划与就业创业指导》（赵麟斌著，高等教育出版社）

◇《把握你的职业发展方向……（第五版）》（洛克著，中国轻工业出版社）

◇《大学生职业生涯发展与规划》（钟谷兰、杨开著）

……

（5）生涯人物访谈，即向实际从事某一职业的人了解该职业的技能、知识结构、能力倾向等的要求。通常用这种方法可以比较详细、具体地了解特定职业不为人知的要求，可以有效地帮助个人在进入某一行业前做好职业方面的技能准备。

（6）小结

☆ 老师的传授或者一些测评工具的应用，只是一种辅助手段。它更多的是以一个引导者的角色出现，引导你制定合乎自己现实条件的生涯设计、采取符合自身状况的生涯规划方案。

☆ 职业生涯规划是一个动态发展的过程，你需要在探索的过程中不断反思自己现实中所处的状态。

☆ 职业生涯规划的探索是一个自我发展的领域，所以你收获的大小全取决于你投入其中的程度。

二、求职攻略部分

1. 职业素养

职业素养是大学生毕业后作为劳动者对社会职业了解与适应能力的一种综合体现。它是人才选用的第一标准，是职场制胜、事业成功的第一法宝。

（1）职业素养的定义

简单来讲，职业素养就是一种工作状态的标准化、规范化、制度化，即在合适的时间、合适的地点，用合适的方式，说合适的话，做合适的事，在知识、技能、观念、思维、态度、心理上符合职业规范和标准。具体来讲，职业素养包含职业道德素养、职业素养行为规范和职业素养技能三个部分的内容。

（2）职业素养的分类

身体素养：指体质和健康（主要指生理）方面的素养。

心理素养：指认知、感知、记忆、想象、情感、意志、态度、个性特征（兴趣、能力、气质、性格、习惯）等方面的素养。拓展训练以提高心理素养，很多知名企业都通过拓展训练来提高员工的心理素养以及团队信任关系。

思想政治素养：指思想认识、思想觉悟、思想方法、价值观念等方面的素养（思想素养受客观环境等因素的影响，例如家庭、社会、环境等），及政治立场、政治观点、政治信念与信仰等方面的素养。

道德素养：指道德认识、道德情感、道德意志、道德行为、道德修养、组织纪律观念方面的素养。

社会交往和适应素养：主要是语言表达能力、社交活动能力、社会适应能力等。社交适应靠后天培养，是职业素养的另一核心之一，侧面反映个人能力。

学习和创新方面的素养：主要是学习能力、信息能力、创新意识、创新精神、创新能力、创业意识与创业能力等。学习和创新是个人价值的另一种形式，能体现个人的发展潜力以及对企业的价值。

专业素养：指专业知识、专业理论、专业技能、必要的组织管理能力等。

科技文化素养：指科学知识、技术知识、文化知识、文化修养方面的素养。

审美素养：指美感、审美意识、审美观、审美情趣、审美能力方面的素养。

（3）专业化的职业素养养成

职业意识：包括角色意识、目的意识、问题意识、行动意识、变革意识、计划意识、短板意识、客户意识、成本意识、利润意识、市场意识、营销意识、经营意识、战略意识、效率意识、质量意识、责任意识、团队意识、创新意识、服务意识、完美意识、细节意识、舍弃意识、系统意识、健康意识、危机意识、人才意识。

职业心态：包括积极的心态、主动的心态、空杯的心态、双赢的心态、包容的心态、自信的心态、给予的心态、行动的心态、学习的心态、老板的心态、羞耻的心态、奉献的心态、服从的心态、竞争的心态、专注的心态、感恩的心态。

职业道德：职业道德是指从事一定职业劳动的人们，在特定的工作和劳动中以其内心信念和特殊社会手段来维系的，以善恶进行评价的心理意识、行为原则和行为规范的总和，它是人们在从事职业的过程中形成的一种内在的、非强制性的约束机制。谭小芳认为，职业道德是事业成功的保证，职业人必备职业道德。职业道德主要内容有爱岗敬业、诚实守信、办事公道、服务群众、奉献社会。

职业行为：职业行为包含职业人对工作、对企业、对老板、对同事、对客户、对自己等方面的行为规范。坚守这些职业行为，是你职业素养的成熟表现。

职业技能：职业技能是工作岗位对工作者专业技能的要求，职业素养必备职业技能主要包括角色认知、正确工作观与企业观、科学工作方法、职业生涯规划与管理、专业形象与商务礼仪、高效沟通技巧、高效时间管理、商务写作技巧、团队建设与团队精神、人际关系处理技巧、商务谈判技巧、演讲技巧、会议管理技巧、客户服务技巧、情绪控制技巧、压力管理技巧、高效学习技巧、激励能力提升、执行能力。

2．职业选择

即将毕业，走入社会，如何选择一份适合自己的职业，找到一个能够发挥自己特长、能力的平台，是摆在我们眼前最为关键的事情。

（1）国家公务员类

1）什么是公务员

公务员，是指依法履行公职、纳入国家行政编制、由国家财政负担工资福利的工作人员。国家实行公务员职位分类制度。公务员职位类别按照公务员职位的性质、特点和管理需要，划分为综合管理类、专业技术类和行政执法类等类别。国家根据公务员职位类别设置公务员职务序列。

公务员职务分为领导职务和非领导职务。非领导职务层次在厅局级以下设置。综合管理类的非领导职务分为：巡视员、副巡视员、调研员、副调研员、主任科员、副主任科员、科员、办事员。国家根据人民警察以及海关、驻外外交机构公务员的工作特点，设置与其职务相对应的衔级。

2）公务员考试的类别与内容

公务员考试的类别：当前而言，公务员考试主要是从纵向来划分的，分为中央公务员考试和地方公务员考试两种。具体来说，中央公务员考试是指中央、国家机关以及中央国家行政机关派驻机构、垂直管理系统所属机构录用机关工作人员和国家公务员的考试。

地方的公务员考试是指地方各级党政机关，为招录机关工作人员和国家公务员而组织进行的各级地方性考试。

中央的公务员考试包括笔试（公共科目、专业科目）和面试。公共科目笔试为《行政职业能力测验》和《申论》；专业科目笔试和面试，时间由招考部门自行通知。

各个地方的考试科目都是地方自定的，一般都分笔试和面试。笔试科目各有不同，北京考的是《行政职业能力倾向测验》和《公共基础知识》；上海和广东考的是《行政职业能力倾向测验》和《申论》；要报地方公务员考试的同学要注意查阅当地政府公布的招考简章，以便有针对性地进行复习。

3）公务员考试网

国家公务员网	http：//www.gjgwy.org
福建省事业单位招聘考试网	http：//sy.fjkl.gov.cn/
福建省公务员考试录用网	http：//www.fjkl.gov.cn/
中华人民共和国人事部	http：//www.mop.gov.cn
免费公务员考试资料网	http：//www.gwy86.com
《公务员之路》公务员考试专用	http：//www.newhua.com/soft/7990.htm
一起考试	http：//www.17ks.com/
考试吧	http：//www.exam8.com
新浪考试	http：//edu.sina.com.cn/official/index.shtml

（2）事业单位类

1）什么是事业单位

事业单位，是指国家为了社会公益目的，由国家机关举办或者其他组织利用国有资产举办的，从事教育、科技、文化、卫生等活动的社会服务组织。分为全额拨款事业单位（如学校等）、差额拨款事业单位（如医院等），还有一种是自主事业单位，如政府下属培训中心、从事应用性研究和开发的科研单位等。

2）应聘基本流程

同公务员类似，一般要经过考试报名、资格审查、笔试、面试、考核、体检、公示和聘用等基本程序。（注：关于事业单位招聘的详细信息请参看事业单位招聘网 http：//sy.fjkl.gov.cn。）

（3）企业就业与自主创业类

1）私营企业

这类企业竞争激烈，工作压力大，工作与业绩挂钩，相对来说不那么稳定，需要应聘者善于交际、善于挑战。有些民营企业制度不健全，对于人的作用不是那么看重。但如果你努力，工资颇丰。目前，国内民营企业发展前景还是十分看好。一般来说，民营企业在组织结构、管理模式、思维方式、运作流程、企业文化上都有着不同的特点，要想快速融入民营企业，可以从以下几方面着手

◇安安静静做事，踏踏实实做人

民营企业喜欢那些能安安静静做实事的毕业生。大学生长期待在学校里，他们对工作的认识过于理想化，还没有给公司做一天事情，就先问自己的待遇怎么样，如果待遇低还一脸的不高兴，纪律性较差，从思想上没有正确对待工作。

◇调整状态，尽快融入企业文化

对民营企业来说，企业文化本质上是民营企业家的文化，是民营企业家品质、才华、胆识等综合素质的扩展和放大。优秀的民营企业的企业文化是民营企业家成功后的自信，激励和鞭策全体员工在"追求完美、追求卓越"的道路上积极进取、开拓创新，形成一种以人文精神为动力的激励文化，它使企业生机盎然，充满活力。因此，能迅速融入企业文化的大学生就容易迅速融入企业。大学生要主动接受企业文化，并在行动上体现企业的文化。在工作的过程中，把性格中与企业文化不相吻合的部分尽可能地克服掉。

◇包容理解，团队合作

学会包容他人、理解他人，具有团队合作精神的大学生，通常能够较快地适应民营企业。包容他人说明懂得感恩；理解他人说明不自私。具有团队合作精神，并且积极上进，能吃苦耐劳是融入民营企业的不二法门。

2）自主创业

长期以来，"创业"都被学者们用下列术语进行定义：新颖的、创新的、灵活的、有活力的、有创造性的，以及能承担风险的。一些学者说，创业包括创造价值、创建并经营一家新的营利型企业的过程，通过个人或一个群体投资组建公司，来提供新产品或服务，以及有意识地创造价值的过程。另一个关于创业的定义是："创造不同的价值的一种过程，这种价值的创造需要投入必要的时间和付出一定的努力，承担相应的金融、心理和社会风险，并能在金钱上和个人成就感方面得到回报。"

现今相当一部分刚毕业的大学生就开始自主创业，以寻求自我价值的实现和良好的经济利益或是追求发展的自由。

高校毕业生自主创业，可以享受以下优惠政策。

◇小额担保贷款和贴息支持：登记失业的高校毕业生自主创业，自筹资金不足的，可向当地指定银行申请不超过 5 万元的小额担保贷款；对从事微利项目的，还可获得贴息支持（可参考《关于改进和完善小额担保贷款政策的通知》）。自愿到西部地区及县以下的基层创业的高校毕业生，自筹资金不足时，也可向当地经办银行申请小额担保贷款；对从事微利项目的，可获得 50％的贴息支持。

◇免收有关行政事业性收费：高校毕业生从事个体经营，且在工商部门注册登记日期在其毕业后 2 年内的，自其在工商部门首次注册登记之日起 3 年内免收管理类、登记类和证照类行政事业性收费。

◇享受培训补贴：离校后登记失业的毕业生，参加人力资源社会保障部门举办的创业培训，可享受职业培训补贴。

◇免费创业服务：有创业意愿的高校毕业生，可免费获得公共就业服务部门提供的创业指导服务，包括项目开发、方案设计、风险评估、开业指导、融资服务、跟踪扶持等内容。

3）大学生创业中要注意的问题

问题一：激情过度

案例：成都某高校食品科学系 6 名研究生筹资 20 万元，打算在成都开 20 家"六味面馆"连锁店。但由于管理不善和经营欠佳，4 个多月后，第一家店就挂牌转让。

点评：创业需要激情，但过分的激情往往会导致创业者不研究自身实力与市场风险，对创业项目的可行性缺乏冷静全面的评估。

问题二：好高骛远

案例：重庆某高校一学生开了一家网站，注册用户已有 100 多万人，但他不知道怎么利用网站盈利，只坐等收购或风投垂青，结果至今仍为生计发愁。

点评：好高骛远是大学生的通病。创业前必须弄清楚自己能做什么，能怎样赚钱，才有可能创业成功。

问题三：纸上谈兵

案例：3 名大学生买了 100 件保健产品"试水"，并认为每件产品哪怕只赚 10 元，有 100 万人买就能赚 1 000 万。到产品卖不动了，他们才知道，新保健品是需要巨额广告费作支撑的。

点评：大学生缺乏经验，对市场只爱进行理想化推断，结果往往与实际情况相去甚远。

问题四：单打独斗

案例：万州一大学生毕业后，承包了一片荒山种果树。资金链断裂后，他不愿意把利润与别人分享，拒绝与人合股经营，结果眼看着果树变柴火。

点评：想靠单打独斗获得成功，概率微乎其微。对大学生来说，合作创建一个团队，要比单枪匹马更容易成功。创业要懂得分享。

4）YBC 组织

YBC 组织即中国青年创业国际计划组织。中国青年创业国际计划（Youth Business China，YBC）是由团中央、全国青联发起的一个旨在帮助中国青年创业的国际合作项目。该项目参考总部在英国的青年创业国际计划（Youth Business International）扶助青年创业的模式，动员社会各界特别是工商界的力量为青年创业提供咨询以及资金、技术、网络支持，以帮助青年成功创业。YBC 项目的宗旨是：培养创业精神，提高创业能力，提倡企业社会责任，促进经济与社会协调发展。YBC 通过接受社会捐赠和资助，建立青年创业专项基金，为符合条件的青年创业者提供无息启动资金和"一对一"导师辅导等公益服务。

网址：http：//www.ybc.org.cn/。

小贴士：部分有关大学生创业政策的网站

创业中国	http：//www.icycn.com
大学生创业网	http：//www.studentboss.com
中国创业教育网	http：//www.kab.org.cn
教育部大学生创业服务网	http：//www.cy.ncss.org.cn
中国大学生创业政策网	http：//www.zdcy8.cn
中国大学生就业创业网	http：//www.edsjiu.com
中国共青团网	http：//www.gqt.org.cn
青年创业网	http：//www.qncy.com.cn
中国就业网	http：//www.chinajob.gov.cn
越众创业网	http：//www.yzcy.com
福建青年创业网	http：//www.qn591.com
福建创业网	http：//www.cyw591.com
福州大学生创业网	http：//www.fz.studentboss.com
福州青年就业创业服务网	http：//www.woxing.org

（4）基层就业类

1）什么是基层就业

基层就业就是到城乡基层工作。国家近几年出台了一系列优惠政策鼓励高校毕业生积极参加社会主义新农村建设、城市社区建设和应征入伍。一般来讲，"基层"既包括广大农村，也包括城市街道社区；既涵盖县级以下党政机关、企事业单位，也包括社会团体、非公有制组织和中小企业；既包含自主创业、自谋职业，也包括艰苦行业和艰苦岗位。

2）中央有关部门实施了哪些基层就业项目

近年来，中央各有关部门主要组织实施了 4 个引导高校毕业生到基层就业的专门项目，包括：团中央、教育部等四部门从 2003 年起组织实施的"大学生志愿服务西部计划"；中组部、原人事部、教育部等八部门从 2006 年开始组织实施的"三支一扶"（支教、支农、支医和扶贫）计划；教育部等四部门从 2006 年开始组织实施的"农村义务教育阶段学校教师特设岗位计划"；中组部、教育部等四部门从 2008 年起组织实施的"选聘高校毕业生到村任职工作"。

3）什么是"三支一扶"计划

三支一扶是支教、支医、支农、扶贫的简称。2006 年，中组部、原人事部等八个部门下发《关于组织开展高校毕业生到农村基层从事支教、支农、支医和扶贫工作的通知》，以公开招募、自愿报名、组织选拔、统一派遣的方式，从 2006 年开始连续 5 年，每年招募 2 万名高校毕业生，主要安排到乡镇从事支教、支农、支医和扶贫工作。服务期限一般为 2~3 年。招募对象主要为全国普通高校应届毕业生。

4）国家鼓励毕业生到基层就业的主要优惠政策

对到农村基层和城市社区从事社会管理和公共服务工作的高校毕业生，符合公益性岗位就业条件并在公益性岗位就业的，按照国家现行促进就业政策的规定，给予社会保险补贴和公益性岗位补贴。

对到农村基层和城市社区其他社会管理和公共服务岗位就业的，给予薪酬或生活补贴，同时按规定参加有关社会保险。

对到中西部地区和艰苦边远地区县以下农村基层单位就业、并履行一定服务期限的高校毕业生，以及应征入伍服义务兵役的高校毕业生，按规定实施相应的学费补偿和国家助学贷款代偿。

对具有基层工作经历的高校毕业生，在研究生招录和事业单位选聘时实行优先，在地市级以上党政机关考录公务员时也要进一步扩大招考录用的比例。

（5）应征入伍类

1）公民应征入伍的政治条件

征兵政治审查的内容包括：应征公民的年龄、户籍、职业、政治面貌、宗教信仰、文化程度、现实表现以及家庭主要成员和主要社会关系成员的政治情况等。征集服现役的公民必须热爱中国共产党，热爱社会主义祖国，热爱人民军队，遵纪守法，品德优良，决心为抵抗侵略、保卫祖国、保卫人民的和平劳动而英勇奋斗等。

2）公民应征入伍的基本身体条件

应征入伍的公民要身心健康、体魄强健。其中，有以下几项基本条件。

身高：男性 162cm 以上，女性 160cm 以上

体重：男性不超过标准体重的 +20%、−10%

女性不超过标准体重的 ±15%

标准体重 =（身高 −110）kg

个别体格条件较为优秀的应征男青年，体重可放宽至不超过标准体重的 25%，不低于标准体重的 15%。

视力：路勤岗位视力标准，大学专科以上文化程度的青年入伍，右眼裸眼视力放宽至 4.6，左眼裸眼视力放宽至 4.5。

内科：乙型肝炎表面抗原呈阴性等。

3）应征入伍高校毕业生的年龄条件

高职（专科）毕业生当年为 18～23 岁，本科以上学历的可以放宽到当年 24 岁。

4）毕业生预征工作在高校的负责部门

高校设有武装部的由武装部牵头负责，没有设立武装部的由学生管理部门负责。有意向参军入伍的毕业生可向所在学校武装部或学生处咨询。

5）毕业生应征入伍服义务兵役的优惠政策

高校毕业生应征入伍服义务兵役，除享有优先报名应征、优先体检政审、优先审批定兵及其他优待安置政策外，还享受优先选拔使用、考学升学优惠、补偿学费或代偿国家助学贷款等优惠政策。

6）应征的时间和基本程序

全国征兵工作在每年冬季进行。从 2009 年起，对普通高等学校应届高校毕业生实行预征制度，5 至 6 月份，高校所在地兵役机关会同有关部门进入高校，开展预征工作。

参加兵役登记和预征报名：高校所在地县级兵役机关会同有关部门到学校开展兵役登记，进行征兵普查工作，高校毕业生本人可向所在高校有关部门报名。

在高校参加预征：5 至 6 月份，高校所在地县级兵役机关会同教育、公安、卫生等部门，到高校组织身体初检和政治初审，符合基本征集条件的确定为预征对象，并填写《应届高校毕业生预征对象登记表》。身体初检时对视力、肝功等项目进行重点检查。

到户籍所在地报名应征：11 至 12 月份，确定为预征对象的高校毕业生，冬季征兵开始前持《应届高校毕业生预征对象登记表》到入学前户籍所在地县（市、区）征兵办公室报名应征。通过体格检查、政治审查并符合其他征集条件的，由县（市、区）人民政府征兵办公室优先批准入伍。

7）具有高等教育学历的士兵退役后的升学考学优惠政策

参加政法院校为基层公检法定向岗位招生时，优先录取；退役后三年内参加硕士研究生考试初试总分加 10 分；立二等功及以上的，退役后免试推荐入读硕士研究生；具有高职（高专）学历的，退役后免试入读成人本科或经过一定考核入读普通本科。

3. 自荐材料的制作

自荐材料是随着我国毕业生就业体制由国家统一包办向"以市场为导向、用人单位和招聘者双向选择"的改变而逐渐产生的。它是大学生择业过程中的敲门砖，不仅是求职者向用人单位介绍自己的基本情况、自我推荐的必需品，还是毕业生在整个择业过程中最具说服力的证明材料。目前，根据我国人才市场上的具体情况，自荐材料大体可以分为两大类：一类是由教育主管部门统一编制的《××普通高校毕业生就业推荐表》；另一类是大学生自行编制的自荐材料，包括求职信、个人简历等。

（1）求职信

求职信是一种附带个人简历的介绍性信件，也称自荐信，是毕业生求职过程中常用的一种方法。它可以是对个人简历的一种补充和概述。因此，求职信要注重格式和内容上的书写，务必做到层次分明，简明扼要。

格式及内容：

求职信的基本格式符合书信体的一般要求，主要包括称谓、正文、结尾、署名、日期和附件六个方面的内容。称谓与一般书信的称谓不太相同，要求正规一点，在实际书写时也有所不同，如"尊敬的××董事长（总经理）先生"。正文是求职信的中心部分，要求简洁有针对性，有力地说明求职信息的来源、应聘岗位、个人基本情况、工作成绩等事项。结尾一般要表达两层含义：一是希望对方予以答复，并表示希望有机会面试的强烈愿望；二是要写上简短的表达敬意、祝愿之类的词语，如"谨表谢意"等。附件就是一些附加材料来佐证求职信中提到的内容，提升可信度，如毕业证、获奖证书等。

写作要求和技巧：

一要注意礼仪规范周到得体，即称谓得体、问候自然、内容简约、祝颂真诚、封文准确；二要对求职信进行有效的包装，一封书写漂亮、布局美观、礼貌规范的信，会使收信人感到心情愉快而颇有好感。因此，要在信笺的选用、书写格式、语法特点、标点符号使用、信封设计上做好文章。

求职信范例：

求职信

尊敬的招聘经理：

　　您好！我从招聘网站上得知贵公司的招聘信息，特此写信应聘财务会计一职。现将自己的情况简要介绍如下：

　　作为一名刚刚从××大学财经学财务会计专业毕业的学生，我十分热爱自己的专业，并为其投入了巨大的热情和精力。通过大学四年从会计学的基础知识到运用等许多方面的学习，我对这一领域的相关知识有了一定程度的理解和掌握。会计专业是一门工具学科，而利用工具的能力是最重要的，所以我积极参与那些与课程同步进行的各种相关实践和实习活动，培养了一定的实际操作能力。另外我还积极参与学校的社团工作，曾经担任管理协会理事等职务，成功组织了2005年××大学管理学会年会等大型活动，不仅更多地学习了管理知识，还锻炼了我的处世能力和组织能力。

　　随着会计电算化的迅速发展，计算机和网络成为将来专业会计离不开的工具。在学好本专业的前提下，我阅读了大量相关书籍，熟练使用Windows操作系统以及金蝶财务、用友财务等应用软件，并能使用Foxpro、VB等程序语言编制一些程序。

　　我期望在工作实践中能够充分应用所学知识，不断得到锻炼和提高，因此我希望能够加入你们的团队。我会踏踏实实地做好属于自己的一份工作，竭尽全力地在工作中取得好的成绩。我相信经过自己的勤奋和努力，一定会给贵公司做出应有的贡献。

　　感谢您对我予以关注，热切期盼您的回音。谢谢！

　　此致

敬礼！

求职者：××
××年×月×日

（2）简历制作

"A Resume is a passport to an interview．"

——简历是求职者通往面试的护照。

一份得体的、适合自己的简历可以大大增加你的面试机会。即使你工作经验欠缺，也不要草草地写完你的简历。因此，收集、整理好自身的素材，制作与设计一份相对有特色的、符合岗位需求的、能展示自己的简历，显得很重要。借此机会，谈一些要求和注意事项。

1）基本的要素

求职意向、个人基本信息、教育背景、专业技能、工作实践经历、获奖情况、兴趣特长、自我评价。

2）简历的基本内容

求职意向：说明你想做什么、你能给公司提供什么价值，要求简洁，不超过两行。可直接表明你申请的职位、目标。每个公司、职位都要重新确定。

个人基本信息：姓名、性别、出生年月、联系地址（包括邮编）、电话（区号）、E-mail（不要用滑稽昵称）、照片是必需的；籍贯、户籍、民族、身高、视力、政治面貌等，不是必需的，可视情况而定。

教育背景：一般采用倒叙，先写现在，再写以前的。写明时间、学校、专业。（为体现专业特长，有的把主修课程列出，若辅修课程与应聘职位相关，也可列出。）附成绩单、学习成绩优秀、获奖学金、荣誉称号、特别的文章与论文、曾发表的文章题目、发表的刊物名称、在职培训、假期间的国际交流等学习生涯中的闪光点，可以写上，表明你的出类拔萃。也可安排在别的栏目，不要重复。

专业技能：技能证书包括外语、计算机、资格证书等；专业能力主要指大学期间的论文、成果、发表的文章，不宜使用"初级""一般"等表达含糊的词语。

工作实践经历：用人单位比较看重你在课外参加过哪些活动，因为从中可以看出你的实际工作能力、社会阅历、社会经验。内容包括实习、社会实践、志愿者工作、学生会、团委工作、社团等其他活动。要写明实践单位、工作职责和具体职务、运用的技能、业绩、收获（成果、成就和贡献）。要简明扼要、突出重点、不宜过细，重点是成果、成就、贡献要依据用人单位的岗位设置、要求，甚至招聘者的偏好，来突出自己的特点。如果是工作经历，每项工作应列出：公司名称、职位名称、所在城市、工作时间、工作职责、正在进行或已完成的项目、你的提升过程。

获奖情况：若奖励较少，可归入教育背景和实践活动中表达。

兴趣特长：可以展示你的品德、修养、社交能力、与人合作能力。但要与应聘职位有关，否则会弄巧成拙。

3）基本原则

☆ 简历制作要有针对性，简单明了，充分体现求职者的基本能力。

☆ 真实、客观、诚实，切勿弄虚作假。

☆ 突出重点，注重细节，注意层次等。

4）制作步骤

自我素材分析→选择目标企业→了解目标企业及岗位需求→针对岗位撰写简历。

5）简历范本（通用版）

> **求职意向**：销售部经理助理
> **个人基本情况**：（略）
> **教育背景**：
> 2002.9—2006.7 ××大学国际经济与贸易专业
> 1999.9—2002.7 ××第一中学
> **培训经历**：
> 2005.7—2005.9 ××大学 通过外销员考试
> 2004.3—2004.6 ××大学 通过报关员考试
> **外语水平**：
> 可与外商进行日常沟通，能熟练使用业务范围内常用术语。
> **计算机水平**：
> 熟练使用常用办公软件编辑业务文档，熟练使用互联网进行业务沟通。
> **社会实践和实习经历**：
> 2005.12至今 担任某IT公司的市场部业务员（实习）。主要负责协助经理与经销商签订经销合同、办理产品的包装、运输、保险、贷款结算、售后产品跟踪、市场反馈以及开拓新的销售渠道等；参与公司新业务员的培训，多次受到公司的表扬。
> 2005.3—2005.12 在××公司做市场调查员（周末兼职）。主要负责以电话形式向顾客了解对产品的意见，并填写相应的表单转包给公司。
> **所获奖励**：
> 2004—2005学年荣获××大学"优秀学生干部"称号
> 2003—2004学年荣获××大学"三好学生"称号
> **自我评价**：
> 本人性格开朗、稳重、有活力，待人热情、真诚。工作认真负责，积极主动，能吃苦耐劳。有较强的组织能力、实际动手能力和团队协作精神，能迅速适应环境，并融入其中。

小贴士：个人简历模板参照

◇个人简历网：http：//www.gerenjianli.com/

◇中国个人简历网：http：//www.t135.com/

◇个人简历网：http：//www.wdjlw.cn/

6）简历制作经验分享

HR如何看简历：扫描式

☆你知道HR用多长时间看一份简历吗？

一般在第一轮筛选简历时，看一份简历最多只有30~40秒。

☆ 如果前10秒钟未能发现任何吸引人的表述，那么这份简历就成为历史了。

简历的表现形式要点：
☆ 简历照片要职业；
☆ 让简历外表醒目；
☆ 一页纸；
☆ 尽量使用Tab、圆点的项目符号对齐，尽量不用空格找齐。

最后测试：
☆ 它是否清楚并能够让HR尽快知道你的能力？
☆ 是否写清了你的优势？
☆ 是否写清了你要求这份工作的基础？
☆ 有东西可删除吗？

简历的送达形式：
☆ 书面纸质：整体美观，简洁明了，不要过度包装。
☆ E-mail发送HR：尽量不用附件，不要夹带多余的资料。
☆ 招聘网站：细心，用心；要常刷新简历；加入关键字。
☆ 邮递：如果招聘单位留有地址，可以邮寄简历。

4. 笔试

笔试是一种与面试相对应的测试，是考核应聘者在基本常识、专业知识、管理知识、综合分析能力和文字表达能力等素质及能力水平的重要工具。多数用人单位在简历筛选之后，会采用笔试作为面试之前的筛选方式，主要目的是为了选出那些符合企业文化、具有单位所希望的思维方式和个性特征的人。

（1）笔试的种类及技巧

1）专业知识测试

主要是为了考察求职者的文化和专业水平而设置的。这种方式被越来越多的企事业单位所采用，如外贸、外资企业招聘雇员要考外语等。

2）职业心理测试

主要采用事先编制好的标准化量表或问卷来对求职者进行测试，进而获取求职者职业心理水平，并达到考察所属岗位是否合适的一种测试方法。一些特殊的用人单位常常以此来测试求职者的态度、兴趣、动机、智力和个性等心理素质，然后根据对人才的要求进行取舍。

3）命题写作测试

命题写作测试是用人单位通过给定的题目或话题，以论文或杂文等形式来检验应聘者的文字表达能力、分析和归纳问题的思维能力等，这是对求职者思考问题的缜密性、深刻性程度的考查。

4）综合知识测试

用人单位采用笔试方法是，可能只进行单一的专业考试，也可能进行专业考试、命题写作、心理测试等的综合应用测试。国家或者地方公务员考试就是一个明确的例子。近年来，国家公务员录用考试的笔试科目就有《行政职业能力测试》、《综合知识》和《申论》。

(2) 笔试的准备

一是注重平时知识的积累，注意经常温故而知新；二是关注时事，掌握与招聘单位有关的知识，分析命题方向；三是做好笔试前全面科学的复习工作；四是调整好心态，保持好良好的状态。

(3) 笔试的答题技巧

前期充分准备，并保持良好的考试心理状态，还要掌握以下方法和技巧：

☆ 先易后难，科学答卷

☆ 卷面清洁，字迹清晰

☆ 积极思考，稳中有度

☆ 掌握题型，答题细致

☆ 保持镇定，稳操胜券

5. 面试

不同的行业、机构、岗位和工作性质，对应聘者会有不同的要求，针对不同的需求，雇主会采用各种面试形式，通过招聘者与求职者双方面对面观察、交谈等双向沟通方式，以此考察求职者的素质特征、能力状况及求职动机。

(1) 面试的主要形式

1) 电话面试

为了节省时间与成本，单位有时会首先通过电话交流来进行初筛。

2) 结构化面试

按照系统、结构化设计的面试内容、题目、评分标准等进行面试的方法，又称标准化面试。

3) 个人面试

大多数的面试都是一个考官考核一个求职者，也有用人单位安排多个部门的管理者，同时考核一个求职者。这样可以全面地考察应聘者，可以测试应聘者的抗压能力及是否有能力和技巧去面对不同工作范畴的人。

4) 情景（虚拟）式面试

由招聘者事先设定一个情景，提出一个问题或一项计划，请求职者进入角色模拟完成，其目的在于考核其分析问题、解决问题的能力。

5) 综合（全方位）式面试

招聘者通过多种方式考察求职者的综合能力和素质，如用外语与其交谈，要求即时作文，或即席演讲，或要求写一段文字，甚至操作计算机等等，以考察其外语水平、文字能力、书面及口头表达等各方面的能力。安排应聘者在单位确定的岗位上实习一段时间，达到对应聘者综合能力和素质的考察，也是一些单位面试的方式。

(2) 面试的基本程序

1) 招聘单位对求职者的申请材料进行审核，确定面试名单。

2) 招聘单位向求职者通知面试时间、地点。面试地点一般按照就地、就近和方便的原则进行安排。通常有两种情况：学校或其附近的场地；招聘单位或其附近场地。通知面试的方式也大致有二：招聘单位先通知学校就业主管部门，由学校通知学生；或招聘单位直接通知学生本人。

  3）求职者准备面试。

  4）正式面试。

  （3）面试前的工作准备

  每一个求职者都必须以正确的态度重视面试，做好面试前的准备工作，全面细致的准备是成功的一半，主要的准备工作包括以下几方面。

  1）了解用人单位及招聘岗位、人员需求等基本情况。包括了解公司历史大事记，公司的产品、服务、行业地位、企业文化及价值观，企业长期及短期发展规划，竞争对手等。

  2）可能要求求职者回答的问题准备，如教育培训经历、求职动机、相关实践经历、未来计划和目标打算等问题。

  3）自己将要提问的问题准备。面试是双向交流，就要求求职者在公司的文化背景、将来的就职培训计划、个人的晋升空间等有所准备，在发问的过程中做到有的放矢。

  4）面试材料的准备，包括个人简历、求职信、就业推荐表、学习成绩证明材料、荣誉证书等的包装和整理。

  5）心理准备。保持良好的精神状态首先要休息好，如果紧张可以洗个澡、深呼吸，可以自己面对镜子开怀大笑缓解压力；其次要保持平常心，不要把面试的结果看得太重，给自己过大的压力。

  6）仪表仪容。公司员工穿什么你穿什么，职业装是个不错的选择；整洁大方是基本原则，能够体现大学生良好的精神风貌和审美素养；女性切忌浓妆艳抹、迷你裙、无袖上衣；男性切忌短裤、凉鞋、运动鞋。不要穿无领无袖、牛仔系列的服装。

  7）准备好纸和笔，目的有二：可以记录问题，以便回答；为笔试做准备。

  （4）面试技巧

  1）谈话技巧

  把握重点，条理清楚。一般情况下回答问题要结论在先，议论在后，先将中心意思表达清楚，然后再做叙述。

  讲清原委，避免抽象。招聘者提问是想了解求职者的具体情况，切不可简单地仅以"是"或"否"作答，有的需要解释原因，有的则需要说明程度。

  确认提问，切忌答非所问。面试中，招聘者提出的问题过大，以致不知从何答起，或求职者对问题的意思不明白是常有的事。"您问的是不是这样一个问题……"将问题复述一遍，确认其内容，才会有的放矢，不至于南辕北辙、答非所问。

  讲完事实以后适时沉默。保持最佳状态，好好思考你的回答。

  冷静对待，宠辱不惊。招聘者中不乏刁钻古怪之人，可能故意挑衅，令人难堪。这不是"不怀好意"，而是一种战术提问，让你不明其意。故意提出不礼貌或令人难堪的问题，其意在于"重创"应试者，考察你的"适应性"和"应变性"。你若反唇相讥，恶语相对，就大错特错了。

  要知之为知之，不知为不知。面试中常会遇到一些不熟悉、曾经熟悉现在忘了或根本不懂的问题。面临这种情况，回避问题是失策，牵强附会更是拙劣，诚恳坦率地承认自己的不足之处，反倒会赢得招聘者的信任和好感。

2）发问技巧

所提问题必须是紧扣工作任务、紧扣职责的。你可以询问诸如以下的问题：应聘职位所涉及的责任以及所面临的挑战；在这一职位上应该取得怎样的成果；该职位与所属部门的关系以及部门与公司的关系；该职位具有代表性的工作任务是什么。当然也要注意不要问一些通过事先了解能够获得的有关公司的信息，这会让人对你的面试目的是否明确表示怀疑。

3）谈话技巧

对方谈话时要认真聆听，不要打断，回答问题时要热情、坦诚、谦虚，以对方感兴趣、可以接受的方式表达。

涉及多种观点时，先肯定他人的观点，哪怕是部分的，然后再陈述自己的观点，这样易于被人接受。

用数据来说明，会使你的论述更具有说服力。

涉及对学校、老师及同学的看法时，多谈他人的优点及他人对你的帮助，包括你的竞争对手，这能够表现你的素质修养，会给别人好印象。

不要过分夸耀自己，描述自己时少用评价性语句，结合具体事例更有说服力。

（5）面试时的注意事项

1）请不要带人同往，会给用人单位留下不自信、不独立的印象。

2）提前5至10分钟到达面试现场；如果面试场地不熟悉（尤其是到外地），应提前一天或半天到实地考察，估计到达面试地点的时间，以免迟到。守时是职业道德的一个基本要求，如果你面试迟到，那么不管你有什么理由，也会被视为缺乏自我管理和约束能力，即缺乏职业能力，给面试者留下非常不好的印象。这是一个对别人进而也是对自己尊重的问题。

3）面带微笑，充满自信，保持心情舒畅。

4）注意掌握说话的语速。说得太快会给人以慌张的感觉，并容易出错，考官听不清楚讲话的内容。（建议：一开始有意识地放慢讲话速度，等自己进入状态后逐渐增加语气和语速。）说得太慢显得缺乏激情、气氛沉闷，容易传递你是不果断、不爽快的人，并且浪费考官的时间，使人生厌。以上两种情形都是一种不自信的表现。

5）注意聆听考官的提问：若问题较长，拿笔记下来，正确理解题目意义，略作准备。回答问题时要把握重点，简洁明了，条理清楚，有理有据。回答问题时一定要注意其最基本的要求。

6）避免一些问题陷阱，要回忆自己刚才说了什么，保持前后一致。

7）你必须提问题，不提问题是面试中一个致命的失误！提问可以让你更多地了解公司，同时切题、有针对性和深度的问题可以让考官看出你对公司及职位的准备情况以及所具备的能力和素质。

8）避免使用名人效应：如果你正好有认识的亲戚或朋友在你面试的用人单位或有联系的单位工作并且担任一定的职务，切记不要主动和用人单位提起，避免引起其不满。

9）其他应注意的细节：谦虚有礼貌，包括接待员，往往门口的接待员就是考官之一；进入面试场所，不要急于坐下，在征询面试考官的同意后再坐下；双腿合拢，腰肢自然挺直；不要摇动或震动双腿；不要有一些小动作：如搔头、挤暗疮、咬唇、眨眼、搓弄双手；不要太多的语气词，如"啦""呢""吧"等语气词和口头禅；女生不要忸怩作态，男生不要故作酷态。要保持和面试官的目光接触，证明你的自信。

【求职微博语录】

【决胜职场不可复制的10项软实力】
1. 确立职业规划。　　　　　　2. 建立良好的人际关系。
3. 掌握沟通的艺术。　　　　　4. 不断学习的能力。
5. 找到自己的长处，并积极利用。6. 努力提升自己的附加价值。
7. 积极的工作心态。　　　　　8. 学会做人。
9. 有所为，有所不为。　　　　10. 积极行动。

【职场新人注意事项　不可不知的礼仪】
1. 握手礼仪。握手是人与人的身体接触，能够给人留下深刻的印象。
2. 电子礼仪。电子邮件是职业信件的一种，而职业信件中是没有不严肃的内容的。
3. 道歉礼仪。如果在职场中冒犯了别人，真诚地道歉就可以了。表达出你的歉意，然后继续进行工作。

【职场成功变量分析】
1. 时间。成功就是有效时间的积累。
2. 秉性。找到适合自己秉性的工作。
3. 文化。大文化就是指人活着的目标，小文化是指为活着的目标养成的行为习惯。
4. 与时代的和谐度。
5. 运气。运气是人们自身不可把握的，却同样对事情运行起作用的要素。

【马云：加速你成功的5种好习惯】
1. 保持激情。只有激情你才有动力，才能感染自己和其他人。
2. 做事专注。抓准一个点，然后做深、做透。
3. 执行力。不仅知道，更要做到！
4. 学习的习惯。学习是最便宜的投资！
5. 反省的习惯。"事不过三"，经常反省自己的得失，会使自己成功得更快一些。

【初入职场之十大智慧】
1. 不孤僻，建立融洽、融合、融入的人际关系。
2. 不把同事当作倾谈对象。
3. 不在工作时间处理个人事情。
4. 不在同事中拨弄是非。
5. 不私下向上级邀功取宠。
6. 不随意泄露个人隐私。
7. 不把坏心情带到工作中。

8. 不随意向别人借钱。

9. 不让爱情成为拦路虎。

10. 不炫耀自己和家庭。

【创业者6条成功名言】

1. 过去不等于未来，没有失败，只有暂时停止成功。2. 要成功，需跟成功者在一起。3. 要成功，不要与马赛跑，要骑在马上，马上成功。4. 成功就是简单事情重复做。5. 成功者不是比你聪明，只是在最短时间采取最大行动。6. 只有全力以赴，梦想才能起飞。

6. 心理调适

（1）应克服的心理障碍

毕业生择业的过程，是一个复杂的心理变化过程。面对严峻的就业形势，面对众多的竞争对手，要想获得择业的成功，没有充分的心理准备，没有良好的竞技状态是不行的。做好择业前的心理准备，排除心理干扰，应着重克服以下几方面的心理障碍。

1）盲目自信的心理

有的同学自认为自己在择业中具备种种优势：学习成绩优秀，政治条件好，学校牌子亮，专业需求旺，求职门路广，因而盲目自信，择业胃口吊得很高，到头来往往会由于对自己估计过高，对自己的不足和困难估计不足而在择业中受挫。

2）自卑畏怯的心理

有的同学大学四年顺利地走过来了，也具备了一定的实力和优势，面对激烈的竞争，却觉得自己这也不行，那也不如别人，自卑心理使得自己缺乏竞争勇气，缺乏自信心，走进就业市场就心里发怵，参加招聘面试，心里忐忑不安。一旦中途受到挫折，更缺乏心理上的承受能力，总觉得自己确实不行。在激烈的择业竞争中，这种心理障碍是走向成功的大敌，必须认真加以克服。

3）急功近利的心理

有些同学在择业时过分看重实惠，一心只想进大城市、大机关，去沿海地区，到挣钱多、待遇好的单位，甚至为了暂时的功利宁可放弃所学的专业。这种心理可能会使得你得到一些眼前的利益和满足，但从个人长远发展看并非明智的选择。

4）患得患失的心理

职业的选择往往也是对机遇的一种把握，错过机遇，你将会与成功失之交臂。当断不断、患得患失，这山望着那山高，这也是导致许多毕业生陷入择业误区的一种心理障碍。

5）依赖心理

依赖心理在求职择业中又具体表现为两种倾向：一种是依赖大多数的从众心理，自己缺乏独立的见解，不是从自己的实际情况作出切合实际的选择，而是人云亦云，见别人都往大城市、大机关挤，自己也跟着凑热闹；另一种是依赖政策，依赖他人的倾向，不是主动选择，积极竞争，而是觉得反正国家要兜底，反正有优生优分的政策，坐等学校给自己落实单位。

这种心态也是与激烈竞争的社会现实格格不入的。

（2）心理调适技巧

1）乐观向上

人们时常把当今的世界称为竞争的时代，大到国与国之间的对抗，小到人与人之间的竞争。竞争冲击着人们的事业和生活，冲击着人们的意识和思想，在求职择业上亦是如此。如果在激烈的竞争中，没有乐观向上的拼搏精神以及强烈的进取欲望，是很难获得成功的。相反，如果您是一位乐观向上、积极进取的求职者，总是能把每一个面试机会看成是千载难逢的好机会，可遇而不可求，那么新的成功会向您招手。

2）直面挑战

直面挑战是一位成功者的基本素质，无论是成功还是失败，只要自己付出了，努力了，就肯定会有收获，哪怕是拿钱买教训，吃亏长见识也是值得的。有这种心态的求职者在面试时就会不怕挫折、不怕失败，从而会大大增强面试时的自信心，这样在应对主考官的提问时，也会回答自如、理直气壮。即使遇到比自己各方面能力都强的竞争者，也不会自惭形秽。有了这种积极的求职心态，求职者一定会表现出极大的勇气和耐力，努力去寻找自己理想的工作岗位，直到自己成功为止。

3）不卑不亢

求职者应该要认识到现在的应聘是双向选择，用人单位有权利去选择我们毕业生，而我们毕业生同样也有资格和权利去挑选一个适合自己专业和特长发挥的用人单位。有了这种想法后，求职者就会很自然地产生不卑不亢的态度，这样求职面试时可能产生的恐惧、紧张心理就会消失了，从而能够更好地发挥出自己的应有水平。

7. 就业忠告

忠告1：

就业压力大是必然的，但并不意味着就没有就业机会。"危机"是危难也是机会，关键还是要看自己的把握。无论有没有危机，你自己都必须努力。

忠告2：

心态要好，这个世界任何时候都没有绝对的完美，随时保持积极乐观的心态是重要而且必要的。有志者，事竟成。危机中最忌讳的是浮躁和颓废，浮躁会让你缺乏正确的判断力，而颓废则让你丧失争取机会的斗志。求职时应保持良好的心态，以一颗平常心面对挑战和挫折。

忠告3：

一个城市最重要的是水源，所以，要修水库；一个企业，资金就是其水库，美国的危机告诉我们，再大的企业如果资金链断流，企业就只能破产；一个人呢？面对人生，你需要自己的人生水库。毕业生只是文凭或学历的毕业，而对于自己的"知识"来说，要知道学无止境，你需要边工作边修自己的水库。

忠告4：

危机实际上是一个大浪淘沙的过程，要想不被淘掉，你需要让自己变成金子。参加一些职业指导与培训，可能是你必要的选择。

忠告5：

人生来就不是平等的，在危机面前更是如此，有些人拥有"啃老"的资本，而有些人可能需要的就是一份"工作"，仅此而已。所以，你需要重新审视一下自己。而对于多数人而言，毕业意味着从前是父母养你，今后你该负担起家庭和社会的责任。

忠告6：

现实一些，并不代表理想的丧失。人应该有远大的理想。思想是一个人的精神支柱，没有思想就是行尸走肉。当然有理想之外，也需要知道实现这个理想的具体方法。要知道你是不可替代的，也是无可替代的。要有勇气做自己不敢做的事情，比如不随波逐流……

忠告7：

社会好像一根竹竿，分成若干节。一个人的事业，就是爬到比他自己的阶层更高的阶层去。当然，因为你要向上爬，就必然会有自上而下的阻力。克服它，你的事业就成功了。当然，危机中你需要付出的努力将会更大，但也许更加值得。

忠告8：

一个人贫穷，不是口袋没钱，而是脑袋的贫穷；人要有富有的想法，然后才会有富有的生活。头脑致富是未来的趋势，"如果要投资最好投资头脑"。不要做"三等人"：等下班、等薪水、等退休。

忠告9：

知识不是力量，学会使用知识才是力量；用知识创造财富，有财富才有自由；真正的财富不是口袋里有多少钱，而是脑袋里有些什么东西。要想有财富先要让自己的脑袋富有起来。所以，你要想成功，首先要让自己有知识，然后学会使用知识。

忠告10：

一位牧师正在为第二天讲道煞费苦心，他的妻子外出了，幼小的儿子无所事事烦躁不安。牧师随手抓过一本旧杂志，看见其中有一张色彩艳丽的世界地图，于是他用剪刀剪成小纸片。递给地板上的儿子："儿子，你把这幅地图拼起来，我就给你买一盒巧克力。"牧师想，这样的地图，儿子怎么也会拼上半天。谁知不到十分钟，儿子就来敲门，他已经拼好了。牧师很惊讶，问儿子是怎么拼好的。孩子说："这张地图的背面有一个人的图画。我想如果我把人拼对了，地图也该不会错吧。"牧师猛然醒悟："假如一个人对了，他的世界也就肯定对了。"如果你发现你眼中的世界错了，那你需要反省一下，看看自己是不是活反了？

忠告11：

障碍使你看不到目标。《论语》说"取法其上，得乎其中，取法其中，得乎其下"，你的目标如果定得越低，则你的收效也许就越低。300多头鲸鱼因为追逐沙丁鱼被困死在一个海湾里。鲸鱼因为追逐小利而暴死，为了微不足道的目标耗掉了自己的生命。你追求的目标一定是值得追求的才对。

忠告12：

世界上最伟大的力量是改变的力量。多花时间成长自己，少花时间去苛责别人。多花时间学会改变自己。

忠告13：

态度决定结果。消极的"墨菲定律"认为：任何事情都不会像它看上去那么容易；办任何事情所要花的时间比你想象的都长；问题往往出在你认为最不会出问题的地方。而积极的"艾利斯情绪理论"则主张：人的情绪主要根源于自己的信念以及他对生活情境的评价与解释的不同。真正决定事物结果的根源并非事物本身，而是我们对于该事物的信念和行动。

忠告 14：

艰难困苦，玉汝于成。美国的成功学之父拿破仑·希尔认为成功取决于五个要素，即信念、态度、目标、潜意识和习惯。他有三个成功法则：

成功法则一：成功（V）=自信（S）+意志力（W）+积极心（P）

成功法则二：目标（O）=希望（H）+热情（E）

成功法则三：成功（V）=想象（J）+潜能（L）+努力（M）

三、服务指南部分

1. 毕业生就业问题

（1）毕业生获取就业信息的方式

1）参加各级毕业生就业主管部门、学校组织的各类现场招聘会和网络招聘活动。

2）登录毕业生就业主管部门、人才服务机构和校内毕业生就业信息网。

3）通过报纸杂志、广播电视、网络等媒体获取社会需求信息。

4）通过就业实习、社会实践等活动获取就业机会。

（2）就业步骤

1）招生就业办公室将《毕业生就业推荐表》（以下简称《推荐表》）、《毕业生就业协议书》（以下简称《就业协议书》）发给辅导员，由辅导员将以上资料发给毕业生，毕业生每人一套。

2）毕业生填写《推荐表》，制作个人推荐材料。辅导员对毕业生《推荐表》进行审核，签署意见、并加盖公章后，交招生就业办公室审核、盖公章。

3）毕业生收集需求信息，听就业指导系列讲座，阅读《就业指导手册》及相关书刊。

4）毕业生参加各类人才交流会，向用人单位自我推荐、呈送推荐材料，参加用人单位的面试或笔试。

5）毕业生与用人单位签订《就业协议书》。

6）5月中旬上交协议书、就业合同，协议书加盖用人单位和学院毕业生就业指导中心公章后，一份寄用人单位，两份交学院招生就业办公室，一份自行留存保管。

7）6月中旬始按毕业生工作日程安排，进入毕业鉴定及派遣阶段。

①各班级组织毕业生座谈、毕业纪念活动、毕业教育动员会，学习有关文件并安排有关活动等。

②毕业生做毕业鉴定。

③学校举行毕业典礼。

④毕业生将应向学院交纳的各种费用上交学院财务处，凭交费收据和离校通知单办理就业手续。

8）6月底毕业生离校，毕业生领取《报到证》，到指定的地点办理离校手续。

9）持《报到证》在限定期限内到指定地点报到。

（3）毕业生办理就业手续的时间安排和有关要求

1）每年5月中旬学院编制上报当年毕业生就业计划。毕业生应在5月10日前将签订的就业协议书交到招生就业办公室，逾期未交的按未落实就业单位编制就业计划。

2）通过升学考试的毕业生，必须在录取结果出来后（具体时间另行通知）到招生就业办公室明确本人升学或就业意见。过期不办理相关手续的按本人放弃升学编制就业计划。

3）毕业生应向学院交纳的各种费用统一由学院财务处收取，凭交费收据和离校通知单办理就业手续。

4）毕业生应模范遵守校规校纪，做到文明离校；凡在毕业前违纪的，从严处理，不予办理就业手续。

（4）毕业须知

1）毕业生到单位报到后应办理的手续

• 持毕业生就业报到证向单位报到。

• 关心查问档案：一般情况下，档案到单位后才能办理其他相关手续。

• 和用人单位签订劳动合同，合同条款最好与协议书条款一致。有关劳动合同的知识请参阅劳动法。个别用人单位以试用期为由，毕业生报到后迟迟不与毕业生签订用工合同，这是错误的做法。试用期应包含在合同期内。毕业生报到后就应与单位签订劳动合同，维护自身合法利益。

• 办理劳动手册。合同签订后，应让单位劳动人事部门办理劳动手册。

2）接收函

毕业生落实就业单位后，必须由就业单位所属省或市人事主管部门在"用人单位上级主管部门意见"一栏盖章，或具有省或市人事主管部门盖章的接收函方可列入就业计划（在生源地就业的毕业生可以不交接收函）。这里所指的"接收函"可以是有人事权的单位上级主管部门在协议书上直接盖章，也可以是单位所在城市人事局的接收函，或通过政府人事部门所属的人才服务机构为中介所开出的接收函。毕业生需在5月30日前把接收函送交学校就业办，否则，其就业方案仍自动生成为"回生源地未就业"。

3）就业推荐表

＊含义：毕业生推荐表由学院同意填写，并加盖校就业办公章方有效，其中，该表的综合评定及推荐意见是由最了解毕业生情况的辅导员填写，并以学校的名义向用人单位推荐，对用人单位具有较大的权威性和可靠性，大部分用人单位把该表作为主要书面材料，与学校密切合作多年并相互信任的单位及国家机关，也历来把该表作为接受毕业生的主要依据。

＊说明：一个毕业生只能持有一份原件，若需要联系不同的单位，请用复印件，待完全确定了所去的单位，再将原件交就业单位；若需要更改推荐表内容，应将原推荐表退回就业办，办理登记手续后方可领取新的推荐表。

＊推荐表遗失补办程序（老师审）

4)《毕业生登记表》管理规定

《毕业生登记表》是普通高等学校本专科毕业生档案记录的重要材料。要求毕业生按照填表说明填写清楚后，由班级组织填写鉴定，所在学校出具意见后，载入档案。

《高等学校毕业生登记表》由学校就业办统一发放，发放时间在每年的6月初，由各班级到校招生就业办按数领取，发放给毕业生并指导填写。

《毕业生登记表》一人一份，要求毕业生妥善保管，填写过程中出现严重失误，可将原表退回，换取新表；不慎遗失者，需由辅导员出具证明材料，方可到招生就业办公室补领。

5) 关于就业协议书

《普通高等学校毕业生就业协议书》（以下简称《协议书》）经毕业生本人、用人单位、用人单位人事主管（人事代理）部门、学校四方盖章后生效。毕业生离校后签订《协议书》的，学校可不签注意见。

毕业生在毕业前将签订好的协议书送至所在学校就业指导中心，由学校统一到福建省公务员局省大中专毕业生就业办公室（非师范类）或福建省教育人才服务中心（师范类）办理有关毕业派遣手续。

☆ 签订就业协议有哪些注意事项？

①由于就业协议是毕业生和用人单位关于将来就业意向的约定，并经用人单位的主管部门和所在学校签字盖章，具有一定的法律效力，毕业生和用人单位不得随意更改，否则违约方要承担违约责任。

②毕业生在签订协议书时，如果出现破损等情况而不能使用，可持原件到所在学校毕业生就业指导中心申请更换；不得挪用、转借。协议书的任何栏目不得留空，若确无该项内容应注明"无"。

③在应聘意见一栏，一般可填入"本人同意到某某单位就业"后签字即可。如果毕业生与用人单位就工资待遇、住房等有事先约定，可在就业协议书备注条款中予以注明。

④就业协议书与劳动合同是毕业前后两个相互联系的不同阶段的书面协议，毕业生上岗后应与用人单位订立更为详尽的劳动合同（含就业协议所列条款）以维护双方的权利义务。

⑤已与就业单位签订协议书的毕业生，不能再与其他单位签订协议。若原单位书面同意解约，方可向所在学校申报改签。

☆ 如何签订就业协议？

①毕业生如实填写个人情况；

②用人单位盖章；

③用人单位的主管部门（或人事代理机构）盖章（有人事主管权的单位此步骤可省略）；

④学校毕业生就业指导中心审核盖章。

☆ 毕业生如何解除就业协议？

①毕业生向用人单位提出书面申请；

②用人单位同意并盖章；

③将书面申请交用人单位的主管单位盖章同意（有人事主管权的单位此步骤可省略）；

④将就业协议书原件连同书面申请交所在学校毕业生就业指导中心，经审核同意后换发新协议书。

2. 有关毕（结）业生报到证及个人档案去向的相关说明

（1）报到证

报到证是毕业生参加工作时间的初始记载和凭证，是毕业生办理就业手续、户口转移、档案转递的书面依据，也是毕业生办理报到手续的凭证。

待就业报到证是指就业主管部门发给尚未签订协议的毕业生签注"待就业"字样的报到证。持待就业报到证的毕业生应在报到期限内前往生源所在县（市/区）人力资源和社会保障局报到，之后落实了就业单位的，持《待就业报到证》办理改派手续。

签订协议书的毕业生须凭《就业报到证》，到公司（就业协议书上的单位）盖章，必须盖协议书上的同一个印章；然后持《就业报到证》到人才市场报到。

参加专升本拟升学的毕业生报到证先不打印。未被录取或自动放弃升学的毕业生必须持就业协议书于9月15日前到学院招就处打印就业或待就业报到证。逾期请自行到福建省教育厅行政服务中心学生窗口办理。

（2）报到证遗失

1）遗失补办

①身份证原件及复印件；

②《福建省非师范类毕业生补办〈就业报到证〉申请表》；

③毕（结）业证原件及复印件；

④《教育部学历证书电子注册备案表》或《招生花名册》复印件。

2）放弃升学补办

①身份证原件及复印件；

②毕业证原件及复印件；

③《教育部学历证书电子注册备案表》或《招生花名册》复印件；

④录取通知书原件或放弃入学资格证明材料原件。

3）延迟毕业补办

①身份证原件及复印件；

②毕业证原件及复印件；

③《教育部学历证书电子注册备案表》或《招生花名册》复印件；

④学校介绍信（需提供报到证编号）。

4）结业变更毕业补办

①身份证原件及复印件；

②毕业证原件及复印件；

③《教育部学历证书电子注册备案表》或《招生花名册》复印件；

④结业报到证原件。

5）报到证信息错误补办

①身份证原件及复印件；

②报到证原件；

③学校介绍信。

注意事项：

1. 委托他人办理，需提供委托书及代理人的身份证原件和复印件。

2. 《福建省非师范类毕业生补办〈就业报到证〉申请表》下载地址：http://www.fjedu.gov.cn/html/jglb/xzfwzx/bgxz/2017/06/01/0aa97dec-9a1e-47e2-9e7f-acd423220bdf.html

3. 《福建省非师范类毕业生补办〈就业报到证〉申请表》需盖学校公章和个人人事档案保管单位公章。

受理地址：福建省教育厅行政服务中心学生窗口（福州市鼓屏路162号）

办公时间：工作日上午8:00—12:00；下午15:00—18:00（夏季）或14:30—17:30（冬季）

联系电话：0591—87091606

（3）档案寄存单位

应届毕（结）业生签订了就业协议书，拿到就业报到证的，档案转到相应单位或人才服务中心（详见报到证）。

应届毕（结）业生未签订就业协议书，拿到待就业报到证的，档案转到毕业生生源地人事主管部门（详见报到证）。

参加专升本拟升学的学生档案去向：被录取并升学的学生凭录取通知书、毕业证书和身份证于9月15日前到学院招就处调档。未被录取的或放弃升学的招就处将根据学生提交的就业协议书签订的具体情况，将学生档案转到相应的人才市场。（详见报到证）

3. 就业陷阱识别

陷阱一：高职诱惑、粉饰岗位

【案例】作为应届毕业生，需要把个人资料公开于各大招聘网站上，以求得用人单位的赏识。未曾想，这却给一些别有用心的人提供了制造陷阱的机会。

记者在采访某高校的毕业生小薛同学时，她向记者诉说了自己求职受骗的经历。一天，小薛接到某人寿保险公司的电话，竟然被告知她已被该公司录取为"储备经理人"。小薛在兴奋之余不免纳闷，自己从未向该公司投送简历过呀？他们怎么会知道自己的电话？但小薛还是兴冲冲地来到该公司，可去过方知，原来是该公司从某招聘网站上的公开资料里"选"中了自己。而所谓的预先被录取的职位"储备经理人"则被换成了"理财专员"。经过一番培训后，小薛才知道，原来该公司把自己招来就是做保险业务员。小薛所学的专业是"网络编辑"，与保险业没有任何关系，而不善言谈的小薛竟然被业务经理夸成了"他见过的最适合做保险的毕业生，不做保险将是终身遗憾"，真是令人哭笑不得。

据小薛称，此类情况她的同学也遇到不少。前不久，一家名为"华表服装"的公司给学校发来招聘通知，招聘营销助理若干名，很多同学都去了，结果就是招业务员，工作是销售服装……

【分析与对策】据了解，目前很多公司招聘业务员都是到各招聘网站搜集应届毕业生的资料，以高职加以诱惑。对于诸如此类"挂羊头卖狗肉"的招聘伎俩，毕业生一定要警惕，清楚自身实力，从基础做起，逐渐展现自己的才华，不要轻信高职诱惑。

陷阱二：骗培训费（或押金）

【案例】以录取作为诱饵骗取培训费或者押金已是屡见不鲜了，但仍有毕业生求职心切，掉入此类陷阱。

记者采访应届毕业生小刘同学时，他告诉记者，上个月他接到某公司的面试通知，于是高兴地到该公司参加面试。一番面试后，该公司并没有当时就向他收取培训费，只是说让他先试用一段时间，然后再考虑是否录取他。小刘十分高兴，想好好表现一下，争取能留在该公司工作。于是，他起早贪黑地干了近一个月，结果却被告知：你干得不错，但专业知识不足，公司需要对你进行培训，请先交300元培训费。当小刘对此进行质疑时，该公司却说，不交培训费可以走人，但此前工作一个月的薪水免谈，令小刘气愤不已。

【分析与对策】值得毕业生注意的是，一般正规公司会向求职毕业生说明试用期，即使求职毕业生在试用期没有通过，也会得到相应报酬。至于培训费，一般由公司负担。

陷阱三："皮包公司"

【案例】毕业生小李收到一个房地产公司的电子邮件，被通知去面试。由于小李并未向该公司投送过简历，他怕遭遇"皮包公司"，为安全起见，决定上网先查一下。让小李惊讶的是，当他用Google搜索后发现，该公司居然用同一个电话、地址注册了4个公司，涉及医药、保险、建材等不同领域。该公司提出的给求职毕业生的待遇异常优厚，而招聘信息中对于学历的要求竟然是中专以上即可。该公司以低学历招聘求职毕业生，却提出支付相当高的工资，值得怀疑。经其向工商部门了解，该公司并不存在。该公司是以低标准将毕业生招进来为公司干活，而其承诺的高工资是不会兑现的。

【分析与对策】对此，求职毕业生们应该得到一些启示，如果接到一些自己并不熟知或者并未投放简历的公司的面试通知，应该事先向有关部门查询，核实该公司的真实情况，并上网搜索一下该公司的网站，确定其规模与用人需求，然后再去进行面试。

陷阱四：口头承诺陷阱

【案例】某大学10名学生到广西的一家民营企业做食品检验工作。当时该企业给学生的口头承诺是：月薪4 000元，外加年终分红；工作满一年，分房；工作满三年，配车。所有人都认为这几个学生遇到了天上掉馅饼的好事，这10个人没有和该企业签订任何的书面合同，就去了广西。

到了广西之后，急于求成的学生们草率地与该企业签订了工作合同。一个月之后，所有人都大呼上当。他们的月薪确实是定在了4 000元，但是在工作中他们经常违反合同上的"霸王条款"。例如，迟到一次罚款500元；在食堂吃饭，剩饭、剩菜罚款100元。结果，大家一个月工作下来，扣掉各种罚款，实际发到手里只有可怜的三四百元钱。学生集体反抗，说要辞职不干了，该企业拿出工作合同，要求每个学生交8 000元的违约金。学生说，在学校谈的时候可不是这么说的，该企业则表示，请拿出证据来，众学生木然。

【分析与对策】求职在与用人单位洽谈时，要大胆地和用人单位商谈有关工资、保险等相关内容，洽谈成功后，一定要和他们签订具有法律效用的书面合同。签订正式工作合同时，要注意条款的设置，切勿签订"霸王条款"。

陷阱五：色情招聘

【案例】在某高校的公告栏上，某公司贴出广告："星级饭店招聘男女公关经理，无须工作经验，无学历要求；底薪5 000元，月薪可达数万元，具体根据个人所得小费而定；女身高165cm以上，男身高180cm以上，形象好。"单看广告，就能发现其中隐含的暧昧信息，可不少求职者还是抵挡不住高薪诱惑，冒险一试。

【分析与对策】对这样过分注重外表且薪水较高的招聘广告要留心，很有可能它是骗你加入色情行业的广告。面对那些无工作经验和学历要求的招聘广告，一定要特别小心！如果要应聘，就需要通过各种渠道、尽可能地了解招聘单位的性质与合法性，以及是否有涉及色情服务的嫌疑。但最好不要随便去应聘这种无工作经验和学历要求、却有外表要求的工作，以免上当受骗。

小贴士

☆ 关于应届毕业生

应届生论坛——实习经历及经验总结：http://bbs.yingjiesheng.com/forum-63-1.html

☆ 关于出国留学

出国之家：http://www.chuguohome.com/news/117607.html

出国留学网——出国留学申请经验，出国留学论坛：http://www.21abroad.net/

中国教育在线——出国频道—留学经验谈：http://liuxue.eol.cn/

☆ 关于公务员

政法英杰公务员考试官方网——经验交流：http://www.zfgwy.com/jingyanjiaoliu

搜学公务员——经验故事：http://www.sooxue.com/kspx/gwy/jygs/Index.html

中国教育在线——公务员考试经验谈：http://www.eol.cn/jing-yan-zhi-dao-2721/

---

4. 常用就业网站及书籍

（1）招聘网址

网址	名称	评级
www.fjrcw.com	福建人才网	★★★★★★
www.hxrc.com	中国海峡人才网	★★★★★★
www.fjrclh.com	福建人才联合网	★★★★★★
http://www.zhaopin.com	智联招聘	★★★★★
http://www.chinahr.com	中华英才网	★★★★★
http://www.jobht.com	中国高才网	★★★★★
http://www.91jobs.com	中国校园招聘网	★★★★★
http://www.myjob.edu.cn	中国高校毕业生就业服务信息网	★★★★★
http://www.cjol.com	中国人才热线	★★★★

网址	名称	评级
http://www.hr3721.com	中华人网	★★★★
http://www.qxrc.com	侨乡人才网	★★★
http://www.job117.com	沿海招聘网	★★★
www.52jop.com	前程无忧	★★★★★
www.fjrs.gov.com	福建人事人才网	★★★★★
http://www.fjbys.gov.cn	福建省毕业生就业公共网	★★★★★
www.fjjzrc.com	福建建筑人才网	★★★★★
www.fjqnrc.com	福建青年人才网	★★★★★
www.dnrcw.com	东南人才网	★★★
http://www.xmrc.com.cn	厦门人才网	★★★
http://www.qz100.com	泉州人才网	★★★
www.nprc.com.cn	南平人才网	★★★
www.smrsrc.com	三明人才网	★★★
www.ndrc.com.cn	宁德人才网	★★★
www.ptrc.com.cn	莆田人才网	★★★★
www.zzjob.net	漳州人才网	★★★
www.lyrcw.com	龙岩人才网	★★★★

(2) 书籍

《剪裁人生》机械工业出版社、纽哈斯国际教育咨询公司 许轶、陈少晖、曾舒煜编著.

《老板要你在大学里学的10件事》机械工业出版社 [美] 比尔·科普林著.

《你的降落伞是什么颜色》中信出版社 [美] 鲍利斯/ [译] 陈玮等.

《选对池塘钓大鱼》机械工业出版社 雷恩·吉尔森/彭书淮译.

《现在，发现你的优势》[美] 马库斯·白金汉.

《请理解我》中国轻工出版社 王晓静译.

《把握你的职业发展方向》中国轻工出版社 Robert D. Lock/钟谷兰等译.

《管理你的下半生》江教育出版社 伊芭拉/姜飞月译.

《天才也怕入错行》吉林人民出版社 尼可拉斯·劳尔/游琬娟 译.

《做最好的自己》人民出版社 李开复著.

《大学生职业规划与就业指导教程》科学出版社2005年出版 彭文军编著.

第七部分 政策法规篇

中华人民共和国高等教育法

(1998年8月29日第九届全国人民代表大会常务委员会第四次会议通过)

第一章 总 则

第一条 为了发展高等教育事业，实施科教兴国战略，促进社会主义物质文明和精神文明法，根据宪法和教育法，制定本法。

第二条 在中华人民共和国境内从事高等教育活动，适用本法。

本法所称高等教育，是指在完成高级中等教育基础上实施的教育。

第三条 国家坚持以马克思列宁主义、毛泽东思想、邓小平理论为指导，遵循宪法确定的基本原则，发展社会主义的高等教育事业。

第四条 高等教育必须贯彻国家的教育方针，为社会主义现代化建设服务，与生产劳动相结合，使受教育者成为德、智、体等方面全面发展的社会主义事业的建设者和接班人。

第五条 高等教育的任务是培养具有创新精神和实践能力的高级专门人才，发展科学技术文化，促进社会主义现代化建设。

第六条 国家根据经济建设和社会发展的需要，制定高等教育发展规划，举办高等学校，并采取多种形式积极发展高等教育事业。

国家鼓励企业事业组织、社会团体及其他社会组织和公民等社会力量依法举办高等学校，参与和支持高等教育事业的改革和发展。

第七条 国家按照社会主义现代化建设和发展社会主义市场经济的需要，根据不同类型、不同层次高等学校的实际，推进高等教育体制改革和高等教育教学改革，优化高等教育结构和资源配置，提高高等教育的质量和效益。

第八条 国家根据少数民族的特点和需要，帮助和支持少数民族地区发展高等教育事业，为少数民族培养高级专门人才。

第九条 公民依法享有接受高等教育的权利。

国家采取措施,帮助少数民族学生和经济困难的学生接受高等教育。

高等学校必须招收符合国家规定的录取标准的残疾学生入学,不得因其残疾拒绝招收。

第十条 国家依法保障高等学校中的科学研究、文学艺术创作和其他文化活动的自由。在高等学校中从事科学研究、文学艺术创作和其他文化活动,自学成才当遵守法律。

第十一条 高等学校应当面向社会,依法自主办学,实行民主管理。

第十二条 国家鼓励高等学校之间、高等学校与科学研究机构以及企业事业组织之间开展协作,实行优势互补,提高教育资源的使用效益。

国家鼓励和支持高等教育事业的国际交流与合作。

第十三条 国务院统一领导和管理全国高等教育事业。省、自治区、直辖市人民政府统筹协调本行政区域内的高等教育事业,管理主要为地方培养人才和国务院授权管理的高等学校。

第十四条 国务院教育行政部门主管全国高等教育工作,管理由国务院确定的主要为全国培养人才的高等学校。国务院其他有关部门在国务院规定的职责范围内,负责有关的高等教育工作。

第二章 高等教育基本制度

第十五条 高等教育包括学历教育和非学历教育。

高等教育采用全日制和非全日制教育形式。

国家支持采用广播、电视、函授及其他远程教育方式实施高等教育。

第十六条 高等学历教育分为专科教育、本科教育和研究生教育。

高等学历教育应当符合下列学业标准:

(一)专科教育应当使学生掌握本专业必备的基础理论、专门知识,具有从事本专业实际工作的基本技能和初步能力;

(二)本科教育应当使学生比较系统地掌握本学科、专业必需的基础理论、基本知识,掌握本专业必要的基本技能、方法和相关知识,具有从事本专业实际工作和研究工作的初步能力;

(三)硕士研究生教育应当使学生掌握本学科坚实的基础理论、系统的专业知识,掌握相应的技能、方法和相关知识,具有从事本专业实际工作和科学研究工作的能力。博士研究生教育应当使学生掌握本学科坚实宽广的基础理论、系统深入的专业知识、相应的技能和方法,具有独立从事本学科创造性科学研究工作和实际工作的能力。

第十七条 专科教育的基本修业年限为二至三年,本科教育的基本修业年限为四至五年,硕士研究生教育的基本修业年限为二至三年,博士研究生教育的基本修业年限为三至四年。非全日制高等学历教育的修业年限应当适当延长。高等学校根据实际需要，报主管的教育行政部门批准，可以对本学校的修业年限作出调整。

第十八条 高等教育由高等学校和其他高等教育机构实施。

大学、独立设置的学校主要实施本科及本科以上教育。高等专科学校实施专科教育。经国务院教育行政部门批准，科学研究机构可以承担研究生教育的任务。

其他高等教育机构实施非学历高等教育。

第十九条 高级中等教育毕业或者具有同等学力的，经考试合格，由实施相应学历教育的高等学校录取，取得专科生或者本科生入学资格。

本科毕业或者具有同等学力的，经考试合格，由实施相应学历教育的高等学校或者经批准承担研究生教育任务的科学研究机构录取，取得硕士研究生入学资格。

硕士研究生或者具有同等学力的，经考试合格，由实施相应学历教育的高等学校或者经批准承担研究生教育任务的科学研究机构录取，取得博士研究生入学资格。

允许特定学科和专业的本科毕业生直接取得博士研究生入学资格，具体办法由国务院教育行政部门规定。

第二十条 接受高等学历教育的学生，由所在高等学校或者经批准承担研究生教育任务的科学研究机构根据其修业年限、学业成绩等，按照国家有关规定，发给相应的学历证书或者其他学业证书。

接受非学历高等教育的学生，由所在高等学校或者其他高等教育机构发给相应的结业证书。结业证书应当载明修业年限和学业内容。

第二十一条 国家实行高等教育自学考试制度，经考试合格的，发给相应的学历证书或者其他学业证书。

第二十二条 国家实行学位制度。学位分为学士、硕士和博士。

公民通过接受高等教育或者自学，其学业水平达到国家规定的学位标准，可以向学位授予单位申请授予相应的学位。

第二十三条 高等学校和其他高等教育机构应当根据社会需要和自身办学条件，承担实施继续教育的工作。

第三章　高等学校的设立

第二十四条 设立高等学校，应当符合国家高等教育发展规划，符合国家利益和社会公共利益，不得以营利为目的。

第二十五条 设立高等学校，应当具备教育法规定的基本条件。

大学或者独立设置的学校还应当具有较强的教学、科学研究力量，较高的教学、科学研究水平和相应规模，能够实施本科及本科以上教育。大学还必须设有三个以上国家规定的学科门类为主要学科。设立高等学校的具体标准由国务院制定。

设立其他高等教育机构的具体标准，由国务院授权的有关部门或者省、自治区、直辖市人民政府根据国务院规定的原则制定。

第二十六条 设立高等学校,应当根据其层次、类型、所设学科类别、规模、教学和科学研究水平,使用相应的名称。

第二十七条 申请设立高等学校的,应当向审批机关提交下列材料:

(一) 申办报告;

(二) 可行性论证材料;

(三) 章程;

(四) 审批机关依照本法规定要求提供的其他材料。

第二十八条 高等学校的章程应当规定以下事项:

(一) 学校名称、校址;

(二) 办学宗旨;

(三) 办学规模;

(四) 学科门类的设置;

(五) 教育形式;

(六) 内部管理体制;

(七) 经费来源、财产和财务制度;

(八) 举办者与学校之间的权利、义务;

(九) 章程修改程序;

(十) 其他必须由章程规定的事项。

第二十九条 设立高等学校由国务院教育行政部门审批,其中设立实施专科教育的高等学校,经国务院授权,也可以由省、自治区、直辖市人民政府审批。对不符合规定条件审批设立的高等学校和其他高等教育机构,国务院教育行政部门有权予以撤销。

审批高等学校的设立,应当聘请由专家组成的评议机构评议。

高等学校和其他高等教育机构分立、合并、终止,变更名称、类别和其他重要事项,由原审批机关审批;章程的修改,应当报原审批机关核准。

第四章 高等学校的组织和活动

第三十条 高等学校自批准设立之日起取得法人资格。高等学校的校长为高等学校的法定代表人。

高等学校在民事活动中依法享有民事权得,承担民事责任。

第三十一条 高等学校应当以培养人才为中心,开展教学、科学研究和社会服务,保证教育教学质量达到国家规定的标准。

第三十二条 高等学校根据社会需求、办学条件和国家核定的办学规模,制定招生方案,自主调节系科招生比例。

第三十三条 高等学校依法自主设置和调整学科、专业。

第三十四条 高等学校根据教学需要,自主制定教学计划、选编教材、组织实施教学活动。

第三十五条　高等学校根据自身条件，自主开展科学研究、技术开发和社会服务。

国家鼓励高等学校同企业事业组织、社会团体及其他社会组织在科学研究、技术开发和推广等方面进行多种形式的合作。

国家支持具备条件的高等学校成为国家科学研究基地。

第三十六条　高等学校按照国家有关规定，自主开展与境外高等学校之间的科学技术文化交流与合作。

第三十七条　高等学校根据实际需要和精简、效能的原则，自主确定教学、科学研究、行政职能部门等内部组织机构的设置和人员配备；按照国家有关规定，评聘教师和其他专业技术人员的职务，调整津贴及工资分配。

第三十八条　高等学校对举办者提供的财产、国家财政性资助、受捐赠财产依法自主管理和使用。高等学校不得将用于教学和科学研究活动的财产挪作他用。

第三十九条　国家举办的高等学校实行中国共产党高等学校基层委员会领导下的校长负责制。中国共产党高等学校基层委员会按照中国共产党章程和有关规定，统一领导学校工作，支持校长独立负责地行使职权，其领导职责主要是：执行中国共产党的路线、方针、政策，坚持社会主义办学方向，领导学校的思想政治工作和德育工作，讨论决定学校内部组织机构的设置和内部组织机构负责人的人选，讨论决定学校的改革、发展和基本管理制度等重大事项，保证以培养人才为中心的各项任务的完成。

社会力量举办的高等学校的内部管理体制按照国家有关社会力量办学的规定确定。

第四十条　高等学校的校长，由符合教育法规定的任职条件的公民担任。

高等学校的校长、副校长按照国家有关规定任免。

第四十一条　高等学校的校长全面负责本学校的教学、科学研究和其他行政管理工作，行使下列职权：

（一）拟订发展规划，制定具体规章制度和年度工作计划并组织实施；

（二）组织教学活动、科学研究和思想品德教育；

（三）拟订内部组织机构的设置方案，推荐副校长人选，任免内部组织机构的负责人；

（四）聘任与解聘教师以及内部其他工作人员，对学生进行学籍管理并实施奖励或者处分；

（五）拟订和执行年度经费预算方案，保护和管理校产，维护学校的合法权益；

（六）章程规定的其他职权。

高等学校和校长办公会议或者校务会议，处理前款规定的有关事项。

第四十二条　高等学校设立学术委员会，审议学科、专业的设置，教学、科学研究计划方案，评定教学、科学成果等有关学术事项。

第四十三条 高等学校通过以教师为主体的教职工代表大会等组织形式，依法保障教职工参与民主管理和监督，维护教职工合法权益。

第四十四条 高等学校的办学水平、教育质量，接受教育行政部门的监督和由其组织的评估。

第五章 高等学校教师和其他教育工作者

第四十五条 高等学校的教师及其他教育工作者享有法律规定的权利，履行法律规定的义务，忠诚于人民的教育事业。

第四十六条 高等学校实行教师资格制度。中国公民凡遵守宪法和法律，热爱教育事业，具有良好的思想品德，具备研究生或者大学本科毕业学历，有相应的教育教学能力，经认定合格，可以取得高等学校教师资格。不具备研究生或者大学本科毕业学历的公民，学有所长，通过国家教师资格考试，经认定合格，也可以取得高等学校教师资格。

第四十七条 高等学校实行教师职务制度。高等学校教师职务根据学校所承担的教学、科学研究等任务的需要设置，教师职务设助教、讲师、副教授、教授。

高等学校的教师取得前款规定的职务应当具备下列基本条件：

（一）取得高等学校教师资格；
（二）系统地掌握本学科的基础理论；
（三）具备相应职务的教育教学能力和科学研究能力；
（四）承担相应职务的课程和规定课时的教学任务。

教授、副教授除应当具备以上基本任职条件外，还应当对本学科具有系统而坚实的基础理论和比较丰富的教学、科学研究经验，教学成绩显著，论文或者著作达到较高水平或者有突出的教学、科学研究成果。

高等学校教师职务的具体任职条件由国务院规定。

第四十八条 高等学校实行教师聘任制。教师以评定具备任职条件的，由高等学校按照教师职务的职责、条件和任期聘任。

高等学校的教师的聘任，应当遵循双方平等自愿的原则，由高等学校校长与受聘教师签订聘任合同。

第四十九条 高等学校的管理人员，实行教育职员制度。高等学校的教学辅助人员及其他专业技术人员，实行专业技术职务聘任制度。

第五十条 国家保护高等学校教师及其他教育工作者的合法权益，采取措施改善高等学校教师及其他教育工作者的工作条件和生活条件。

第五十一条 高等学校应当为教师参加培训、开展科学研究和进行学术交流提供便利条件。

高等学校应当对教师、管理人员和教学辅助人员及其他专业技术人员的思想政治表现、职业道德、业务水平和工作实绩进行考核，考核结果作为聘任或者解聘、晋升、奖励或者处分的依据。

第五十二条　高等学校应当为教师、管理人员和教学辅助人员及其他专业技术人员，应当以教学和培养人才为中心做好本职工作。

第六章　高等学校的学生

第五十三条　高等学校的学生应当遵守法律、法规，遵守学生行为规范和学校的各项管理制度，尊敬师长，刻苦学习，增强体质，树立爱国主义、集体主义和社会主义思想，努力学习马克思列宁主义、毛泽东思想、邓小平理论，具有良好的思想品德，掌握较高的科学文化知识和专业技能。

高等学校学生的合法权益，受法律保护。

第五十四条　高等学校的学生应当按照国家规定缴纳学费。

家庭经济困难的学生，可以申请补助或者减免学费。

第五十五条　国家设立奖学金，并鼓励高等学校、企业事业组织、社会团体以及其他社会组织和个人按照国家有关规定设立各种形式的奖学金，对品学兼优的学生、国家规定的专业的学生以及到国家规定的地区工作的学生给予奖励。

国家设立高等学校学生勤工助学基金和贷学金，并鼓励高等学校、企业事业组织、社会团体以及其他社会组织和个人设立各种形式的助学金，对家庭经济困难的学生提供帮助。

获得贷学金及助学金的学生，应当履行相应的义务。

第五十六条　高等学校的学生在课余时间可以参加社会服务和勤工助学活动，但不得影响学业任务的完成。

高等学校应当对学生的社会服务和勤工助学活动给予鼓励和支持，并进行引导和管理。

第五十七条　高等学校的学生，可以在校内组织学生团体。学生团体在法律、法规规定的范围内活动，服从学校的领导和管理。

第五十八条　高等学校的学生思想品德合格，在规定的修业年限内学完规定的课程，成绩合格或者修满相应的学分，准予毕业。

第五十九条　高等学校应当为毕业生、毕业生提供就业指导和服务。

国家鼓励高等学校毕业生到边远、艰苦地区工作。

第七章　高等教育投入和条件保障

第六十条　国家建立以财政拨款为主、其他多种渠道筹措高等教育经费为辅的体制，使高等教育事业的发展同经济、社会发展的水平相适应。

国务院和省、自治区、直辖市人民政府依照教育法第五十五条的规定，保证国家兴办的高等教育的经费逐步增长。

国家鼓励企业事业组织、社会团体及其他社会组织和个人向高等教育投入。

第六十一条 高等学校的举办者应当保证稳定的办学经费来源，不得抽回其投入的办学资金。

第六十二条 国务院教育行政部门会同国务院其他有关部门根据在校学生年人均教育成本，规定高等学校年经费开支标准和筹措的基本原则；省、自治区、直辖市人民政府教育行政部门会同有关部门制订本行政区域内高等学校年经费开支标准和筹措办法，作为举办者和高等学校筹措办学经费的基本依据。

第六十三条 国家对高等学校进口图书资料、教学科研设备以及校办产业实行优惠政策。高等学校所办产业或者转让知识产权以及其他科学技术成果获得的收益，用于高等学校办学。

第六十四条 高等学校收取的学费应当按照国家有关规定管理和使用，其他任何组织和个人不得挪用。

第六十五条 高等学校应当依法建立、健全财务管理制度，合理使用、严格管理教育经费，提高教育投资效益。高等学校的财务活动应当依法接受监督。

第八章 附 则

第六十六条 对高等教育活动中违反教育法规定的，依照教育法的有关规定给予处罚。

第六十七条 中国境外个人符合国家规定的条件并办理有关手续后，可以进入中国境内高等学校学习、研究、进行学术交流或者任教，其合法权益受国家保护。

第六十八条 本法所称高等学校是指大学、独立设置的学校和高等专科学校，其中包括高等职业学校和成人高等学校。

本法所称其他高等教育机构是指除高等学校和经批准承担研究生教育任务的科学研究机构以外的从事高等教育活动的组织。

本法有关高等学校的规定适用于其他高等教育机构和经批准承担研究生教育任务的科学研究机构，但是对高等学位专门适用的规定除外。

第六十九条 本法自1999年1月1日起施行。

普通高等学校学生管理规定

(2016年12月16日经教育部2016年第49次部长办公会议修订通过，2017年9月1日起施行)

第一章 总 则

第一条 为规范普通高等学校学生管理行为，维护普通高等学校正常的教育教学秩序和生活秩序，保障学生合法权益，培养德、智、体、美等方面全面发展的社会主义建设者和接班人，依据教育法、高等教育法以及有关法律、法规，制定本规定。

第二条 本规定适用于普通高等学校、承担研究生教育任务的科学研究机构（以下称学校）对接受普通高等学历教育的研究生和本科、专科（高职）学生（以下称学生）的管理。

第三条 学校要坚持社会主义办学方向，坚持马克思主义的指导地位，全面贯彻国家教育方针；要坚持以立德树人为根本，以理想信念教育为核心，培育和践行社会主义核心价值观，弘扬中华优秀传统文化和革命文化、社会主义先进文化，培养学生的社会责任感、创新精神和实践能力；要坚持依法治校，科学管理，健全和完善管理制度，规范管理行为，将管理与育人相结合，不断提高管理和服务水平。

第四条 学生应当拥护中国共产党领导，努力学习马克思列宁主义、毛泽东思想、中国特色社会主义理论体系，深入学习习近平总书记系列重要讲话精神和治国理政新理念新思想新战略，坚定中国特色社会主义道路自信、理论自信、制度自信、文化自信，树立中国特色社会主义共同理想；应当树立爱国主义思想，具有团结统一、爱好和平、勤劳勇敢、自强不息的精神；应当增强法治观念，遵守宪法、法律、法规，遵守公民道德规范，遵守学校管理制度，具有良好的道德品质和行为习惯；应当刻苦学习，勇于探索，积极实践，努力掌握现代科学文化知识和专业技能；应当积极锻炼身体，增进身心健康，提高个人修养，培养审美情趣。

第五条 实施学生管理，应当尊重和保护学生的合法权利，教育和引导学生承担应尽的义务与责任，鼓励和支持学生实行自我管理、自我服务、自我教育、自我监督。

第二章 学生的权利与义务

第六条 学生在校期间依法享有下列权利：

（一）参加学校教育教学计划安排的各项活动，使用学校提供的教育教学资源；

（二）参加社会实践、志愿服务、勤工助学、文娱体育及科技文化创新等活动，获得就业创业指导和服务；

（三）申请奖学金、助学金及助学贷款；

（四）在思想品德、学业成绩等方面获得科学、公正评价，完成学校规定学业后获得相应的学历证书、学位证书；

（五）在校内组织、参加学生团体，以适当方式参与学校管理，对学校与学生权益相关事务享有知情权、参与权、表达权和监督权；

（六）对学校给予的处理或者处分有异议，向学校、教育行政部门提出申诉，对学校、教职员工侵犯其人身权、财产权等合法权益的行为，提出申诉或者依法提起诉讼；

（七）法律、法规及学校章程规定的其他权利。

第七条 学生在校期间依法履行下列义务：

（一）遵守宪法和法律、法规；

（二）遵守学校章程和规章制度；

（三）恪守学术道德，完成规定学业；

（四）按规定缴纳学费及有关费用，履行获得贷学金及助学金的相应义务；

（五）遵守学生行为规范，尊敬师长，养成良好的思想品德和行为习惯；

（六）法律、法规及学校章程规定的其他义务。

第三章　学籍管理

第一节　入学与注册

第八条 按国家招生规定录取的新生，持录取通知书，按学校有关要求和规定的期限到校办理入学手续。因故不能按期入学的，应当向学校请假。未请假或者请假逾期的，除因不可抗力等正当事由以外，视为放弃入学资格。

第九条 学校应当在报到时对新生入学资格进行初步审查，审查合格的办理入学手续，予以注册学籍；审查发现新生的录取通知、考生信息等证明材料，与本人实际情况不符，或者有其他违反国家招生考试规定情形的，取消入学资格。

第十条 新生可以申请保留入学资格。保留入学资格期间不具有学籍。保留入学资格的条件、期限等由学校规定。

新生保留入学资格期满前应向学校申请入学，经学校审查合格后，办理入学手续。审查不合格的，取消入学资格；逾期不办理入学手续且未有因不可抗力延迟等正当理由的，视为放弃入学资格。

第十一条 学生入学后，学校应当在3个月内按照国家招生规定进行复查。复查内容主要包括以下方面：

（一）录取手续及程序等是否合乎国家招生规定；
（二）所获得的录取资格是否真实、合乎相关规定；
（三）本人及身份证明与录取通知、考生档案等是否一致；
（四）身心健康状况是否符合报考专业或者专业类别体检要求，能否保证在校正常学习、生活；
（五）艺术、体育等特殊类型录取学生的专业水平是否符合录取要求。

复查中发现学生存在弄虚作假、徇私舞弊等情形的，确定为复查不合格，应当取消学籍；情节严重的，学校应当移交有关部门调查处理。

复查中发现学生身心状况不适宜在校学习，经学校指定的二级甲等以上医院诊断，需要在家休养的，可以按照第十条的规定保留入学资格。

复查的程序和办法，由学校规定。

第十二条 每学期开学时，学生应当按学校规定办理注册手续。不能如期注册的，应当履行暂缓注册手续。未按学校规定缴纳学费或者有其他不符合注册条件的，不予注册。

家庭经济困难的学生可以申请助学贷款或者其他形式资助，办理有关手续后注册。

学校应当按照国家有关规定为家庭经济困难学生提供教育救助，完善学生资助体系，保证学生不因家庭经济困难而放弃学业。

第二节 考核与成绩记载

第十三条 学生应当参加学校教育教学计划规定的课程和各种教育教学环节（以下统称课程）的考核，考核成绩记入成绩册，并归入学籍档案。

考核分为考试和考查两种。考核和成绩评定方式，以及考核不合格的课程是否重修或者补考，由学校规定。

第十四条 学生思想品德的考核、鉴定，以本规定第四条为主要依据，采取个人小结、师生民主评议等形式进行。

学生体育成绩评定要突出过程管理，可以根据考勤、课内教学、课外锻炼活动和体质健康等情况综合评定。

第十五条 学生每学期或者每学年所修课程或者应修学分数以及升级、跳级、留级、降级等要求，由学校规定。

第十六条 学生根据学校有关规定，可以申请辅修校内其他专业或者选修其他专业课程；可以申请跨校辅修专业或者修读课程，参加学校认可的开放式网络课程学习。学生修读的课程成绩（学分），学校审核同意后，予以承认。

第十七条 学生参加创新创业、社会实践等活动以及发表论文、获得专利授权等与专业学习、学业要求相关的经历、成果，可以折算为学分，计入学业成绩。具体办法由学校规定。

学校应当鼓励、支持和指导学生参加社会实践、创新创业活动，可以建立创新创业档案、设置创新创业学分。

第十八条 学校应当健全学生学业成绩和学籍档案管理制度，真实、完整地记载、出具学生学业成绩，对通过补考、重修获得的成绩，应当予以标注。

学生严重违反考核纪律或者作弊的，该课程考核成绩记为无效，并应视其违纪或者作弊情节，给予相应的纪律处分。给予警告、严重警告、记过及留校察看处分的，经教育表现较好，可以对该课程给予补考或者重修机会。

学生因退学等情况中止学业，其在校学习期间所修课程及已获得学分，应当予以记录。学生重新参加入学考试、符合录取条件，再次入学的，其已获得学分，经录取学校认定，可以予以承认。具体办法由学校规定。

第十九条 学生应当按时参加教育教学计划规定的活动。不能按时参加的，应当事先请假并获得批准。无故缺席的，根据学校有关规定给予批评教育，情节严重的，给予相应的纪律处分。

第二十条 学校应当开展学生诚信教育，以适当方式记录学生学业、学术、品行等方面的诚信信息，建立对失信行为的约束和惩戒机制；对有严重失信行为的，可以规定给予相应的纪律处分，对违背学术诚信的，可以对其获得学位及学术称号、荣誉等作出限制。

第三节 转专业与转学

第二十一条 学生在学习期间对其他专业有兴趣和专长的，可以申请转专业；以特殊招生形式录取的学生，国家有相关规定或者录取前与学校有明确约定的，不得转专业。

学校应当制定学生转专业的具体办法，建立公平、公正的标准和程序，健全公示制度。学校根据社会对人才需求情况的发展变化，需要适当调整专业的，应当允许在读学生转到其他相关专业就读。

休学创业或退役后复学的学生，因自身情况需要转专业的，学校应当优先考虑。

第二十二条 学生一般应当在被录取学校完成学业。因患病或者有特殊困难、特别需要，无法继续在本校学习或者不适应本校学习要求的，可以申请转学。有下列情形之一，不得转学：

（一）入学未满一学期或者毕业前一年的；
（二）高考成绩低于拟转入学校相关专业同一生源地相应年份录取成绩的；
（三）由低学历层次转为高学历层次的；
（四）以定向就业招生录取的；
（五）研究生拟转入学校、专业的录取控制标准高于其所在学校、专业的；
（六）无正当转学理由的。

学生因学校培养条件改变等非本人原因需要转学的，学校应当出具证明，由所在地省级教育行政部门协调转学到同层次学校。

第二十三条 学生转学由学生本人提出申请，说明理由，经所在学校和拟转入学校同意，由转入学校负责审核转学条件及相关证明，认为符合本校培养要求且学校有培养能力的，经学校校长办公会或者专题会议研究决定，可以转入。研究生转学还应当经拟转入专业导师同意。

跨省转学的，由转出地省级教育行政部门商转入地省级教育行政部门，按转学条件确认后办理转学手续。须转户口的由转入地省级教育行政部门将有关文件抄送转入学校所在地的公安机关。

第二十四条　学校应当按照国家有关规定，建立健全学生转学的具体办法；对转学情况应当及时进行公示，并在转学完成后3个月内，由转入学校报所在地省级教育行政部门备案。

省级教育行政部门应当加强对区域内学校转学行为的监督和管理，及时纠正违规转学行为。

第四节　休学与复学

第二十五条　学生可以分阶段完成学业，除另有规定外，应当在学校规定的最长学习年限（含休学和保留学籍）内完成学业。

学生申请休学或者学校认为应当休学的，经学校批准，可以休学。休学次数和期限由学校规定。

第二十六条　学校可以根据情况建立并实行灵活的学习制度。对休学创业的学生，可以单独规定最长学习年限，并简化休学批准程序。

第二十七条　新生和在校学生应征参加中国人民解放军（含中国人民武装警察部队），学校应当保留其入学资格或者学籍至退役后2年。

学生参加学校组织的跨校联合培养项目，在联合培养学校学习期间，学校同时为其保留学籍。

学生保留学籍期间，与其实际所在的部队、学校等组织建立管理关系。

第二十八条　休学学生应当办理手续离校。学生休学期间，学校应为其保留学籍，但不享受在校学习学生待遇。因病休学学生的医疗费按国家及当地的有关规定处理。

第二十九条　学生休学期满前应当在学校规定的期限内提出复学申请，经学校复查合格，方可复学。

第五节　退学

第三十条　学生有下列情形之一，学校可予退学处理：

（一）学业成绩未达到学校要求或者在学校规定的学习年限内未完成学业的；

（二）休学、保留学籍期满，在学校规定期限内未提出复学申请或者申请复学经复查不合格的；

（三）根据学校指定医院诊断，患有疾病或者意外伤残不能继续在校学习的；

（四）未经批准连续两周未参加学校规定的教学活动的；

（五）超过学校规定期限未注册而又未履行暂缓注册手续的；

（六）学校规定的不能完成学业、应予退学的其他情形。

学生本人申请退学的，经学校审核同意后，办理退学手续。

第三十一条 退学学生，应当按学校规定期限办理退学手续离校。退学的研究生，按已有毕业学历和就业政策可以就业的，由学校报所在地省级毕业生就业部门办理相关手续；在学校规定期限内没有聘用单位的，应当办理退学手续离校。

退学学生的档案由学校退回其家庭所在地，户口应当按照国家相关规定迁回原户籍地或者家庭户籍所在地。

第六节 毕业与结业

第三十二条 学生在学校规定学习年限内，修完教育教学计划规定内容，成绩合格，达到学校毕业要求的，学校应当准予毕业，并在学生离校前发给毕业证书。

符合学位授予条件的，学位授予单位应当颁发学位证书。

学生提前完成教育教学计划规定内容，获得毕业所要求的学分，可以申请提前毕业。学生提前毕业的条件，由学校规定。

第三十三条 学生在学校规定学习年限内，修完教育教学计划规定内容，但未达到学校毕业要求的，学校可以准予结业，发给结业证书。

结业后是否可以补考、重修或者补作毕业设计、论文、答辩，以及是否颁发毕业证书、学位证书，由学校规定。合格后颁发的毕业证书、学位证书，毕业时间、获得学位时间按发证日期填写。

对退学学生，学校应当发给肄业证书或者写实性学习证明。

第七节 学业证书管理

第三十四条 学校应当严格按照招生时确定的办学类型和学习形式，以及学生招生录取时填报的个人信息，填写、颁发学历证书、学位证书及其他学业证书。

学生在校期间变更姓名、出生日期等证书需填写的个人信息的，应当有合理、充分的理由，并提供有法定效力的相应证明文件。学校进行审查，需要学生生源地省级教育行政部门及有关部门协助核查的，有关部门应当予以配合。

第三十五条 学校应当执行高等教育学籍学历电子注册管理制度，完善学籍学历信息管理办法，按相关规定及时完成学生学籍学历电子注册。

第三十六条 对完成本专业学业同时辅修其他专业并达到该专业辅修要求的学生，由学校发给辅修专业证书。

第三十七条 对违反国家招生规定取得入学资格或者学籍的，学校应当取消其学籍，不得发给学历证书、学位证书；已发的学历证书、学位证书，学校应当依法予以撤销。对以作弊、剽窃、抄袭等学术不端行为或者其他不正当手段获得学历证书、学位证书的，学校应当依法予以撤销。

被撤销的学历证书、学位证书已注册的，学校应当予以注销并报教育行政部门宣布无效。

第三十八条 学历证书和学位证书遗失或者损坏，经本人申请，学校核实后应当出具相应的证明书。证明书与原证书具有同等效力。

第四章 校园秩序与课外活动

第三十九条 学校、学生应当共同维护校园正常秩序,保障学校环境安全、稳定,保障学生的正常学习和生活。

第四十条 学校应当建立和完善学生参与管理的组织形式,支持和保障学生依法、依章程参与学校管理。

第四十一条 学生应当自觉遵守公民道德规范,自觉遵守学校管理制度,创造和维护文明、整洁、优美、安全的学习和生活环境,树立安全风险防范和自我保护意识,保障自身合法权益。

第四十二条 学生不得有酗酒、打架斗殴、赌博、吸毒,传播、复制、贩卖非法书刊和音像制品等违法行为;不得参与非法传销和进行邪教、封建迷信活动;不得从事或者参与有损大学生形象、有悖社会公序良俗的活动。

学校发现学生在校内有违法行为或者严重精神疾病可能对他人造成伤害的,可以依法采取或者协助有关部门采取必要措施。

第四十三条 学校应当坚持教育与宗教相分离原则。任何组织和个人不得在学校进行宗教活动。

第四十四条 学校应当建立健全学生代表大会制度,为学生会、研究生会等开展活动提供必要条件,支持其在学生管理中发挥作用。

学生可以在校内成立、参加学生团体。学生成立团体,应当按学校有关规定提出书面申请,报学校批准并施行登记和年检制度。

学生团体应当在宪法、法律、法规和学校管理制度范围内活动,接受学校的领导和管理。学生团体邀请校外组织、人员到校举办讲座等活动,需经学校批准。

第四十五条 学校提倡并支持学生及学生团体开展有益于身心健康、成长成才的学术、科技、艺术、文娱、体育等活动。

学生进行课外活动不得影响学校正常的教育教学秩序和生活秩序。

学生参加勤工助学活动应当遵守法律、法规以及学校、用工单位的管理制度,履行勤工助学活动的有关协议。

第四十六条 学生举行大型集会、游行、示威等活动,应当按法律程序和有关规定获得批准。对未获批准的,学校应当依法劝阻或者制止。

第四十七条 学生应当遵守国家和学校关于网络使用的有关规定,不得登录非法网站和传播非法文字、音频、视频资料等,不得编造或者传播虚假、有害信息;不得攻击、侵入他人计算机和移动通信网络系统。

第四十八条 学校应当建立健全学生住宿管理制度。学生应当遵守学校关于学生住宿管理的规定。鼓励和支持学生通过制定公约,实施自我管理。

第五章　奖励与处分

第四十九条　学校、省（区、市）和国家有关部门应当对在德、智、体、美等方面全面发展或者在思想品德、学业成绩、科技创造、体育竞赛、文艺活动、志愿服务及社会实践等方面表现突出的学生，给予表彰和奖励。

第五十条　对学生的表彰和奖励可以采取授予"三好学生"称号或者其他荣誉称号、颁发奖学金等多种形式，给予相应的精神鼓励或者物质奖励。

学校对学生予以表彰和奖励，以及确定推荐免试研究生、国家奖学金、公派出国留学人选等赋予学生利益的行为，应当建立公开、公平、公正的程序和规定，建立和完善相应的选拔、公示等制度。

第五十一条　对有违反法律法规、本规定以及学校纪律行为的学生，学校应当给予批评教育，并可视情节轻重，给予如下纪律处分：

（一）警告；

（二）严重警告；

（三）记过；

（四）留校察看；

（五）开除学籍。

第五十二条　学生有下列情形之一，学校可以给予开除学籍处分：

（一）违反宪法，反对四项基本原则、破坏安定团结、扰乱社会秩序的；

（二）触犯国家法律，构成刑事犯罪的；

（三）受到治安管理处罚，情节严重、性质恶劣的；

（四）代替他人或者让他人代替自己参加考试、组织作弊、使用通信设备或其他器材作弊、向他人出售考试试题或答案牟取利益，以及其他严重作弊或扰乱考试秩序行为的；

（五）学位论文、公开发表的研究成果存在抄袭、篡改、伪造等学术不端行为，情节严重的，或者代写论文、买卖论文的；

（六）违反本规定和学校规定，严重影响学校教育教学秩序、生活秩序以及公共场所管理秩序的；

（七）侵害其他个人、组织合法权益，造成严重后果的；

（八）屡次违反学校规定受到纪律处分，经教育不改的。

第五十三条　学校对学生作出处分，应当出具处分决定书。处分决定书应当包括下列内容：

（一）学生的基本信息；

（二）作出处分的事实和证据；

（三）处分的种类、依据、期限；

（四）申诉的途径和期限；

（五）其他必要内容。

第五十四条 学校给予学生处分，应当坚持教育与惩戒相结合，与学生违法、违纪行为的性质和过错的严重程度相适应。学校对学生的处分，应当做到证据充分、依据明确、定性准确、程序正当、处分适当。

第五十五条 在对学生作出处分或者其他不利决定之前，学校应当告知学生作出决定的事实、理由及依据，并告知学生享有陈述和申辩的权利，听取学生的陈述和申辩。

处理、处分决定以及处分告知书等，应当直接送达学生本人，学生拒绝签收的，可以以留置方式送达；已离校的，可以采取邮寄方式送达；难于联系的，可以利用学校网站、新闻媒体等以公告方式送达。

第五十六条 对学生作出取消入学资格、取消学籍、退学、开除学籍或者其他涉及学生重大利益的处理或者处分决定的，应当提交校长办公会或者校长授权的专门会议研究决定，并应当事先进行合法性审查。

第五十七条 除开除学籍处分以外，给予学生处分一般应当设置6到12个月期限，到期按学校规定程序予以解除。解除处分后，学生获得表彰、奖励及其他权益，不再受原处分的影响。

第五十八条 对学生的奖励、处理、处分及解除处分材料，学校应当真实完整地归入学校文书档案和本人档案。

被开除学籍的学生，由学校发给学习证明。学生按学校规定期限离校，档案由学校退回其家庭所在地，户口应当按照国家相关规定迁回原户籍地或者家庭户籍所在地。

第六章　学生申诉

第五十九条 学校应当成立学生申诉处理委员会，负责受理学生对处理或者处分决定不服提起的申诉。

学生申诉处理委员会应当由学校相关负责人、职能部门负责人、教师代表、学生代表、负责法律事务的相关机构负责人等组成，可以聘请校外法律、教育等方面专家参加。

学校应当制定学生申诉的具体办法，健全学生申诉处理委员会的组成与工作规则，提供必要条件，保证其能够客观、公正地履行职责。

第六十条 学生对学校的处理或者处分决定有异议的，可以在接到学校处理或者处分决定书之日起10日内，向学校学生申诉处理委员会提出书面申诉。

第六十一条 学生申诉处理委员会对学生提出的申诉进行复查，并在接到书面申诉之日起15日内作出复查结论并告知申诉人。情况复杂不能在规定限期内作出结论的，经学校负责人批准，可延长15日。学生申诉处理委员会认为必要的，可以建议学校暂缓执行有关决定。

学生申诉处理委员会经复查，认为做出处理或者处分的事实、依据、程序等存在不当，可以作出建议撤销或变更的复查意见，要求相关职能部门予以研究，重新提交校长办公会或者专门会议作出决定。

第六十二条 学生对复查决定有异议的，在接到学校复查决定书之日起15日内，可以向学校所在地省级教育行政部门提出书面申诉。

省级教育行政部门应当在接到学生书面申诉之日起30个工作日内，对申诉人的问题给予处理并作出决定。

第六十三条 省级教育行政部门在处理因对学校处理或者处分决定不服提起的学生申诉时，应当听取学生和学校的意见，并可根据需要进行必要的调查。根据审查结论，区别不同情况，分别作出下列处理：

（一）事实清楚、依据明确、定性准确、程序正当、处分适当的，予以维持；

（二）认定事实不存在，或者学校超越职权、违反上位法规定作出决定的，责令学校予以撤销；

（三）认定事实清楚，但认定情节有误、定性不准确，或者适用依据有错误的，责令学校变更或者重新作出决定；

（四）认定事实不清、证据不足，或者违反本规定以及学校规定的程序和权限的，责令学校重新作出决定。

第六十四条 自处理、处分或者复查决定书送达之日起，学生在申诉期内未提出申诉的视为放弃申诉，学校或者省级教育行政部门不再受理其提出的申诉。

处理、处分或者复查决定书未告知学生申诉期限的，申诉期限自学生知道或者应当知道处理或者处分决定之日起计算，但最长不得超过6个月。

第六十五条 学生认为学校及其工作人员违反本规定，侵害其合法权益的；或者学校制定的规章制度与法律法规和本规定抵触的，可以向学校所在地省级教育行政部门投诉。

教育主管部门在实施监督或者处理申诉、投诉过程中，发现学校及其工作人员有违反法律、法规及本规定的行为或者未按照本规定履行相应义务的，或者学校自行制定的相关管理制度、规定，侵害学生合法权益的，应当责令改正；发现存在违法违纪的，应当及时进行调查处理或者移送有关部门，依据有关法律和相关规定，追究有关责任人的责任。

第七章 附 则

第六十六条 学校对接受高等学历继续教育的学生、港澳台侨学生、留学生的管理，参照本规定执行。

第六十七条 学校应当根据本规定制定或修改学校的学生管理规定或者纪律处分规定，报主管教育行政部门备案（中央部委属校同时抄报所在地省级教育行政部门），并及时向学生公布。

省级教育行政部门根据本规定，指导、检查和监督本地区高等学校的学生管理工作。

第六十八条 本规定自 2017 年 9 月 1 日起施行。原《普通高等学校学生管理规定》（教育部令第 21 号）同时废止。其他有关文件规定与本规定不一致的，以本规定为准。

普通高等学校学生安全教育及管理暂行规定

第一章 总 则

第一条 为了加强高等学校管理，维护正常的教学和生活秩序，保障学生人身和财物的安全，促进身心健康发展，特制定本暂行规定。

第二条 高等学校学生安全教育及管理的主要任务是，宣传、贯彻国家有关安全管理工作的方针、政策、法律、法规，对学生实施安全教育及管理，妥善处理各类安全事故，引导学生健康成长。

第三条 高等学校学生安全教育及管理，要以预防为主，本着保护学生、教育先行、明确责任、教管结合、实事求是、妥善处理的原则，做好教育、管理和处理工作。

第四条 本暂行规定所称学生指在普通高等学校学习取得学籍的全日制学生，即按国家任务、用人单位委托培养、自费三种计划形式录取的学生。

第二章 安全教育

第五条 高等学校应将对学生进行安全教育作为一项经常性工作，列入学校工作的重要议事日程，加强领导。学校各部门和有关群众团体或组织要相互配合，积极开展安全教育及安全知识，增强学生的安全意识和法制观念，提高防范能力。

第六条 学生安全教育应根据不同专业及青年学生的特点，从学生入学到毕业，在各种教学活动和日常生活中，特别是节假日前适时进行，并善于利用发生的安全事故教育学生，防患于未然。

学校应根据环境、季节及有关规律进行防盗、防火、防特、防病、防事故等方面的教育，并使之经常化、制度化。

第七条 高等学校对学生进行安全教育须注重心理疏导，加强思想政治工作，教育学生注意保持健康的心理状态，帮助学生克服因各种原因造成的心理障碍，把事故消除在萌芽状态。

第三章 安全管理

第八条 高等学校要做好学生日常安全管理工作，加强安全防范，建立和健全规章制度，严格管理。学校要把安全教育及管理工作纳入领导任期的责任目标，落实到年级、班主任。学校应有一名校领导主要负责。

第九条　高等学校应确定学生安全教育及管理工作的主管部门，明确其职责，具体组织实施安全教育及其管理工作。各有关部门应分工协作、积极配合。

第十条　全体教职工要从关心学生、爱护学生出发，树立安全思想，努力做好本职工作和改善环境与条件，保护学生人身和财产安全。

第十一条　学生发生意外事故以及学生要求保护人身或财物安全等情况时，学校应迅速采取有效措施。

第十二条　学生必须严格遵守国家法律、法规和学校的各项规章制度，注意自身的人身和财物安全，防止各种事故的发生。

第十三条　学生在日常教学及各项活动中，应遵守纪律和有关规定，听从指导，服从管理；在公共场所，要遵守社会公德，增强安全防范意识，提高自我保护能力。

第十四条　学生组织集体课外活动，须经学校同意，按学校规定进行。学校须认真进行安全审查，条件不具备时不得批准。

第十五条　学生应严格遵守宿舍管理的规定，自觉维护宿舍的安全与卫生，提高自我管理能力。

第十六条　发现刑事、治安案件或交通、灾害等事故，在场学生应保护现场，及时报告学校或公安部门并协助处理。在学校范围内的，学校应迅速采取措施，控制事态发展，减轻伤害和损失。

第四章　事故处理

第十七条　学生人身和财产发生一般伤害后，学校要及时调查处理，根据当事人或他人的过错，责令其赔偿损失，并给予批评教育或相应的行政、纪律处分。

在校园内，发生学生非正常死亡、重伤或被窃、失火等造成财产重大损失事故后，学校应迅速采取措施进行抢救、保护现场，同时加强思想政治工作，稳定情绪，恢复秩序，并协同地方有关部门妥善处理。

第十八条　学校对事故调查后认为涉及追究刑事责任的，要及时与公安部门联系，协助调查处理。

重大事故学校有关领导应亲自参与调查工作，并认真研究调查报告，及时处理。

第十九条　在安全管理或事故处理过程中，学校认为有必要需搜查学生住处，须报请公安部门依法进行。调查处理案件中要以事实为依据，不得逼供或诱供。

第二十条　重大事故发生后，学校应在一天内向所在省、直辖市、自治区有关主管部门报告。并及时通知学生家长。事故处理结束后一周内书面报告有关主管部门。

第二十一条　学生在教学、实习过程与日常生活中，因学校或有关单位责任发生死亡、重伤或残疾，由学校或有关单位承担责任，做好处理及善后工作。

在教学、实习过程与日常生活中，学生因不遵守纪律或不按要求活动而发生意外事故，学校不承担责任。

第二十二条 因忽视安全生产，管理不善；工作不负责任，违章指挥；玩忽职守，徇私舞弊等对学生造成严重的人身、财物损害的，由其所在单位或上级主管部门，视具体情况对有关责任人员分别给予责令检查、赔偿损失、行政处分，直至依法追究刑事责任。

第二十三条 学生未经批准擅自离校不归发生意外事故的，学校不承担责任。

对擅自离校不归，学校不知去向的学生，学校应及时寻找并报告当地公安部门，及时通知学生家长。半月不归且未说明原因者，学校可张榜公布，按自动退学除名。

第二十四条 学生假期或办理离校手续后发生意外事故的，学校不承担责任。

第二十五条 在校内正常生活及由学校在校外组织的活动中，由于不能避免的原因或自然灾害而发生的事故，由学校视具体情况处理。

第二十六条 有条件的高等学校可为学生办理人身保险。

第二十七条 凡经学校指定的专业医院确诊为精神病、癫痫病患者的学生，应予退学，由其监护人负责领回。学生及其监护人不得无理纠缠，扰乱学校教学、生活秩序。

第二十八条 因事故伤残的学生，经治疗后病情稳定，学校认为生活能自理，能坚持在校学习，可留校继续学习；不能坚持在校学习者，应予退学，由学校按其实际学习年限发给肄业证书，并根据事故性质和伤残程度一次性给予适当经济补助。退学学生回其监护人所在地，当地民政等有关部门应协助做好接收、落户等工作，由当地劳动部门按国家关于残疾人劳动就业有关规定安置。

第二十九条 学生因病死亡和责任不由学校承担的意外死亡，学校不承担丧葬费。如家庭确有困难者，学校可酌情予以一次性经济补助。

第三十条 因责任不在本人的意外死亡学生，由学校或有关单位参照国家关于事业职工死亡丧葬有关规定处理，负担丧葬费的全部，学校可一次性给予适当经济补助。

无论何种情况（事故）给予的经济补助，一般不超过国家规定的学生在校期间（以四年计）的平均奖学金数。

凡是事故责任由学校以外的其他单位、个人承担的，学校不再给予经济补助。

第三十一条 因保护国家财产和他人人身安全，见义勇为而致残或英勇牺牲的学生，学校应报请所在省、自治区、直辖市人民政府授予荣誉称号，并给予相应的待遇。

第三十二条 对事故处理不服或持有异议者，可向学校或学校上一级部门申诉，或者依法向人民法院提起民事诉讼。

第五章 附 则

第三十三条 普通高等学校研究生事故处理，参照本办法执行。

第三十四条　本暂行规定结合《普通高等学校学生管理规定》、《高等学校校园秩序管理若干规定》试行。

第三十五条　各省、自治区、直辖市教育行政部门和各高等学校可根据本暂行规定制定实施细则。

第三十六条　本暂行规定由国家教育委员会解释。

第三十七条　本暂行规定自发布之日起试行。

学生伤害事故处理办法

中华人民共和国教育部令 第 12 号

第一章 总 则

第一条 为积极预防、妥善处理在校学生伤害事故，保护学生、学校的合法权益，根据《中华人民共和国教育法》、《中华人民共和国未成年人保护法》和其他相关法律、行政法规及有关规定，制定本办法。

第二条 在学校实施的教育教学活动或者学校组织的校外活动中，以及在学校负有管理责任的校舍、场地、其他教育教学设施、生活设施内发生的，造成在校学生人身损害后果的事故的处理，适用本办法。

第三条 学生伤害事故应当遵循依法、客观公正、合理适当的原则，及时、妥善地处理。

第四条 学校的举办者应当提供符合安全标准的校舍、场地、其他教育教学设施和生活设施。

教育行政部门应当加强学校安全工作，指导学校落实预防学生伤害事故的措施，指导、协助学校妥善处理学生伤害事故，维护学校正常的教育教学秩序。

第五条 学校应当对在校学生进行必要的安全教育和自护自救教育；应当按照规定，建立健全安全制度，采取相应的管理措施，预防和消除教育教学环境中存在的安全隐患；当发生伤害事故时，应当及时采取措施救助受伤害学生。学校对学生进行安全教育、管理和保护，应当针对学生年龄、认知能力和法律行为能力的不同，采用相应的内容和预防措施。

第六条 学生应当遵守学校的规章制度和纪律；在不同的受教育阶段，应当根据自身的年龄、认知能力和法律行为能力，避免和消除相应的危险。

第七条 未成年学生的父母或者其他监护人（以下称为监护人）应当依法履行监护职责，配合学校对学生进行安全教育、管理和保护工作。

学校对未成年学生不承担监护职责，但法律有规定的或者学校依法接受委托承担相应监护职责的情形除外。

第二章 事故与责任

第八条 学生伤害事故的责任，应当根据相关当事人的行为与损害后果之间的因果关系依法确定。

因学校、学生或者其他相关当事人的过错造成的学生伤害事故，相关当事人应当根据其行为过错程度的比例及其与损害后果之间的因果关系承担相应的责任。当事人的行为是损害后果发生的主要原因，应当承担主要责任；当事人的行为是损害后果发生的非主要原因，承担相应的责任。

第九条 因下列情形之一造成的学生伤害事故，学校应当依法承担相应的责任：

（一）学校的校舍、场地、其他公共设施，以及学校提供给学生使用的学具、教育教学和生活设施、设备不符合国家规定的标准，或者有明显不安全因素的；

（二）学校的安全保卫、消防、设施设备管理等安全管理制度有明显疏漏，或者管理混乱，存在重大安全隐患，而未及时采取措施的；

（三）学校向学生提供的药品、食品、饮用水等不符合国家或者行业的有关标准、要求的；

（四）学校组织学生参加教育教学活动或者校外活动，未对学生进行相应的安全教育，并未在可预见的范围内采取必要的安全措施的；

（五）学校知道教师或者其他工作人员患有不适宜担任教育教学工作的疾病，但未采取必要措施的；

（六）学校违反有关规定，组织或者安排未成年学生从事不宜未成年人参加的劳动、体育运动或者其他活动的；

（七）学生有特异体质或者特定疾病，不宜参加某种教育教学活动，学校知道或者应当知道，但未予以必要的注意的；

（八）学生在校期间突发疾病或者受到伤害，学校发现，但未根据实际情况及时采取相应措施，导致不良后果加重的；

（九）学校教师或者其他工作人员体罚或者变相体罚学生，或者在履行职责过程中违反工作要求、操作规程、职业道德或者其他有关规定的；

（十）学校教师或者其他工作人员在负有组织、管理未成年学生的职责期间，发现学生行为具有危险性，但未进行必要的管理、告诫或者制止的；

（十一）对未成年学生擅自离校等与学生人身安全直接相关的信息，学校发现或者知道，但未及时告知未成年学生的监护人，导致未成年学生因脱离监护人的保护而发生伤害的；

（十二）学校有未依法履行职责的其他情形的。

第十条 学生或者未成年学生监护人由于过错，有下列情形之一，造成学生伤害事故，应当依法承担相应的责任：

（一）学生违反法律法规的规定，违反社会公共行为准则、学校的规章制度或者纪律，实施按其年龄和认知能力应当知道具有危险或者可能危及他人的行为的；

（二）学生行为具有危险性，学校、教师已经告诫、纠正，但学生不听劝阻、拒不改正的；

（三）学生或者其监护人知道学生有特异体质，或者患有特定疾病，但未告知学校的；

（四）未成年学生的身体状况、行为、情绪等有异常情况，监护人知道或者已被学校告知，但未履行相应监护职责的；

（五）学生或者未成年学生监护人有其他过错的。

第十一条 学校安排学生参加活动，因提供场地、设备、交通工具、食品及其他消费与服务的经营者，或者学校以外的活动组织者的过错造成的学生伤害事故，有过错的当事人应当依法承担相应的责任。

第十二条 因下列情形之一造成的学生伤害事故，学校已履行了相应职责，行为并无不当的，无法律责任：

（一）地震、雷击、台风、洪水等不可抗的自然因素造成的；

（二）来自学校外部的突发性、偶发性侵害造成的；

（三）学生有特异体质、特定疾病或者异常心理状态，学校不知道或者难于知道的；

（四）学生自杀、自伤的；

（五）在对抗性或者具有风险性的体育竞赛活动中发生意外伤害的；

（六）其他意外因素造成的。

第十三条 下列情形下发生的造成学生人身损害后果的事故，学校行为并无不当的，不承担事故责任；事故责任应当按有关法律法规或者其他有关规定认定：

（一）在学生自行上学、放学、返校、离校途中发生的；

（二）在学生自行外出或者擅自离校期间发生的；

（三）在放学后、节假日或者假期等学校工作时间以外，学生自行滞留学校或者自行到校发生的；

（四）其他在学校管理职责范围外发生的。

第十四条 因学校教师或者其他工作人员与其职务无关的个人行为，或者因学生、教师及其他个人故意实施的违法犯罪行为，造成学生人身损害的，由致害人依法承担相应的责任。

第三章　事故处理程序

第十五条 发生学生伤害事故，学校应当及时救助受伤害学生，并应当及时告知未成年学生的监护人；有条件的，应当采取紧急救援等方式救助。

第十六条 发生学生伤害事故，情形严重的，学校应当及时向主管教育行政部门及有关部门报告；属于重大伤亡事故的，教育行政部门应当按照有关规定及时向同级人民政府和上一级教育行政部门报告。

第十七条 学校的主管教育行政部门应学校要求或者认为必要，可以指导、协助学校进行事故的处理工作，尽快恢复学校正常的教育教学秩序。

第十八条 发生学生伤害事故，学校与受伤害学生或者学生家长可以通过协商方式解决；双方自愿，可以书面请求主管教育行政部门进行调解。成年学生或者未成年学生的监护人也可以依法直接提起诉讼。

第十九条 教育行政部门收到调解申请，认为必要的，可以指定专门人员进行调解，并应当在受理申请之日起 60 日内完成调解。

第二十条 经教育行政部门调解，双方就事故处理达成一致意见的，应当在调解人员的见证下签订调解协议，结束调解；在调解期限内，双方不能达成一致意见，或者调解过程中一方提起诉讼，人民法院已经受理的，应当终止调解。调解结束或者终止，教育行政部门应当书面通知当事人。

第二十一条 对经调解达成的协议，一方当事人不履行或者反悔的，双方可以依法提起诉讼。

第二十二条 事故处理结束，学校应当将事故处理结果书面报告主管的教育行政部门；重大伤亡事故的处理结果，学校主管的教育行政部门应当向同级人民政府和上一级教育行政部门报告。

第四章　事故损害的赔偿

第二十三条 对发生学生伤害事故负有责任的组织或者个人，应当按照法律法规的有关规定，承担相应的损害赔偿责任。

第二十四条 学生伤害事故赔偿的范围与标准，按照有关行政法规、地方性法规或者最高人民法院司法解释中的有关规定确定。

教育行政部门进行调解时，认为学校有责任的，可以依照有关法律法规及国家有关规定，提出相应的调解方案。

第二十五条 对受伤害学生的伤残程度存在争议的，可以委托当地具有相应鉴定资格的医院或者有关机构，依据国家规定的人体伤残标准进行鉴定。

第二十六条 学校对学生伤害事故负有责任的，根据责任大小，适当予以经济赔偿，但不承担解决户口、住房、就业等与救助受伤害学生、赔偿相应经济损失无直接关系的其他事项。

学校无责任的，如果有条件，可以根据实际情况，本着自愿和可能的原则，对受伤害学生给予适当的帮助。

第二十七条 因学校教师或者其他工作人员在履行职务中的故意或者重大过失造成的学生伤害事故，学校予以赔偿后，可以向有关责任人员追偿。

第二十八条 未成年学生对学生伤害事故负有责任的，由其监护人依法承担相应的赔偿责任。

学生的行为侵害学校教师及其他工作人员以及其他组织、个人的合法权益，造成损失的，成年学生或者未成年学生的监护人应当依法予以赔偿。

第二十九条 根据双方达成的协议、经调解形成的协议或者人民法院的生效判决，应当由学校负担的赔偿金，学校应当负责筹措；学校无力完全筹措的，由学校的主管部门或者举办者协助筹措。

第三十条　县级以上人民政府教育行政部门或者学校举办者有条件的，可以通过设立学生伤害赔偿准备金等多种形式，依法筹措伤害赔偿金。

第三十一条　学校有条件的，应当依据保险法的有关规定，参加学校责任保险。

教育行政部门可以根据实际情况，鼓励中小学参加学校责任保险。提倡学生自愿参加意外伤害保险。在尊重学生意愿的前提下，学校可以为学生参加意外伤害保险创造便利条件，但不得从中收取任何费用。

第五章　事故责任者的处理

第三十二条　发生学生伤害事故，学校负有责任且情节严重的，教育行政部门应当根据有关规定，对学校的直接负责的主管人员和其他直接责任人员，分别给予相应的行政处分；有关责任人的行为触犯刑律的，应当移送司法机关依法追究刑事责任。

第三十三条　学校管理混乱，存在重大安全隐患的，主管的教育行政部门或者其他有关部门应当责令其限期整顿；对情节严重或者拒不改正的，应当依据法律法规的有关规定，给予相应的行政处罚。

第三十四条　教育行政部门未履行相应职责，对学生伤害事故的发生负有责任的，由有关部门对直接负责的主管人员和其他直接责任人员分别给予相应的行政处分；有关责任人的行为触犯刑律的，应当移送司法机关依法追究刑事责任。

第三十五条　违反学校纪律，对造成学生伤害事故负有责任的学生，学校可以给予相应的处分；触犯刑律的，由司法机关依法追究刑事责任。

第三十六条　受伤害学生的监护人、亲属或者其他有关人员，在事故处理过程中无理取闹，扰乱学校正常教育教学秩序，或者侵犯学校、学校教师或者其他工作人员的合法权益的，学校应当报告公安机关依法处理；造成损失的，可以依法要求赔偿。

第六章　附　则

第三十七条　本办法所称学校，是指国家或者社会力量举办的全日制的中小学（含特殊教育学校）、各类中等职业学校、高等学校。本办法所称学生是指在上述学校中全日制就读的受教育者。

第三十八条　幼儿园发生的幼儿伤害事故，应当根据幼儿为完全无行为能力人的特点，参照本办法处理。

第三十九条　其他教育机构发生的学生伤害事故，参照本办法处理。

在学校注册的其他受教育者在学校管理范围内发生的伤害事故，参照本办法处理。

第四十条　本办法自2002年9月1日起实施，原国家教委、教育部颁布的与学生人身安全事故处理有关的规定，与本办法不符的，以本办法为准。在本办法实施之前已处理完毕的学生伤害事故不再重新处理。

普通本科高校、高等职业学校国家奖学金管理暂行办法

第一章 总 则

第一条 为激励普通本科高校、高等职业学校学生勤奋学习、努力进取,在德、智、体、美等方面得到全面发展,根据《国务院关于建立健全普通本科高校、高等职业学校和中等职业学校家庭经济困难学生资助政策体系的意见》(国发〔2007〕13号),制定本办法。

第二条 本办法所称普通本科高校、高等职业学校是指根据国家有关规定批准设立、实施高等学历教育的全日制普通本科高等学校、高等职业学校和高等专科学校(以下简称高校)。

第三条 国家奖学金由中央政府出资设立,用于奖励高校全日制本专科(含高职、第二学士学位)学生(以下简称学生)中特别优秀的学生。

中央高校国家奖学金的名额由财政部有关部门确定。地方高校国家奖学金的名额由各省(自治区、直辖市)根据财政部、教育部确定的总人数,以及高校数量、类别、办学层次、办学质量、在校本专科生人数等因素确定。在分配国家奖学金名额时,对办学水平较高的高校、以农林水地矿油核等国家需要的特殊学科专业为主的高校予以适当倾斜。

第二章 奖励标准与基本条件

第四条 国家奖学金的奖励标准为每人每年8 000元。

第五条 国家奖学金的基本申请条件:
1. 热爱社会主义祖国,拥护中国共产党的领导;
2. 遵守宪法和法律,遵守学校规章制度;
3. 诚实守信,道德品质优良;
4. 在校期间学习成绩优异,社会实践、创新能力、综合素质等方面特别突出。

第三章 名额分配与预算下达

第六条 全国学生资助管理中心根据财政部、教育部确定的当年国家奖学金的总

人数，按照本办法第三条的规定，于每年5月底前，提出各省（自治区、直辖市）和中央部门所属高校国家奖学金名额分配建议方案，报财政部、教育部审批。

第七条 每年7月31日前，财政部、教育部将国家奖学金分配名额和预算下达中央主管部门和省级财政、教育部门。

每年9月1日前，中央主管部门和省及省以下财政、教育部门负责将国家奖学金名额和预算下达所属各高校。

第四章 评审

第八条 国家奖学金每学年评审一次，实行等额评审，坚持公开、公平、公正、择优的原则。

第九条 获得国家奖学金的学生为高校在校生中二年级以上（含二年级）的学生。

同一学年内，获得国家奖学金的家庭经济困难学生可以同时申请并获得国家助学金，但不能同时获得国家励志奖学金。

第十条 高校要根据本办法的规定，制定具体评审办法，并报主管部门备案。

第十一条 高校学生资助管理机构具体负责组织评审工作，提出本校当年国家奖学金获奖学生建议名单，报学校领导集体研究审定后，在校内进行不少于5个工作日的公示。公示无异议后，每年10月31日前，中央高校将评审结果报中央主管部门，地方高校将评审结果逐级报至省级教育部门。中央主管部门和省级教育部门审核、汇总后，统一报教育部审批。教育部于每年11月15日前批复并公告。

第五章 奖学金发放、管理与监督

第十二条 高校于每年11月30日前将国家奖学金一次性发放给获奖学生，颁发国家统一印制的奖励证书，并记入学生学籍档案。

第十三条 各高校要切实加强管理，认真做好国家奖学金的评审和发放工作，确保国家奖学金用于奖励特别优秀的学生。

第十四条 各省（自治区、直辖市）、有关部门和高校必须严格执行国家相关财经法规和本办法的规定，对国家奖学金实行分账核算，专款专用，不得截留、挤占、挪用，同时应接受财政、审计、纪检监察、主管机关等部门的检查和监督。

第六章 附 则

第十五条 民办高校（含独立学院）国家奖学金管理办法由各省（自治区、直辖市）制定。各省（自治区、直辖市）在制定办法时，应综合考虑学校的办学质量、学费标准、招生录取分数、一次性就业率、学科专业设置等因素。

第十六条 本办法由财政部、教育部负责解释。各省（自治区、直辖市）要根据本办法制定实施细则，并报财政部、教育部备案。

第十七条 本办法自发布之日起施行。

中华人民共和国财政部
中华人民共和国教育部
二〇〇七年六月二十六日

高等学校学生行为准则

一、志存高远,坚定信念。努力学习马克思列宁主义、毛泽东思想、邓小平理论和"三个代表"重要思想,面向世界,了解国情,确立在中国共产党领导下走社会主义道路、实现中华民族伟大复兴的共同理想和坚定信念,努力成为有理想、有道德、有文化、有纪律的社会主义新人。

二、热爱祖国,服务人民。弘扬民族精神,维护国家利益和民族团结。不参与违反四项基本原则、影响国家统一和社会稳定的活动。培养同人民群众的深厚感情,正确处理国家、集体和个人三者利益关系,增强社会责任感,甘愿为祖国为人民奉献。

三、勤奋学习,自强不息。追求真理,崇尚科学;刻苦钻研,严谨求实;积极实践,勇于创新;珍惜时间,学业有成。

四、遵纪守法,弘扬正气。遵守宪法、法律法规,遵守校纪校规;正确行使权利,依法履行义务;敬廉崇洁,公道正派;敢于并善于同各种违法违纪行为作斗争。

五、诚实守信,严于律己。履约践诺,知行统一;遵从学术规范,恪守学术道德,不作弊,不剽窃;自尊自爱,自省自律;文明使用互联网;自觉抵制黄、赌、毒等不良诱惑。

六、明礼修身,团结友爱。弘扬传统美德,遵守社会公德,男女交往文明;关心集体,爱护公物,热心公益;尊敬师长,友爱同学,团结合作;仪表整洁,待人礼貌;豁达宽容,积极向上。

七、勤俭节约,艰苦奋斗。热爱劳动,珍惜他人和社会劳动成果;生活俭朴,杜绝浪费;不追求超越自身和家庭实际的物质享受。

八、强健体魄,热爱生活。积极参加文体活动,提高身体素质,保持心理健康;磨砺意志,不怕挫折,提高适应能力;增强安全意识,防止意外事故;关爱自然,爱护环境,珍惜资源。

福建省高等学校学生宿舍消防安全管理规定

第一章 总 则

第一条 为加强和规范本省高等学校学生宿舍消防安全管理，预防和减少火灾危害，保障学生生命和财产安全，保障正常的教学、科研、生活秩序，维护校园安全稳定，根据《中华人民共和国消防法》、《高等学校消防安全管理规定》、《福建省消防条例》、《福建省消防设施管理办法》等法律、法规，制定本规定。

第二条 本省行政区域内普通高等学校和成人高等学校（以下简称学校）学生宿舍的消防安全管理，适用本规定。

第三条 学校应当将学生宿舍列为消防安全重点部位；应当明确主管学生宿舍的学校二级（中层处室）管理部门（以下简称学生宿舍主管部门）；应当落实学生宿舍逐级消防安全责任制和岗位消防安全责任制，明确逐级和岗位消防安全职责，确定各级、各岗位消防安全责任人。

第四条 学校在学生宿舍消防安全工作中，应当遵守消防法律、法规和规章，贯彻预防为主、防消结合的方针，履行消防安全职责，保障学生宿舍消防安全。

第五条 学校应当开展学生宿舍消防安全教育和培训，加强学生宿舍消防演练，提高学生的消防安全意识；学生应当熟悉逃生路线和引导人员疏散程序，普遍掌握基本消防常识、消防设施器材使用方法、火场逃生自救基本技能。

第六条 学生宿舍主管部门和师生员工应当依法履行保护学生宿舍消防设施、预防火灾、报告火警和扑救初起火灾等维护学生宿舍消防安全的义务。

第七条 教育行政部门和公安机关应当依法履行对学校和学生宿舍消防安全工作的管理职责，检查指导和监督学校和学生宿舍主管部门开展学生宿舍消防安全工作，督促建立健全并落实学生宿舍消防安全责任制和消防安全管理制度。

第二章 学生宿舍消防安全责任

第八条 学校法定代表人是学校消防安全第一责任人，应当全面负责学校消防安全工作，履行下列消防安全职责：

（一）贯彻落实消防法律、法规和规章，批准实施学校和学生宿舍消防安全责任制、消防安全管理制度；

（二）批准学校和学生宿舍消防安全年度工作计划、年度经费预算，定期召开学校和学生宿舍消防安全工作会议；

（三）提供学校和学生宿舍消防安全经费保障和组织保障；

（四）督促开展学校和学生宿舍消防安全检查和重大火灾隐患整改，及时处理涉及消防安全的重大问题；

（五）依法建立志愿消防队等多种形式的消防组织，开展群众性自防自救工作；

（六）与学生宿舍主管部门负责人签订消防安全责任书；

（七）组织制定学校和学生宿舍灭火和应急疏散预案；

（八）法律、法规规定的其他消防安全职责。

第九条 分管学校消防安全的校领导是学校消防安全管理直接责任人，协助学校法定代表人负责消防安全工作，应当履行下列消防安全职责：

（一）组织制定学校和学生宿舍消防安全管理制度，组织、实施和协调校内各单位的消防安全工作；

（二）组织制定学校和学生宿舍消防安全年度工作计划；

（三）审核学校和学生宿舍消防安全工作年度经费预算；

（四）组织实施学校和学生宿舍消防安全检查和火灾隐患整改；

（五）督促落实学校和学生宿舍消防设施、器材的维护、维修及检测，确保其完好有效，确保疏散通道、安全出口、消防车通道畅通；

（六）组织管理学校和学生宿舍志愿消防队等消防组织；

（七）组织开展师生员工消防知识、技能的宣传教育和培训，组织灭火和应急疏散预案的实施和演练；

（八）协助学校法定代表人做好其他消防安全工作。

领导班子其他成员应当认真履行"一岗双责"，在分管工作范围内对学生宿舍消防工作负有领导、监督、检查、教育和管理职责。

第十条 学校应当设立负责日常消防安全工作的机构，根据本学校规模和消防工作实际需要，在学校保卫机构内设立消防科或配备专职消防管理人员；学校保卫机构负责人应当履行下列消防安全职责：

（一）拟订学校消防安全年度工作计划、年度经费预算，拟订学校消防安全责任制、灭火和应急疏散预案等消防安全管理制度，并报学校消防安全责任人批准后实施；

（二）监督检查校内各单位和学生宿舍消防安全责任制的落实情况；

（三）监督检查学校和学生宿舍消防设施、设备、器材的使用与管理，以及消防基础设施的运转，定期组织检验、检测和维修；

（四）确定学校和学生宿舍消防安全重点单位或部位，并监督指导其做好消防安全工作；

（五）审批学生宿舍动用明火作业；

（六）开展学校和学生宿舍消防安全教育培训，组织消防演练，普及消防知识，提高师生的消防安全意识、扑救初起火灾和自救逃生技能；

（七）定期对学校和学生宿舍志愿消防队等消防组织进行消防知识和灭火技能培训；

（八）推进学校和学生宿舍消防安全技术防范工作，做好技术防范人员上岗培训工作；

（九）受理新建、扩建、改建的学生宿舍投入使用前消防行政许可或者备案手续的校内备案审查工作；协助公安机关消防机构进行建设工程消防设计审核、消防验收安全检查工作；

（十）建立健全学校和学生宿舍消防工作档案及消防安全隐患台账；

（十一）按照工作要求上报学校和学生宿舍有关消防信息数据；

（十二）协助公安机关消防机构调查处理学校和学生宿舍火灾事故，协助有关部门做好火灾事故处理及善后工作。

第十一条 学生宿舍主管部门负责人是学生宿舍消防安全管理具体责任人，应当履行下列消防安全职责。

（一）落实学校的消防安全管理规定，结合学生宿舍实际制定并落实学生宿舍的消防安全制度和消防安全操作规程；

（二）建立学生宿舍的消防安全责任和逐级岗位职责考核、奖惩制度；

（三）开展经常性的学生宿舍消防安全教育、培训，建立由学生参加的志愿消防组织，定期进行消防灭火和应急疏散预案演练；

（四）加强学生宿舍用火、用电安全教育，定期进行防火检查，做好检查记录，及时消除火灾隐患；

（五）加强值班检查、夜间防火巡查和电气设备的检查和管理（包括防雷、防静电管理），发现火灾立即组织扑救和疏散学生；

（六）按规定配置学生宿舍消防设施、器材并确保其完好有效；

（七）按规定设置学生宿舍安全疏散指示标志和应急照明设施，并保障疏散通道、安全出口畅通；

（八）学生宿舍消防控制室配备消防值班人员，制定值班岗位职责，做好监督检查工作；

（九）新建、扩建、改建及装饰装修工程报学校保卫机构备案；

（十）按照规定的程序与措施处置学生宿舍火灾事故；

（十一）学校规定的其他消防安全职责。

第三章 学生宿舍消防安全管理

第十二条 学生宿舍主管部门应当对学生宿舍配置消防设施和器材，设置消防安全疏散指示标志和应急照明设施，每年组织检测维修，确保消防设施和器材完好有效。

应当保障疏散通道、安全出口、消防车通道畅通。

第十三条 学生宿舍主管部门对学生宿舍进行新建、改建、扩建、装修、装饰等活动，必须严格执行消防法规和国家工程建设消防技术标准，并依法办理建设工程消防设计审核、消防验收或者备案手续。各项工程消防设施的招标和验收，应当有学校保卫机构参加。

学生宿舍施工单位负责施工现场的消防安全，并接受学校保卫机构的监督、检查。竣工后，建筑工程的有关图纸、资料、文件等应当报学校档案机构和保卫机构备案。

第十四条 地下室、半地下室和用于生产、经营、储存易燃易爆、有毒有害等危险物品场所的建筑不得用作学生宿舍。

生产、经营、储存其他物品的场所与学生宿舍等居住场所设置在同一建筑物内的，应当符合国家工程建设消防技术标准。

学生宿舍禁止违规使用大功率电器，在门窗、阳台等部位不得设置影响逃生和灭火救援的障碍物。

第十五条 学生宿舍消防控制室应当配备专职值班人员，持证上岗。消防控制室不得挪作他用。

第十六条 学生宿舍主管部门应当对学生宿舍动用明火实行严格的消防安全管理。因特殊原因确需进行电、气焊等明火作业的，学生宿舍主管部门应当向学校保卫机构申办审批手续，落实现场监管人，采取相应的消防安全措施。作业人员应当遵守消防安全规定。

第十七条 学生宿舍发生火灾时，学校应当及时报警并立即启动应急预案，迅速扑救初起火灾，及时疏散人员；应当在火灾事故发生后两个小时内向省、市（设区市）教育行政主管部门报告。较大以上火灾同时报教育部。

火灾扑灭后，学校保卫机构和学生宿舍主管部门应当保护现场并接受事故调查，协助公安机关消防机构调查火灾原因、统计火灾损失。未经公安机关消防机构同意，任何人不得擅自清理火灾现场。

第十八条 学校保卫机构和学生宿舍主管部门应当建立健全学生宿舍消防档案。消防档案应当全面反映学生宿舍消防安全和消防安全管理情况，并根据情况变化及时更新。

学生宿舍消防档案主要内容应当包括：

（一）学生宿舍基本概况和消防安全重点部位情况；

（二）学生宿舍建筑物、场所施工、使用或开业前的消防设计审核、消防验收以及消防安全检查的文件、资料；

（三）学生宿舍消防管理组织机构和各级消防安全责任人，消防安全有关的重点工种人员、义务消防队人员及其消防装备配备情况；

（四）学生宿舍消防设施、灭火器材情况及新增消防产品的合格证明材料；

（五）学生宿舍消防安全管理制度和灭火、应急疏散预案；

（六）公安消防和学校保卫机构填发的各种法律文书；

（七）学生宿舍消防设施定期检查记录、自动消防设施全面检查测试的报告以及维修保养的记录；

（八）学生宿舍火灾、火灾隐患及其整改情况记录；

（九）学生宿舍防火检查、巡查记录；

（十）学生宿舍有关燃气、电气设备检测（包括防雷、防静电）等记录资料；

（十一）学生宿舍消防安全培训记录；

（十二）学生宿舍灭火和应急疏散预案的演练记录；

（十三）学生宿舍消防安全管理奖惩情况记录。

前款规定中的第（七）－（十三）项的记录，应当标明参加部门、人员、时间、地点、内容等。

第四章 学生宿舍消防安全检查和整改

第十九条 学校每季度至少对学生宿舍进行一次消防安全检查。检查的主要内容包括：

（一）学生宿舍消防安全制度及责任制落实情况；

（二）学生宿舍消防安全工作档案建立健全情况；

（三）学生宿舍防火检查及每日防火巡查落实及记录情况；

（四）学生宿舍火灾隐患和隐患整改及防范措施落实情况；

（五）学生宿舍消防设施、器材配置及完好有效情况；

（六）学生宿舍灭火和应急疏散预案的制定和组织消防演练情况；

（七）其他需要检查的内容。

第二十条 学校消防安全检查应当填写检查记录，检查人员、被检查单位负责人或者相关人员应当在检查记录上签名，发现火灾隐患，学校保卫机构应当及时填发《火灾隐患整改通知书》。

第二十一条 学生宿舍主管部门每月至少进行一次防火检查。检查的主要内容包括：

（一）学生宿舍火灾隐患和隐患整改情况以及防范措施的落实情况；

（二）学生宿舍疏散通道、疏散指示标志、应急照明和安全出口设置情况和完好有效情况；

（三）消防车通道、消防水源情况；

（四）学生宿舍消防设施、器材配置及有效情况；

（五）学生宿舍消防安全标志设置及其完好、有效情况；

（六）学生宿舍用火、用电有无违章情况；

（七）学生宿舍消防控制室专职值班人员以及其他管理员工消防知识掌握情况；

（八）消防（控制室）值班情况和设施、设备运行、记录情况；

（九）防火巡查落实及记录情况；

（十）其他需要检查的内容。

防火检查应当填写检查记录。检查人员和被检查部门负责人应当在检查记录上签名。

第二十二条 学生宿舍应当列为学校消防安全重点部位，应当进行每日（含夜间）防火巡查，并确定巡查的人员、内容、部位和频次。巡查的内容主要包括：

（一）学生宿舍用火、用电有无违章情况；

（二）学生宿舍安全出口、疏散通道是否畅通，安全疏散指示标志、应急照明是否完好；

（三）学生宿舍消防设施、器材和消防安全标志是否在位、完整；

（四）学生宿舍常闭式防火门是否处于关闭状态；

（五）学生宿舍消防安全重点部位人员在岗情况；

（六）其他消防安全情况。

防火巡查人员应当及时纠正消防违章行为，妥善处置火灾隐患，无法当场处置的，应当立即报告。发现初起火灾应当立即报警、通知人员疏散、及时扑救。

防火巡查应当填写巡查记录，巡查人员及其主管人员应当在巡查记录上签名。

第二十三条 对学生宿舍下列违反消防安全规定的行为，检查、巡查人员应当责成有关人员改正并督促落实：

（一）消防设施、器材或者消防安全标志的配置、设置不符合国家标准、行业标准，或者未保持完好有效的；

（二）损坏、挪用或者擅自拆除、停用消防设施、器材的；

（三）占用、堵塞、封闭消防通道、安全出口的；

（四）埋压、圈占、遮挡消火栓或者占用防火间距的；

（五）占用、堵塞、封闭消防车通道，妨碍消防车通行的；

（六）在学生宿舍门窗上设置影响逃生和灭火救援的障碍物的；

（七）消防设施管理、值班人员和防火巡查人员脱岗的；

（八）对火灾隐患经公安机关消防机构和教育行政主管部门通知后不及时采取措施消除的；

（九）其他违反消防安全管理规定的行为。

第二十四条 学校对教育行政主管部门、公安机关消防机构、公安派出所指出的各类火灾隐患，应当及时予以核查、消除。

学生宿舍主管部门对教育行政主管部门、公安机关消防机构、公安派出所、学校保卫机构责令限期改正的学生宿舍火灾隐患，应当在规定的期限内整改。

第二十五条 对防火检查不能及时消除的学生宿舍火灾隐患，学生宿舍主管部门应当及时向学校法定代表人或分管消防安全的校领导和学校保卫机构报告，提出整改方案，确定整改措施、期限以及负责整改的部门、人员，并落实整改资金。

火灾隐患尚未消除的，学生宿舍主管部门应当落实防范措施，保障消防安全。对于随时可能引发火灾或者一旦发生火灾将严重危及人身安全的，应当将学生宿舍危险部位停止使用。

第二十六条 火灾隐患整改完毕，学生宿舍主管部门应当将整改情况记录报送学校保卫机构或者分管消防安全的校领导签字确认后存档备查。

第五章 学生宿舍消防安全教育和培训

第二十七条 学校应当将师生员工的消防安全教育和培训纳入学校和学生宿舍消防安全年度工作计划。

消防安全教育和培训的主要内容包括：

（一）国家消防工作方针、政策，消防法律、法规；

（二）学生宿舍的火灾危险性，火灾预防知识和措施；

（三）学生宿舍有关消防设施的性能、灭火器材的使用方法；

（四）报火警、扑救初起火灾和自救互救技能；

（五）组织、引导在场人员疏散的方法。

第二十八条 学校应当采取下列措施对学生进行消防安全教育，使其了解防火、灭火知识，掌握报警、扑救初起火灾和自救、逃生方法。

（一）开展学生自救、逃生等防火安全常识的模拟演练，每学年至少组织一次学生宿舍消防演练；

（二）根据消防安全教育的需要，将消防安全知识纳入教学和培训内容；

（三）对每届新生进行不低4学时的消防安全教育和培训；

（四）每学年至少举办一次消防安全专题讲座，并在校园网络、广播、校内报刊开设消防安全教育栏目。

第二十九条 学校保卫机构和学生宿舍主管部门应当对学生宿舍消防安全管理人、学生宿舍管理人员及学生宿舍消防控制室的值班、操作人员（必须持证上岗）每年至少进行一次消防安全培训。

第六章 学生宿舍灭火、应急疏散预案和演练

第三十条 学校保卫机构和学生宿舍主管部门应当制定学生宿舍的灭火和应急疏散预案，建立应急反应和处置机制，为火灾扑救和应急救援工作提供人员、装备等保障。

学生宿舍灭火和应急疏散预案应当包括以下内容：

（一）组织机构：指挥协调组、灭火行动组、通讯联络组、疏散引导组、安全防护救护组；

（二）报警和接警处置程序；

（三）应急疏散的组织程序和措施；
（四）扑救初起火灾的程序和措施；
（五）通讯联络、安全防护救护的程序和措施。
（六）其他需要明确的内容。

第三十一条 学校保卫机构和学生宿舍主管部门应当按照灭火和应急疏散预案每半年至少组织一次消防演练，并结合实际，不断完善预案。

学生宿舍消防演练应当设置明显标识并事先告知演练范围内的人员，避免意外事故发生。

第七章 奖 惩

第三十二条 学校应当将学生宿舍消防安全工作纳入学校消防安全工作评估考核的重要内容，对在学生宿舍消防安全工作中成绩突出的部门和个人给予专项表彰奖励。

第三十三条 对未依法履行学生宿舍消防安全职责、违反消防安全管理制度、或者擅自挪用、损坏、破坏消防器材、设施等违反消防安全管理规定的，学校应当责令其限期整改，给予通报批评；对直接负责的主管人员和其他直接责任人员根据情节轻重给予相应的处分。

前款涉及民事损失、损害的，有关责任单位和责任人应当依法承担民事责任。

第三十四条 学校违反消防安全管理规定或者发生重特大火灾的，除依据消防法的规定进行处罚外，教育行政部门应当取消其当年相关评优评先资格；对已被命名"平安校园"、"文明学校"的，实行"一票否决"，取消其继续保持该荣誉的资格，限制其下年度招生规模；并按照国家有关规定对有关主管人员和责任人员依法予以处分。

第八章 附 则

第三十五条 学校应当依据本规定，结合本校实际，制定本校学生宿舍消防安全管理办法。

第三十六条 学校食堂（餐厅）、教学楼、校医院、体育场（馆）、会堂（会议中心）、超市（市场）、宾馆（招待所）、托儿所、幼儿园以及其他文体活动、公共娱乐等人员密集场所的消防安全重点单位（部位）的消防安全管理办法，比照本规定执行。

第三十七条 本规定自2010年9月1日起施行。

第八部分　管理制度篇

福州软件职业技术学院学生管理暂行规定（修订）

第一章　总　则

第一条　为维护学院正常的教育教学秩序和生活秩序，保障学生身心健康，促进学生德、智、体、美全面发展，依据《教育法》、《高等教育法》、《关于进一步加强和改进大学生思想政治教育的意见》（中发〔2004〕16号）和《普通高等学校学生管理规定》（教育部〔2016〕41号），制定本暂行规定。

第二条　本暂行规定适用于我院普通专科（高职）学生的管理。

第三条　学院坚持社会主义办学方向，坚持马克思主义的指导地位，全面贯彻国家教育方针；坚持以立德树人为根本，以理想信念教育为核心，培育和践行社会主义核心价值观，弘扬中华优秀传统文化和革命文化、社会主义先进文化，培养学生的社会责任感、创新精神和实践能力；坚持依法治校，科学管理，健全和完善管理制度，规范管理行为，将管理与育人相结合，不断提高管理和服务水平。

第四条　学生应当拥护中国共产党领导，努力学习马克思列宁主义、毛泽东思想、中国特色社会主义理论体系，深入学习习近平总书记系列重要讲话精神和治国理政新理念新思想新战略，坚定中国特色社会主义道路自信、理论自信、制度自信、文化自信，树立中国特色社会主义共同理想；应当树立爱国主义思想，具有团结统一、爱好和平、勤劳勇敢、自强不息的精神；应当增强法治观念，遵守宪法、法律、法规，遵守公民道德规范，遵守学校管理制度，具有良好的道德品质和行为习惯；应当刻苦学习，勇于探索，积极实践，努力掌握现代科学文化知识和专业技能；应当积极锻炼身体，增进身心健康，提高个人修养，培养审美情趣。

第五条　学院在实施学生管理中，尊重和保护学生的合法权利，教育和引导学生承担应尽的义务与责任，鼓励和支持学生实行自我管理、自我服务、自我教育、自我监督。

第二章 学生的权利与义务

第六条 学生在校期间依法享有下列权利：
（一）参加学院教育教学计划安排的各项活动，使用学院提供的教育教学资源；
（二）参加社会实践、志愿服务、勤工助学、文娱体育及科技文化创新等活动，获得就业创业指导和服务；
（三）申请奖学金、助学金及助学贷款；
（四）在思想品德、学业成绩等方面获得科学、公正评价，完成学校规定学业后获得相应的学历证书；
（五）对学院给予的处分或者处理有异议，向学院、教育行政部门提出申诉；对学院、教职员工侵犯其人身权、财产权等合法权益，提出申诉或者依法提起诉讼；
（六）法律、法规及学校章程规定的其他权利。

第七条 学生在校期间依法履行下列义务：
（一）遵守宪法和法律、法规；
（二）遵守学校章程和规章制度；
（三）恪守学术道德，完成规定学业；
（四）按规定缴纳学费及有关费用，履行获得贷学金及助学金的相应义务；
（五）遵守学生行为规范，尊敬师长，养成良好的思想品德和行为习惯；
（六）法律、法规及学校章程规定的其他义务。

第三章 学籍管理

第一节 学制和修业年限

第八条 我院教育学制为三年，并实行弹性修业年限。
1. 学生一般在规定的学制年限内完成学业。
2. 提前修满专业培养计划规定学分的学生，可以申请提前毕业。
3. 在学制年限内因学业或身体等原因无法修满专业培养计划规定学分而达不到毕业要求者，可以延长修业时间二年。学生应征参加中国人民解放军（含中国人民武装警察部队）的学生可保留学籍至退役后2年，服役时间不计入修业年限。休学创业学生的修业年限在原有学制基础上可申请延长2年，休学时间计入修业年限。

第二节 入学与注册

第九条 凡按国家招生规定由我院录取的新生，应持录取通知书和有关证件，按照学校有关要求和规定的时间内到校办理入学手续。因故不能按期报到者，应事先用电话、传真或信函向学院学生处请假（附原单位或所在街道、乡镇证明）。请假时间一般不得超过两周。未请假或者请假逾期者，除因不可抗力等正当事由以外，视为放弃入学资格。

第十条 学校应当在报到时对新生入学资格进行初步审查，审查合格的办理入学手续，予以注册学籍；审查发现新生的录取通知、考生信息等证明材料，与本人实际情况不符，或者有其他违反国家招生考试规定情形的，取消入学资格。

第十一条 新生因患有疾病的，经学校指定的二级甲等以上医院诊断，不宜在校学习的或有其他合理理由的，由本人申请并经学院批准，可保留入学资格，原则上不超过两年，但不具有学籍，保留入学资格时长不计入最长修业年限。保留入学资格的学生，在获得通知之日起两周内办理离校手续，因病回家治疗的，医疗费用自行负责。两周内不办理离校手续者，取消入学资格。

保留入学资格的学生，可在次学年开学前（八月底）向学院书面申请入学，因病休学者需提供县级以上医院健康证明，经学校指定医院复查合格，可重新办理入学手续；复查仍不合格或逾期不办理申请入学手续者，取消入学资格。

第十二条 学生入学后，学校应当在3个月内按照国家招生规定进行复查。复查内容主要包括以下方面：

（一）录取手续及程序等是否合乎国家招生规定；

（二）所获得的录取资格是否真实、合乎相关规定；

（三）本人及身份证明与录取通知、考生档案等是否一致；

（四）身心健康状况是否符合报考专业或者专业类别体检要求，能否保证在校正常学习、生活；

（五）艺术、体育等特殊类型录取学生的专业水平是否符合录取要求。

复查中发现学生存在弄虚作假、徇私舞弊等情形的，确定为复查不合格，应当取消学籍；情节严重的，学校应当移交有关部门调查处理。

第十三条 学生每学期开学时，必须按规定到校报到并缴纳学费等有关费用，办理注册手续。

1. 未按规定缴纳学费或者有其他不符合注册条件的学生，不予注册，不能参加选课、听课、考试等所有教学活动。

2. 确因家庭经济困难不能按时缴费者，可向学院学生处等有关部门申请延缓缴费、申请助学贷款或者其他形式资助。获批准后办理报到注册手续。

3. 不能如期办理注册手续者，必须履行请假手续，否则以旷课论处。未经请假逾期两周不到校注册的，按自动退学处理。

第三节 课程的选修、免修与免听

第十四条 学生应认真阅读本专业的培养方案，并在老师指导下，在学期结束前根据学校公布的开课计划，确定个人的学期修读计划，自主安排学习进程。每学期修读课程学分（含重新修习）一般不宜低于15学分或超过30学分。

第十五条 学生选定了所修课程并经审批同意后，一般不能随意退选。若有特殊情况，必须在课程开课两周内向学院提出退选申请并经分管院长批准后生效。若需改选其他课程也必须在该课程开课两周内重新申请，未经批准新选课程的成绩不予承认。

第十六条 学校允许成绩优良且自学能力强的学生申请并经批准后免听、免修有关课程。

1. 免修：对通过自学已基本掌握下学期将要开设的某门课程内容的学生，可在学期末提出免修申请（须交课程的自学笔记、练习等），经分管院长同意后参加学院安排的免修考试，免修考试成绩在75分以上者准予免修。每门课程只能申请一次免修考试。

2. 免听：上一学期学习成绩在中上水平的学生可在开学第一周内书面提出免听某门课程的申请，经分管院长批准后可不跟班听课，但应按时完成作业，并参加期中测验及课程实践教学环节，方可取得参加该门课程期末考试资格。学生一学期申请免听的课程一般不得超过二门。

3. 思政理论课、德育、体育、军事理论、实训、实习、课程设计、毕业设计（论文）等均不得免听或免修。

第四节 考核与成绩记载

第十七条 学生必须参加所修课程的全部教学环节，方可取得参加该课程考核的资格，成绩及格以上（含及格）方可获得学分。学生参加课程考核的情况记入成绩册并归入学籍档案，作为学籍处理的依据。

第十八条 课程考核分考试和考查。考核可采用笔试（开卷或闭卷）、口试、面试、实际操作、论文、作品等不同方式进行。考核成绩应适当参考作业和平时考核成绩，综合评定。平时考核不合格者，不能参加课程考核。

考试成绩一般采用百分制，或者采用优秀、良好、中等、及格、不及格五级制记分。课程考试成绩以期末成绩为主，作业和平时成绩（含期中考核成绩）根据课程情况占一定比例。实践环节考试成绩应根据考勤、面试、操作技能、实习报告等进行审定。

考查成绩一般采用优秀、良好、中等、及格、不及格五级制记分。主要依据学生平时听课、完成作业和实验报告以及平时测验的成绩综合评定成绩。

第十九条 学生应在规定的时间、地点参加修读课程的考核。

1. 补考：学生参加必修课或选修课的考核，成绩不及格者，可在下学期开学前参加学校安排的补考，补考成绩登录学生成绩档案的补考栏。

2. 缓考：确因疾病（提供医院证明）或特殊原因不能按时参加考核的，可向学院书面提出缓考申请。缓考申请必须在该课程考核前提出，经分管院长审批后生效。缓考课程的考核原则上安排在同一门课程下一次考核（一般为补考）时进行，不另行单独组织。缓考取得的成绩按正常考核成绩予以记载。同一门课程只能申请缓考一次，一学期一般只能申请缓考两门课程。补考不能申请缓考。

3. 重新修习：

（1）学生考核无故旷考，其成绩以0分计，在学习成绩档案中注明"旷考"；学生严重违反考核纪律或者考试作弊的，该课程考核成绩视为无效，学籍处理时以0分计，在学习成绩档案中注明"作弊"字样，同时按《福州软件职业技术学院学生违纪处分规程》进行处理。出现以上情况的学生，取消该门课程补考资格，一律参加相应课程的重新修习。

（2）实践课程考核不及格或其他课程经补考后仍不及格者，一律重新修习。选修课不及格时，可选择重新修习或改修其他规定的课程，在规定学分已修满的情况下可以选择放弃。

（3）学生在课程修读或实习过程中，未办理请假等有关手续而缺课的学时数，超过该门课程教学计划时数的1/3，或未完成课程规定的作业量者，视为该门课程平时考核不及格，取消其参加该门课程期末考核资格。其成绩以0分计，需重新修习。

（4）缓考不及格时，不再安排补考，必须参加该课程的重新修习。

（5）重新修习的学生一般应跟下一年级重新修习未获学分的相应课程，并在规定的时间内办理好重新修习申请手续。每门课程的重新修习次数不限。跟下一年级班级重新修习的课程，若与现学期课程的听课时间有冲突，可申请免听或间听（间断听课），但必须完成重新修习课程的作业、平时考核或实验方可参加课程考试。

第二十条 学生应当按时参加教育教学计划规定的活动。不能按时参加的，应当事先请假并获得批准。无故缺席的，根据学校按《福州软件职业技术学院学生违纪处分规程》进行处理。

第二十一条 未经办理重新修习申请或未履行选读某门课程规定程序的学生，不能进入该课程听课、考核等教学环节。

第二十二条 学生体育成绩评定要突出过程管理，应当根据考勤、课内教学和课外锻炼活动的情况综合评定。因身体疾病或某种生理缺陷不能正常上体育课者，可凭县级以上医院出具的有效证明，由学生个人提出书面申请，经批准后参加体育教研室安排的保健班，认真参加锻炼，视具体情况确定体育课成绩。

第二十三条 根据职业教育特点，学生应参加由学院组织的与专业有关的职业证书资格培训考试，考试合格者颁发相关资格证书。

第二十四条 学生申请辅修校内其他专业或者选修其他专业课程，参加学校认可的开放式网络课程学习，学生修读的课程成绩（学分），经学生本人申请，学校审核同意后，予以承认。

第二十五条 学生参加创新创业、社会实践等活动以及发表论文、获得专利授权等与专业学习、学业要求相关的经历、成果，可以折算为学分，计入学业成绩。

第二十六条 学生因退学等情况中止学业，其在校学习期间所修课程及已获得学分，应当予以记录。学生重新参加入学考试、符合录取条件，再次入学的，其已获得学分，经录取学校认定，可以予以承认。

第五节 转专业与转学

第二十七条 学生一般应当在所录取的专业完成学业。以特殊招生形式录取的学生，国家有相关规定或者录取前与学院有明确约定的，不得转专业。有下列情形之一者，可以申请转专业，原则上在校期间转专业不超过两次：

1. 确有兴趣和专长（如：获省级以上单科竞赛优秀奖），转专业更能发挥其专长者；

2. 入学后发现某种疾病或生理缺陷，经学校指定医院证明不能在原专业学习，但尚能在其他专业学习者；

3. 经学校认可确有某种特殊困难，不转专业无法继续学习者。

4. 休学创业或退役后复学的学生，因自身情况需要转专业的，学校应当优先考虑。

第二十八条 学校根据社会对人才需求情况的发展变化，经学生同意，必要时可以适当调整部分学生所学专业。

第二十九条 学生一般应当在被录取学校完成学业。因患病或者有特殊困难、特别需要，无法继续在本校学习或者不适应本校学习要求的，可以申请转学。有下列情形之一，不得转学：

（一）入学未满一学期或者毕业前一年的；

（二）高考成绩低于拟转入学校相关专业同一生源地相应年份录取成绩的；

（三）由低学历层次转为高学历层次的；

（四）以定向就业招生录取的；

（五）无正当转学理由的。

第三十条 学生申请转专业、转学按下列规定办理：

1. 本学院内转专业，由学生本人向所在系提出书面申请，拟转入系同意接收，经学生处、教务处签注意见后送院务会集体讨论批准，并报教务处备案；

2. 学生本省转学由学生本人提出申请，说明理由，经所在学校和拟转入学校同意，报省教育厅审批。由转入学校负责审核转学条件及相关证明，认为符合本校培养要求且学校有培养能力的，经学校校长办公会或者专题会议研究决定，可以转入。

跨省转学的，由转出地省级教育行政部门商转入地省级教育行政部门，按转学条件确认后办理转学手续。须转户口的由转入地省级教育行政部门将有关文件抄送转入学校所在地的公安机关。

3. 经批准由外校转入我院学习的学生，一般只能转入相近专业和年级。

4. 学生获准转专业后（含经批准由外校转学至我院），执行转入专业相应年级的专业培养方案。原已获得的学分符合转入专业培养方案规定要求的，经学院教务处确认后，予以认可；缺修的学分应予补修；不符合转入专业的专业培养方案要求的，经学生本人申请，可酌情作为选修课学分。

第六节 休学与复学

第三十一条 学生有下列情况之一者，可予申请休学：

1. 因伤、病经医院（二级甲等以上）诊断，需停课治疗、休养时间达一学期总学时的1/3以上者；

2. 根据考勤，因病或请假累计缺课时间超过该学期总学时的1/3以上者；

3. 因某种特殊疾病原因，学校认为必须休学者；

4. 非疾病原因需申请中断学业者；

第三十二条　学生休学一般以一学期或一学年为期，经批准可连续休学，但累计不超过两次；因创业申请休学，可放宽休学期限，修业年限在原有学制基础上延长2年。

第三十三条　新生和在校学生应征参加中国人民解放军（含中国人民武装警察部队），学校保留其入学资格或者学籍至退役后2年。

第三十四条　申请并获准自费出国留学的学生，可申请保留学籍一年。

第三十五条　学生休学按照下列规定办理：

1. 学生要求休学，必须由本人书面申请（提供相应的证明材料等），报所在系、学生处、教务处审批。

2. 学生休学期间，学校保留其学籍，但不享受在校学习学生待遇。

3. 学生休学期间发生的事故，学校不承担任何责任。

4. 学生休学期间的医疗费用，按福州市医疗保险中心的有关规定办理（在校生必须参加城镇基本医疗保险，并逐年缴交费用）。

第三十六条　获准休学或保留学籍的学生，应当于批准之日起两周之内到学校有关部门办理相关离校手续，并按时离校。逾期不办理手续者，按自动退学处理。

第三十七条　学生休学或保留学籍期满，应当向学校提出复学申请。

第三十八条　学生复学按下列规定办理：

1. 休学或保留学籍期满的学生，应于学期开学前向所在系、学生处、教务处提交复学书面申请，并附派出所或街道、居委会证明（因患病休学者还须持县级以上医院病情诊断证明以及学校指定二级甲等以上医院复查证明），经所在系、学生处、教务处复查合格，报分管院长批准后，方可复学。

2. 学生在休学或保留学籍期满后两周内不办理复学申请手续或者申请复学经复查不合格者，按自动退学处理。

3. 休学或保留学籍期间有违法纪录的学生，取消复学资格。

第三十九条　学生在保留入学资格、休学、保留学籍期间，如果报考其他院校或申请办理出国留学，应当先办理放弃入学资格或退学手续。

第七节　退学

第四十条　学生有下列情形之一，学校可予退学处理：

1. 学业成绩未达到学校要求或者在学校规定的学习年限内未完成学业的；

2. 休学、保留学籍期满，在开学两周内未提出复学申请或者申请复学经复查不合格的；

3. 根据学校指定医院诊断，患有疾病或者意外伤残不能继续在校学习的；

4. 未经批准连续两周未参加学校规定的教学活动的；

5. 逾期两周未到校注册而又未履行暂缓注册手续的；

6. 学校规定的不能完成学业、应予退学的其他情形。

7. 本人申请退学，经家长同意者。

第四十一条 按规定应予退学的学生，由所在系部提出申请，报院务会议研究批准。对退学的学生，由学校出具退学决定书并送交学生本人，同时报上级教育主管部门备案。

经批准退学的学生必须在学校退学决定书下达后的1个月之内办理好所有离校手续，其档案退回其家庭所在地，户口按照国家相关规定迁回原户籍地或者家庭户籍所在地，学校发给在校学习相关证明。逾期不办理离校手续或擅自离校者，不发给任何证明。

第四十二条 学生对退学决定有异议的，可以在接到学校退学决定书之日起5个工作日内，向校学生申诉处理委员会提出书面申诉。

校学生申诉委员会在接到学生申诉之日起15个工作日内，对学生提出的申诉进行复查，做出书面复查结论并告知申诉人。需要改变决定的，由校学生申诉处理委员会提交学校重新研究决定。

第四十三条 学生对复查决定还有异议的，可以在接到复查决定书之日起15个工作日之内，向省教育主管部门提出书面申诉。

第四十四条 从退学决定或者复查决定送交之日起，学生在申诉期内未提出申诉的，学校不再受理其提出的申诉。

第八节 毕业、结业、肄业和提前毕业

第四十五条 具有我院正式学籍的学生，在修业年限内取得本专业培养方案规定的应修学分，达到学校的毕业要求，准予毕业，发给毕业证书。

第四十六条 修业年限期满，已修读本专业培养方案规定的全部课程（含毕业实习、毕业设计或论文），未达到毕业要求者，按结业处理，发给结业证书。

第四十七条 学生没有修完专业培养方案规定的课程而中途退学的，凡在校学习满一年以上的退学学生，按肄业处理，发给肄业证书。在校学习一年以下的退学学生，学校只发给学习证明。

第四十八条 受开除学籍处分的学生，学校只发给学习证明。

第四十九条 学制年限期满，已修读本专业培养方案规定的应修学分要求的全部课程，但取得的学分数未达到应修学分的学生，可选择在校修读或离校修读方式继续学业。在修业年限内，按照我院重新修习的规定申请参加未曾获得学分的课程的修读。凡选择离校修读的学生，应由个人书面申请，经批准后发给离校修读证明，并办理离校手续。选择在校修读的学生，视所缺学分情况按学分收费。

第五十条 因非学业原因而受违纪处理的毕业班学生，按《福州软件职业技术学院违纪处分规程》执行。

第五十一条　学校鼓励学生在学制年限内提前完成学业。凡提前修满专业培养方案规定的应修学分且符合毕业规定的学生，可以申请提前毕业。按下述规定执行：

1. 提前毕业的时间，原则上不超过一年。

2. 拟提前毕业的学生，需提前一年半（拟提前一年者在第三学期，拟提前半年者在第四学期）根据自身学习情况定出提前毕业的修读计划，向教务处提出申请，由教务处审核、批准。

3. 获准提前一年毕业的学生，可随高一年级学生同时毕业和发给毕业证书；提前半年毕业的学生先由学校发给临时毕业证明书，其正式毕业证书随同一年级学生同时换发。

第五十二条　学校执行高等教育学历证书电子注册管理制度，每年将颁发的毕（结）业证书信息报上级教育主管部门注册与备案。

第五十三条　学校鼓励学生在学期间选择辅修其他专业，具体办法见《福州软件职业技术学院"主辅修"管理条例》。

第五十四条　毕业、结业、肄业证书遗失或损坏，经本人申请，学院核实后可出具相应的证明书。证明书与原证书具有同等效力。

第四章　校园秩序与课外活动

第五十五条　共同维护校园正常秩序，保障学院环境安全、稳定，保障学生的正常学习和生活。

第五十六条　建立和完善学生参与管理的组织形式，支持和保障学生依法、依章程参与学校管理。

第五十七条　学生应当自觉遵守公民道德规范，自觉遵守学院管理制度，创造和维护文明、整洁、优美、安全的学习和生活环境，树立安全风险防范和自我保护意识，保障自身合法权益。

第五十八条　学生不得有酗酒、打架斗殴、赌博、吸毒，传播、复制、贩卖非法书刊和音像制品等违法行为；不得参与非法传销和进行邪教、封建迷信活动；不得从事或者参与有损大学生形象、有悖社会公序良俗的活动。

学院发现学生在校内有违法行为或者严重精神疾病可能对他人造成伤害的，可以依法采取或者协助有关部门采取必要措施。

第五十九条　学院坚持教育与宗教相分离原则。任何组织和个人不得在学校进行宗教活动。

第六十条　学院建有学生代表大会制度，为学生会等开展活动提供必要条件，支持其在学生管理中发挥作用。

学生可以在校内成立、参加学生团体。学生成立团体，应当按学校有关规定提出书面申请，报学校批准并施行登记和年检制度。

学生团体应当在宪法、法律、法规和学校管理制度范围内活动，接受学院的领导和管理。学生团体邀请校外组织、人员到校举办讲座等活动，需经学院批准。

第六十一条 学院提倡并支持学生及学生团体开展有益于身心健康、成长成才的学术、科技、艺术、文娱、体育等活动。

学生进行课外活动不得影响学院正常的教育教学秩序和生活秩序。

学生参加勤工助学活动应当遵守法律、法规以及学院、用工单位的管理制度，履行勤工助学活动的有关协议。

第六十二条 学生举行大型集会、游行、示威等活动，应当按法律程序和有关规定获得批准。对未获批准的，学院依法劝阻或者制止。

第六十三条 学生应当遵守国家和学院关于网络使用的有关规定，不得登录非法网站和传播非法文字、音频、视频资料等，不得编造或者传播虚假、有害信息；不得攻击、侵入他人计算机和移动通信网络系统。

第六十四条 学生应当遵守学院关于学生住宿管理的规定。鼓励和支持学生通过制定宿舍公约，实施自我管理。

第五章 奖励与处分

第六十五条 学院、省（区、市）和国家有关部门应当对在德、智、体、美等方面全面发展或者在思想品德、学业成绩、科技创造、体育竞赛、文艺活动、志愿服务及社会实践等方面表现突出的学生，给予表彰和奖励。

第六十六条 对学生的表彰和奖励可以采取授予"三好学生"称号或者其他荣誉称号、颁发奖学金等多种形式，给予相应的精神鼓励或者物质奖励。

学院对学生予以表彰和奖励，以及确定推荐国家奖学金等赋予学生利益的行为，建立公开、公平、公正的程序和规定，建立和完善相应的选拔、公示等制度。

第六十七条 对有违反法律法规、本规定以及学院纪律行为的学生，学院给予批评教育，并可视情节轻重，给予如下纪律处分：

（一）警告；

（二）严重警告；

（三）记过；

（四）留校察看；

（五）开除学籍。

第六十八条 学生有下列情形之一，学院可以给予开除学籍处分：

（一）违反宪法，反对四项基本原则、破坏安定团结、扰乱社会秩序的；

（二）触犯国家法律，构成刑事犯罪的；

（三）受到治安管理处罚，情节严重、性质恶劣的；

（四）代替他人或者让他人代替自己参加考试、组织作弊、使用通信设备或其他器材作弊、向他人出售考试试题或答案牟取利益，以及其他严重作弊或扰乱考试秩序行为的；

（五）公开发表的研究成果存在抄袭、篡改、伪造等学术不端行为，情节严重的，或者代写论文、买卖论文的；

（六）违反本规定和学院规定，严重影响学院教育教学秩序、生活秩序以及公共场所管理秩序的；

（七）侵害其他个人、组织合法权益，造成严重后果的；

（八）屡次违反学院规定受到纪律处分，经教育不改的。

第六十九条　学院对学生作出处分，应当出具处分决定书。处分决定书包括下列内容：

（一）学生的基本信息；

（二）作出处分的事实和证据；

（三）处分的种类、依据、期限；

（四）申诉的途径和期限；

（五）其他必要内容。

第七十条　学院给予学生处分，坚持教育与惩戒相结合，与学生违法、违纪行为的性质和过错的严重程度相适应。学院对学生的处分，做到证据充分、依据明确、定性准确、程序正当、处分适当。

第七十一条　在对学生作出处分或者其他不利决定之前，学院应当告知学生作出决定的事实、理由及依据，并告知学生享有陈述和申辩的权利，听取学生的陈述和申辩。

处理、处分决定以及处分告知书等，应当直接送达学生本人，学生拒绝签收的，以留置方式送达；已离校的，采取邮寄方式送达；难于联系的，利用学校网站、新闻媒体等以公告方式送达。

第七十二条　对学生作出取消入学资格、取消学籍、退学、开除学籍或者其他涉及学生重大利益的处理或者处分决定的，提交院长办公会研究决定，并事先应当进行合法性审查。

第七十三条　除开除学籍处分以外，给予学生处分设置6到12个月期限，到期按学院规定程序予以解除。解除处分后，学生获得表彰、奖励及其他权益，不再受原处分的影响。

第七十四条　对学生的奖励、处理、处分及解除处分材料，学院真实完整地归入学校文书档案和本人档案。

被开除学籍的学生，由学院发给学习证明。学生按学院规定期限离校，档案由学院退回其家庭所在地，户口应当按照国家相关规定迁回原户籍地或者家庭户籍所在地。

第六章　学生申诉

第七十五条　学院成立学生申诉处理委员会，负责受理学生对处理或者处分决定不服提起的申诉。

学生申诉处理委员会应当由学院相关负责人、职能部门负责人、教师代表、学生代表、负责法律事务的相关机构负责人等组成，可以聘请校外法律、教育等方面专家参加。

学院制定学生申诉的具体办法，健全学生申诉处理委员会的组成与工作规则，提供必要条件，保证其能够客观、公正地履行职责。

第七十六条 学生对学院的处理或者处分决定有异议的，可以在接到学院处理或者处分决定书之日起10日内，向学院学生申诉处理委员会提出书面申诉。

第七十七条 学生申诉处理委员会对学生提出的申诉进行复查，并在接到书面申诉之日起15日内作出复查结论并告知申诉人。情况复杂不能在规定限期内作出结论的，经学院负责人批准，可延长15日。学生申诉处理委员会认为必要的，可以建议学院暂缓执行有关决定。

学生申诉处理委员会经复查，认为做出处理或者处分的事实、依据、程序等存在不当，可以作出建议撤销或变更的复查意见，要求相关职能部门予以研究，重新提交院长办公会作出决定。

第七十八条 学生对复查决定有异议的，在接到学院复查决定书之日起15日内，可以向福建省教育厅提出书面申诉。

福建省教育厅应当在接到学生书面申诉之日起30个工作日内，对申诉人的问题给予处理并作出决定。

第七十九条 福建省教育厅在处理因对学院处理或者处分决定不服提起的学生申诉时，应当听取学生和学校的意见，并可根据需要进行必要的调查。根据审查结论，区别不同情况，分别作出下列处理：

（一）事实清楚、依据明确、定性准确、程序正当、处分适当的，予以维持；

（二）认定事实不存在，或者学院超越职权、违反上位法规定作出决定的，责令学院予以撤销；

（三）认定事实清楚，但认定情节有误、定性不准确，或者适用依据有错误的，责令学院变更或者重新作出决定；

（四）认定事实不清、证据不足，或者违反本规定以及学院规定的程序和权限的，责令学院重新作出决定。

第八十条 自处理、处分或者复查决定书送达之日起，学生在申诉期内未提出申诉的视为放弃申诉，学院或者福建省教育厅不再受理其提出的申诉。

处理、处分或者复查决定书未告知学生申诉期限的，申诉期限自学生知道或者应当知道处理或者处分决定之日起计算，但最长不得超过6个月。

第八十一条 学生认为学院及其工作人员违反本规定，侵害其合法权益的；或者学院制定的规章制度与法律法规和本规定抵触的，可以向福建省教育厅投诉。

第七章 附 则

第八十二条 本管理规定自2017年9月1日开始实行。

第八十三条 本管理规定由教务处、学生工作处负责解释。

福州软件职业技术学院学生课外素质教育及综合测评办法（修订）

为进一步规范各系学生的课外素质及综合测评工作，特制定本试行办法。

综合测评是对学生在校期间德智体等方面进行阶段性的综合评价，其成绩作为学生奖助学金和评优评先以及推荐毕业生就业的重要依据。主要从学生思想品德和言行修为作为在日常学习生活工作中习惯养成的几个方面，分四个学期以学生本人自评、班级小组测评、教师和辅导员考评的组合形式，对学生进行阶段性考核和测评。

一、学生学期综合测评

（一）学生综合测评成绩

总分100（%）= 学业成绩70（%）+ 非学业成绩30（%）

（二）学业成绩

1. 学业成绩即学分成绩，指每学期修习的所有课程（包括考查、选修、实训等课程）的加权成绩。学分成绩的计算一般在下个学期开学初完成。

2. 学分成绩计算方法：

$$学分成绩 = \frac{总成绩}{总学分} = \frac{本学期各门"课程期末成绩 \times 该门课程学分"之和}{本学期各门课程学分之和}$$

3. 以等级考核课程（教学环节）的成绩应按百分制替换为：

优秀→95分；良好→85分；中等→75分；

及格→65分；不及格→50分。

（三）非学业成绩

1. 非学业成绩即《课外》成绩。主要从进德修业、责任担当、进取荣誉、守时守纪、健康诚信、安全稳定等六个方面，对在校学生按学期进行阶段性考核和测评。

2. 《课外》成绩的构成

总分98 = 自评29分 + 班评29分 + 师评20分 + 考评20分

3. 评分说明：

（1）自评即学生自我评价30分（满分29分），指学生本人参照《课外》考核的六个方面内容，每个学期对自己进行省察总结，并给自己评分。（注：对于某个学期有违规违纪事实却自评满分的同学，班级测评小组组长和辅导员有权酌情减分）

（2）班评即班级测评小组测评30分（满分29分）。由班长或团支书担任正或副组长，组建班级测评小组，小组成员必须是单数（可大致按班级人数6:1来确定小组成员人数），除正副组长外的其他成员必须在本班同学中公开推选。班评成员参照

《课外》考核的六个方面对全班同学进行评分；班评成绩取小组成员的平均分值。辅导员可以根据所带专业（班级）的实际情况对班评工作另行办法，布置实施。

（3）师评即任课教师测评20分。由班评小组负责，请该专业（班级）本学期每位任课教师对每个学生的日常表现进行评分，统计平均值，并报送辅导员登记。

（4）考评20分，指在"自评+班评+师评"分数之和的基础上，参照学院、校区、职能部门、系、团委自律会以及教师和辅导员的各种考核和检查结果，根据考评纲要进行加减分。考评分由辅导员最终审批，加分上限为20分，减分无下限。

（5）每学期《课外》成绩的考评工作一般安排在期末温书迎考阶段至学生放假前完成。

4.《课外》考评过程需要的相应表格及说明。

（1）学生《课外素质教育》登记及考评汇总表，简称《考评表》。见附表一。

说明：

①由学生本人填报并登记自评分和申报加减分事项和分值；

②由班级测评小组组长负责填写班评分并对该同学的申报事项和加减分进行核实；

③由辅导员登记师评分、审批加减分、计算考评分、合计总得分；

④此表归入学生个人档案。

（2）学生课外素质教育测评表（班级测评小组用表），简称《班评表》。见附表二。

说明：由班级测评小组组长负责组织小组成员开展班评工作。

（3）学生课外素质教育测评表（任课教师用表），简称《师评表》。见附表三。

说明：由辅导员下发给所带专业班级本学期的每一位授课教师，并负责收齐和汇总。分别在每门课程结束时下发。

（4）《学生进步情况表》，简称《进步表》。见附表四。

说明：此表用于《课外》成绩不合格或受违规违纪处分同学的跟踪和复评。由学生本人填写后，辅导员负责相关的考评和登记。

二、学生学期《课外素质教育》考评纲要

项目	主要内容	班评分值	个人申报及班评和师评加减分的主要考评依据
进德修业	学生学习思想政治理论，增进个人思想品德，优化行为规范。还包括增强爱国主义、党性修养和团员意识。 学生在学习专业理论知识以及课程实践（实习/见习/实训）和职业技能训练过程中表现出来的勤奋刻苦的思想态度和言行举止。	±5分	在校大学生必须得到逐步优化的项目之一，不加分。可减分，以自省。 不能严于律己、好逸恶劳、对周遭人或事造成消极（不良）影响者，须酌情减1～5分/次。

续表

项目	主要内容	班评分值	个人申报及班评和师评加减分的主要考评依据
责任担当	1. 学生作为集体（从宿舍、班级乃至系、学院）中的一员，在校期间必须培养形成并强化自己的集体荣誉感、主人翁意识、团结合作和团队协作精神以及服从安排的顾全大局观。 2. 担任学生干部，主动承担和担负学院、系、专业、班级具体翔实的工作任务，工作有成效、出业绩。	±5分	1. 担任各级学生干部并履行职责，视工作表现加 0~4 分。 2. 承办各级学生活动，组织者、参与者视活动情况加 1~5 分/项。 3. 各级指：学院/系/专业/班级。兼任各级各类学生干部不重复加分。 4. 克服或改善校区（教室或宿舍等）不良环境条件，可酌情加 3~8 分。 5. 经学院认定的先进事迹或突出贡献，酌情加 3~8 分/件。 6. 不参加集体活动、不履行干部职责、不听从指挥、不服从安排者，酌情减 1~3 分/次。扰乱破坏集体活动正常秩序者，酌情减 4~8 分/次。
进取荣誉	1. 学生积极参与各类各级技能竞赛、文体赛事、科研、创新、社会实践等活动，并通过拼搏奋进、努力争取获得表彰和奖励。 2. 重视职业技能（从业资格）的培养和训练；并通过勤学勤练考取相关技能（从业）证书。	±5分	1. 参与各类各级活动或获得奖励表彰，视类别级别名次加 1~15 分/项。 2. 参与或通过技能（从业）证书考试，视证书等级加 1~5 分/次。 3. 各级指：国家/省/市/院系/专业/班级。 4. 参与各类志愿者服务、义工、义务等公益活动，不加分。 5. 在事件活动过程中造成消极（不良）影响、损人利己者，必须酌情减 1~5 分/次。
守时守纪	1. 培养并养成良好的时间观念。严格遵守请销假制度；养成按约定时间（事件）提前到场（准备）的良好习惯。 2. 遵规守纪，遵纪守法。严肃学院和校区的各项规章制度；严肃处理违纪违法行为。	±5分	1. 满勤且守纪者，加 3~5 分。 2. 旷课（缺席）一节（次）减 1 分；迟到或早退三次合计减 1 分。 3. 晨起或午休（起）或晚寝违规三次合计减 1 分。 4. 考勤：指整个学期的课堂、作息、早晚自修、会议以及各种集体活动。 5. 因违规违纪受处分者，视处分等级减 5~40 分。即：通报批评减 5 分；警告处分减 10 分；严重警告处分减 20 分；记过处分减 30 分；留校察看减 40 分。（注：同类违规违纪导致处分者，不重复减分）

续表

项目	主要内容	班评分值	个人申报及班评和师评加减分的主要考评依据
健康诚信	健康：指使之健康。包涵个人卫生、饮食卫生、宿舍卫生、公共环境卫生；身体健康、心理健康、健康消费、健康着装、……等 诚信：即诚实信用。为人诚恳、作风朴实、讲求信誉、发挥功用。	±5分	1. 住校生住集体宿舍、过集体生活，应无条件接受辅导员、学生干部以及学院、系、团委自律会、校区、部门等的定期安全检查和不定期安全抽查。有不配合、拒检现象，可酌情减1~3分/次。 2. 星级宿舍加3~5分/生。一个学期不重复加分。 3. 个人或宿舍内外脏、乱、差，减1~3分/次·人。个人吸烟、宿舍存放香烟或烟碟（罐）或烟蒂随地，减1~3分/次·人。 4. 积极参与心理卫生和健康的普查，能及时进行心理调适及心理健康咨询、协助心理健康教育相关工作者，可酌情加分。 5. 公共场合不文明着装或装饰（如吊带露脐、拖鞋、头发色型、吸烟等），经教育不改、屡犯者，可酌情减1~3分/次。 6. 学生在学期间弄虚作假、搬弄是非、见利忘义，造成不良影响及后果者，减5~10分。
安全稳定	安全：自觉学习并掌握各种安全知识和常识；积极参与各项安全应急演练。在日常学习生活工作中，时刻提醒和保证自己的人身安全和财产安全。 稳定：与党和国家安定稳定工作保持一致，参与维护和支持地方和校园安定稳定工作。	±5分	1. 坚决排除不安全、不稳定因素，对提供有利信息、协助解决问题者，加3~10分/次。 2. 使用禁用电器、未按规定接拉电线、使用不达标排插等违规行为者，酌情减3~10分/次。 3. 缺席、不认真对待安全知识学习或应急演练者，减2~5分/次。 4. 参与影响校园和社会安定稳定的事件者，减2~10分/次。
备注	1. 以上为指导性的纲要。辅导员应在日常工作中融入必要的教育管理并加以引导，以更好地促进学生养成良好习惯，进一步帮助学生提升个人综合素质。辅导员还可以根据实际工作对所带专业（班级）学生的考评再加以细化或提加更具操作性的内容，必须做到先行通知后执行。 2. 学生个人的申报加减分事项，须简要的讲明说清，应包含时间、组织方或地点等信息要素。否则视为理由不成熟，不予考评。 3. 对于存在有违规违纪事实的同学，因为情节比较轻，认错态度良好，没有提及处分的，必须相应减5~8分。 4. 主动如实填报减分项目（分值）者，视为有"认识错害·诚意修正"的表现，可酌情加分0~1分。 5. 减分的依据和来源：包括辅导员自查、系查、团委自律会查、学院查、校区查、职能部门查等等的各种检查、抽查、专项检查；还有任课教师的课堂管理情况记录、学生干部与同学的日常事实接触等；违规违纪违法记录、处分决定等；会议以及集体活动记录等		

三、本办法自发布之日起执行。由学院学生处负责相关内容的解释。

附件：（相关表格由辅导员按学期发放和收集）

表一：学生课外素质教育登记及考评汇总表，简称《考评总表》

表二：学生课外素质教育测评表（班级测评小组用表），简称《班评表》

表三：学生课外素质教育测评表（任课教师用表），简称《师评表》

表四：《学生进步情况表》，简称《进步表》

附表一：　　　　　　　　　　　　　　　　　　　　　　　　　　学号：_____

福州软件职业技术学院学生《课外素质教育》登记及考评汇总表

登记考评时期：___~___学年___学期　　　（加盖公章）　　　填表时间：___年___月___日

姓名		性别		年级/专业/班级		政治面貌	
身份证号码				联系电话		现任职务	
本学期是否因违规违纪受处分？□否；□是（□通报批评 □警告 □严重警告 □记过 □留校察看）							
自我评价（自评）29分		班级测评小组平均分（班评）29分			教师和辅导员综合分（师评）20分		
得分		得分		组长签名：		得分	

学生个人申请填报考评项目和自报加减分值→班级测评小组组长核实→辅导员老师审批

	申报加减分的事项（理由）	个人申报±分	组长核实±分	辅导员审批±分	备注
1					
2					
3					
4					
5					
6					
7					
8					
9					
10					
11					
12					

续表

辅导员根据各种考核和检查情况进行事件及加减分的登记和考评。		考评分合计	
	何时因何事加减分	辅导员审批±分		
1			《课外》总分	
2				
3			辅导员签章：	
4				
5			年 月 日	

注：①申报加减分事项须简要的讲清说明，应包含时间、组织方或地点等信息要素。否则视为理由不成熟，不予考评。②主动如实填报减分项目（分值）者，视为有"认识错害·诚意修正"的表现，可酌情加分0～1分。③此表每学期一份，考评结束后加盖学院学生处印章后，归入学生个人档案。

附表二：

福州软件学院学生课外素质教育测评表（班级测评小组用表）

年级/专业/班级：_____ 学年 学期

班级测评小组人数___名___测评人：___（可以不记名形式考评） 测评时间：___年___月___日

序号	学号	姓名	考评内容（各项均以5分计，考评最高29分）						合计	备注
			进德修业	责任担当	进取荣誉	守时守纪	健康诚信	安全稳定		

注：由班级测评小组组长负责评分的组织工作和成绩汇总计算平均分。

附表三：

福州软件学院学生课外素质教育测评表（任课教师用表）

教师姓名：_____ 担任课程：《_____》 测评时间：___年___月___日

授课班级：_____级_____专业_____班 授课学期：_____~_____学年_____学期

序号	学号	姓名	考评等级（优95 良85 中75 及格65 不及格50）					备注（可填写考评说明）
			优秀	良好	中等	及格	不及格	

注：由辅导员负责收集本学期各任课教师的测评表，并取平均成绩的比例分值作为考评依据。

附表四：

福州软件职业技术学院学生进步情况考评表

上报时间：_____年___月___日

填表原因	□ 违规违纪受处分				
	因何时何事受何处分？				
	□《课外》成绩不及格。	____~____学年____学期的《课外》成绩不及格。			
	主要减分事项：	（请附"登记及考评汇总表"复印件）			

本人及家庭基本情况	姓名		性别		年级/专业/班级		政治面貌	
	身份证号码			联系电话			职务	
	爱好/特长				是否贫困生		□是；□否	
	请填写父母（监护人）及在榕亲属的称谓/姓名/住址/邮编/联系电话/家庭电话/其他说明							

进步表现认定的项目	（一）认识态度	另附书面材料一份。包含有以下相关内容：（1）事实经过和情况说明；（2）自我深刻认识；（3）诚心保证并在专业班会上公开承诺不再犯错；（4）其他有关的认识态度和心得。
	（二）家庭配合	（1）凡受处分（包括通报批评）的同学均必须向家长通报。 （2）学生受记过以上（含记过）处分的或《课外》成绩不及格的同学，均必须请家长（家庭代表）到学院，开展家校配合的教育工作。**家校配合教育记录：** ①□是□否向家长通报处分结果。家长态度：_____。 ②家长到校后，□是□否进行家校配合的帮助教育工作。教育情况：_____。 辅导员签章：
	（三）突出作为	（1）突出作为，如：协助辅导员、系部、学院出色完成某项工作任务；参加某次社会公益活动，担当并完成重要工作；参与省市行业的某种比（竞）赛，成绩优秀获得排名表彰…… （2）本人主动申报，应附证明材料或情况说明。须经相关人员或部门认定。
	（四）班级鉴定	（1）学生本人是否在专业班会上公开检讨错误事实、承诺接受本专业及学院全体同学的监督考察、"现身说法"…… （2）考察期间，在专业班级中各方面表现情况的综合鉴定。

以上项目均须各另附一份书面材料。（一）（三）由学生连同此表一并报送辅导员；（四）由班级负责人报送辅导员；（二）由辅导员安排并整理和汇总其他相关书面文字材料。

辅导员考评意见	考评起因	阶段进步表现	考评认定
	□违规违纪受处分 □《课外》不及格	□合格 □有待考评	□通过《课外素质教育》考核测评。受处分后，□表现良好；□表现一般。
	系部意见	学生处意见	学院意见
	签章/时间：	签章/时间：	签章/时间：

注：1. 事件发生后，学生填报此表（一式两份）。一份及时送交辅导员；一份由学生本人保管半年或一年。2. 考评为表现良好同学的受处分记录，经学院领导讨论研究后可以将处分文件暂留学院备案。

福州软件职业技术学院学生违纪处分规程（修订）

第一章　总　则

第一条　为了维护学院正常的教学、科研和生活秩序，保障学生身心健康，规范学生行为，建设文明校风，促进学生德、智、体全面发展，根据《中华人民共和国教育法》、《中华人民共和国高等教育法》、《普通高等学校学生管理规定》、《高等学校学生行为准则》、《国家教育考试违规处理办法》等法律、行政法规、规章，结合我校实际，特制定本规程。

第二条　本规程适用于我院全体学生。

第三条　对有违法、违规、违纪行为的学生，学校给予批评教育，并视情节轻重，给予如下纪律处分：

（一）警告；

（二）严重警告；

（三）记过；

（四）留校察看；

（五）开除学籍。

除开除学籍处分外，给予学生处分设置12个月期限。其中，警告至记过处分的有效期自签发处分决定之日起计算；处分有效期内，学生没有新的违纪行为，处分到期自动解除。

第四条　学生违反法律、法规，受到国家有关机关处罚者，按下列规定处分：

（一）被处以刑事处罚者，给予开除学籍处分；

（二）违反《中华人民共和国治安管理处罚法》，被处罚者，视其情节轻重，给予留校察看以上处分；

（三）被公安或司法机关认定其行为违反法律、法规，但免予处罚者，视其情节轻重，给予记过以上处分。

第五条　学生有下列行为之一的，给予警告直至开除学籍处分：

（一）考试作弊；伪造、涂改证件、证明等作假行为；

（二）打架斗殴；侵犯国家、集体、他人权益，危害他人的生命、财产安全，情节较重的；

（三）扰乱社会、校园秩序；无理取闹，妨碍工作人员正常工作；破坏公共财物，以上行为情节较轻的；

（四）其他违法违纪行为。

第六条 学生违法违纪后，有下列情形之一的，可以依照本规程从轻或者减轻处分：

（一）主动交代本人违法违纪问题，有明显悔改表现者；

（二）主动挽回损失或者有效阻止危害结果发生的；

（三）主动退出违法违纪所得的；

（四）有其他立功表现的。

第七条 学生违法违纪后，有下列情形之一的，可依照本规程从重或者加重处分：

（一）强迫、唆使他人违法违纪的；

（二）串供或者伪造、销毁、隐匿证据的；

（三）阻止他人揭发检举、提供证据材料的；

（四）包庇同案人员或者打击报复批评人、检举人、控告人、证人及其他人员的；

（五）提供虚假材料、参与做伪证，干扰、妨碍相关部门审查行为的；

（六）有其他干扰、妨碍相关部门审查行为的；

（七）屡次违反校规校纪受到纪律处分，经教育不改者。

第八条 在学期间，有本规程规定的两种以上（含两种）应当受到纪律处分的违纪行为，应当合并处理，按其数种违纪行为中应当受到的最高处分加重一档给予处分。本规定中的"以上处分"包括本项，直至开除学籍处分。

第九条 受到纪律处分的学生，应同时受到下列处理：

（一）取消其在处分期内参加的学院各种奖励、奖学金的评定资格；

（二）涉及学籍的按相关法律、行政法规和规章的规定处理；

（三）涉及其他相关规定的，按照相关规定进行处理。

第二章 违纪处分细则

第十条 学生有下列行为之一的，视其情节，给予记过以上处分：

（一）违反宪法，反对四项基本原则、组织、参加未经批准的游行、示威活动，扰乱社会秩序或破坏学校的管理秩序，破坏安定团结的；

（二）组织、成立、加入非法社会团体或组织，从事非法活动；

（三）泄露国家秘密，造成后果；

（四）以各种形式散布、传播反动言论、虚假信息或有害信息，制造混乱，造成不良影响及后果。

第十一条 学生有下列行为之一的，应当认定为考试违纪，并视其情节，给予警告至记过处分：

（一）携带规定以外的物品进入考场，未按监考人员要求放在指定位置的；

（二）未在规定的座位参加考试的；

（三）考试开始信号发出前答题或者考试结束信号发出后继续答题的；

（四）在考试中旁窥、交头接耳、互打暗号或者手势的；

（五）在考场或者学校禁止的范围内，吵闹、喧哗、吸烟或者实施其他影响考场秩序行为的；

（六）未经监考人员同意在考试过程中擅自离开考场的；

（七）将试卷、答卷（含答题卡、答题纸等）等考试用纸带出考场的；

（八）用规定以外的笔或者纸答题或者在试卷规定以外的地方书写姓名、考号或者以其他方式在答卷上标记信息的；

（九）其他违反考场规则但尚未构成作弊的行为。

第十二条 学生有下列行为之一的，应当认定为考试作弊，并视其情节给予处分：

（一）违规携带与考试内容相关的文字材料或者存储有与考试内容相关资料的电子设备参加考试，不按规定放在指定位置的，给予严重警告或记过处分；

（二）携带手机等通信设备，或者存储与考试内容相关资料的其他器材，或者与考试内容相关的文字材料参加考试的，给予记过以上处分；

（三）抄袭或者协助他人抄袭试题答案或与考试内容相关资料的，给予留校察看处分；

（四）抢夺、窃取他人试卷、答卷或者强迫他人为自己抄袭提供方便的，给予留校察看或开除学籍处分；

（五）未经监考人员许可擅自在考试过程中使用通信设备或其他器材，给予留校察看处分；

（六）未经监考人员同意，私自传、接物品的，给予严重警告或记过处分；

（七）冒名代替他人考试、由他人冒名代替参加考试的，视情节给予留校察看或开除学籍处分；

（八）在考室（教室）及周边，扰乱考试和考场秩序的，视情节给予警告至留校察看处分；

（九）考试过程中，不服从监考老师安排的，顶撞、辱骂监考老师的，视情节给予警告至留校察看处分；

（十）作弊手段特别恶劣者，给予开除学籍处分；

（十一）组织作弊，或向他人出售考试试题或答案牟取利益的，给予开除学籍处分；

（十二）其他作弊行为参照上述第（一）至（七）款给予相应处分。

第十三条 学生寻衅滋事、打架斗殴，有下列情形之一的，视其情节给予处分：

（一）致人轻微伤者，给予严重警告或记过处分；

（二）致人轻伤者，给予留校察看处分；

（三）致人重伤者，给予开除学籍处分；

（四）虽未动手打人，但用言语侮辱或以其他方式触犯他人，或以"劝架"、"帮忙"为名偏袒一方，引起事端或激化矛盾，造成打架后果者，给予警告以上处分；

（五）策划、怂恿、教唆他人打架斗殴，未造成不良后果者，给予严重警告或记过处分；造成不良后果者，给予记过或留校察看处分；

（六）持械打人或邀约校外人员打架斗殴者，根据第（一）、（二）、（三）、（四）款从重处分。

学生因寻衅滋事、打架斗殴致伤他人者，除按以上规定接受处分外，还必须赔偿医疗费、营养费、护理费及相关的损失；应当受到治安处罚或刑事处罚者，移交公安或司法机关处理，并按本规程第五条规定予以处分。

第十四条 偷窃、诈骗、抢劫、抢夺、敲诈勒索、非法占有、占用国家、集体或他人财物者，视其情节给予处分：

（一）价值200元以下者，给予警告处分；价值200元至500元者，给予严重警告处分；价值500元以上者，视其情节及造成的后果，给予记过至开除学籍处分。

（二）偷窃公文、印章、档案等不可估价物品者，视其情节及造成的后果，给予留校察看以上处分。

（三）经公安部门确认有作案企图或行为，但作案未遂者，给予警告或严重警告处分。

（四）包庇偷窃者，销赃、买赃、窝赃者，视情节轻重给予与偷窃者同级或轻一级的处分。

（五）公开发表的研究成果存在抄袭、篡改、伪造等学术不端行为，视情节轻重及后果，给予记过以上处分。

（六）弄虚作假，骗取学校奖助贷减免款或各种荣誉者，视其情节轻重及后果，给予警告及以上处分，已发放的奖学金、助学金、国家助学贷款及有关证书悉数收回。

学生的上述行为应当受到治安处罚或刑事处罚者，移交公安或司法机关处理，并按本规程第四条规定予以处分。

第十五条 故意破坏公共设施或公、私财物者，视其情节给予处分：

（一）被破坏的财物价值在200元及以下者，给予警告处分；价值200元至2 000元者，给予严重警告处分；价值2 000元及以上者，视其情节轻重，给予记过直至开除学籍处分。

（二）损坏文物或消防、抢险救灾设备，或损坏其他财物造成严重后果和恶劣影响的，要加重处分。

故意破坏公共设施或公、私财物者，除按以上规定接受处分外，还须依法承担赔偿责任和按照国家有关规定接受处罚；再犯者，按上述规定加重一级处分。

第十六条 扰乱社会秩序、危害校园治安和安全、侵害他人权益者，按下列规定处分：

（一）吸毒、贩毒者，给予开除学籍处分，并报送公安机关等部门处理；

（二）参与走私、贩私等非法活动者，视其情节，给予留校察看以上处分；

（三）违反国家、学校有关消防条例和安全规定，经批评教育不改者，给予警告至记过处分。因上述行为引起火灾者，给予留校察看以上处分；

（四）在学生宿舍、教室及其他禁烟区吸烟者，给予批评教育；经批评教育不改者，给予警告至记过处分；

（五）酗酒滋事者，给予警告至记过处分；

（六）扰乱校园秩序、影响他人正常学习、生活者，视情节轻重给予警告至开除学籍处分；

（七）扰乱、破坏学校组织或经学校批准的群体性活动者，视情节轻重给予警告至记过处分；

（八）在校区携带或饲养宠物者，经批评教育不改者，给予警告至记过处分；

（九）故意损毁或涂改学校有效公告者，视情节轻重给予警告至记过处分；

（十）组织非法传销、参与邪教活动，给予留校察看或开除学籍处分；

（十一）侵犯公民的人身自由、人格尊严及通信自由和通信秘密者，视情节轻重给予警告至记过处分；

（十二）伪造、变造、冒领、冒用、转借各种证件并产生不良后果者，给予记过或留校察看处分；

（十二）冒用学校或他人名义，侵害学校或他人利益，给学校或他人造成不良影响或损失者，除赔偿经济损失外，视其情节，给予记过或留校察看处分，情节严重者，给予开除学籍处分；

（十三）以我校在校学生身份，从事裸贷、参与高利贷等行为，对学校或他人造成不良影响的，视其情节轻重及后果，给予警告以上处分。

学生扰乱社会秩序、危害校园治安和安全行为、侵害他人权益，造成财产损失、人身伤害的，应当依法承担赔偿责任和按照国家有关规定接受处罚。

第十七条 学生违反宿舍（教室）管理的有关规定，视其情节给予处分：

（一）擅自调换、占用学生寝室、床位，经批评教育不改者，给予警告或严重警告处分。

（二）未经辅导员许可擅自留宿外来人员，经批评教育不改者，给予警告处分；造成不良后果者，视其情节轻重，给予记过或留校察看处分。

（三）凡在宿舍留宿异性，根据情节，给予留校察看或开除学籍处分。

（四）在学生宿舍使用电炉、电热棒等易引起火灾的加热器具，或破坏、乱搭电源线、网络线，给予警告至记过处分。

（五）在宿舍及走廊、教室等地方焚烧垃圾杂物等，给予警告至记过处分。

（六）宿舍（床位）不整洁或破坏公共卫生环境者，经批评教育不改者，给予警告至记过处分。

（七）在生活区或宿舍楼层进行商贩活动者，经批评教育不改者，给予警告至记过处分。

（八）住校生晚熄灯后无正当理由迟归，给予通报批评；经批评教育不改者，给予警告至记过处分，并通报家长协助教育；屡犯者，给予记过及以上处分；攀爬栏杆、阳台、窗者，给予警告以上处分。

（九）住校生未经批准夜不归宿或擅自外宿，给予警告至记过处分；若发现其间还有其他违纪行为，根据有关条款加重处分。

（十）对其他违反学生宿舍（教室）管理有关规定，经批评教育不改者，视情节轻重，给予警告至开除学籍处分。

第十八条 举止不文明、行为有悖道德者，根据其性质和情节轻重，按下列规定处分：

（一）在公共场所有不文明行为，经批评教育不改者，给予警告处分；屡犯造成恶劣影响者，给予记过以上处分。

（二）观看淫秽书、画、录像片等淫秽制品及浏览黄色网站者，给予严重警告至记过处分。

（三）从事色情活动者，给予留校察看以上处分。

（四）制作、传播淫秽、反动音像制品者，给予开除学籍处分。

（五）调戏、侮辱或以其他方式骚扰他人者，视其情节给予警告以上处分。

（六）其他违反大学生行为准则的行为，情节严重，影响恶劣的，给予记过以上处分。

第十九条 以现金或其他物品为赌注，进行任何形式赌博者，给予下列处分：

（一）聚众赌博或为赌博提供场所、交通工具者，视情节轻重给予留校察看或开除学籍处分；

（二）参与赌博者，给予严重警告或记过处分。

学生的上述行为应当受到治安处罚或刑事处罚者，移交公安或司法机关处理。

第二十条 擅自旷课、上课迟到、早退者，按下列规定处分：

一学期累计旷课达 10 学时者，给予警告处分；达 20 学时者，给予严重警告处分；达 30 学时者，给予记过处分；达 40 学时以上者，给予留校察看处分。上课迟到、早退者三次折算为旷课 1 学时。

（注：迟到或早退超过十五分钟，按旷课一节计算处理。）

第二十一条 利用计算机网络侵害公私利益者，按下列规定处分：

（一）制作、输入，或故意传播计算机病毒以及其他破坏性程序者，视其情节给予严重警告直至开除学籍处分。

（二）非法侵入计算机信息系统或者破坏计算机信息系统功能、数据和应用程序者，视其情节给予严重警告直至开除学籍处分。

（三）利用计算机网络引发泄密事件，造成不良后果的，视其情节给予记过直至开除学籍处分。

（四）利用网络传播不利于安定稳定的信息及有悖于公德信息者，视情节给予严重警告直至开除学籍处分。

（五）其他利用计算机网络侵害公私利益者，视情节给予严重警告直至开除学籍处分。

第三章　处分的权限和程序

第二十二条　学院成立分别由学院、系、职能部门领导及教师、学生代表7~11人组成的学院学生违纪处分委员会。各系应尽快查清事实，提出处理意见，并附上相关材料送学生工作处。学生工作处核实后拟出处分意见，留校察看以下含留校察看意见的由院分管领导召开学生违纪处分委员会决定，对给予开除学籍处分意见的报院务会议研究决定。

第二十三条　学院在对学生做出处分决定之前，应当按正常程序听取学生或者其他代理人的陈述和申辩（违纪事实明确的，违纪学生本人申请简易程序），并告知学生申诉程序及期限；学院对学生做出处分决定书，该处分决定书应当包括下列内容：

（一）学生的基本信息；

（二）作出处分的事实和证据；

（三）处分的种类、依据、期限；

（四）申诉的途径和期限；

（五）其他必要内容。

第二十四条　处分按下列规定执行：

（一）警告、严重警告、记过、留校察看处分，由各系查清事实，提出处理意见，并附上相关材料送学生工作处。学生工作处核实后拟出处分意见，提交院学生违纪处分委员会审理、决定。

（二）开除学籍处分由学院学生违纪处分委员会对学生违纪行为进行初审，报院务会议研究决定。

第二十五条　学生违法、违纪事件发生后，学生所在系原则上应在10个工作日内查清事实，随同相关材料提交学生工作处，学院召开违纪处分委员会会议，做出处分决定。

第二十六条　学生受到留校察看以上处分后，按下列规定执行：

（一）留校察看处分的察看期、延长期限均为12个月，延长期满仍不符合终止察看条件的，给予开除学籍处分。察看期自违法、违纪发生次日起计算，延长期自原察看期满次日起计算。毕业班学生受到留校察看处分，察看期至该生学籍保留期满。在留校察看期内休学的，留校察看期不包含休学时间。有立功表现或显著进步者，可申请提前终止处分，但原则上只能提前3个月；经教育不改或在留校察看期间又有违纪行为者，给予延长察看期或开除学籍处分；

（二）凡受开除学籍处分的学生，应于处分决定宣布之日起10个工作日内办理完离校手续。逾期不办理者，由该学生所在系负责登报申明其学生证、借书证、医疗证等校内一切有效证件作废。学生按学校规定期限离校，档案由学校退回其家庭所在地，户口按照国家相关规定迁回原户籍地或者家庭户籍所在地。

第二十七条 处分的存档、送达及申诉：

（一）凡受处分者，处分决定必须存入受处分学生的个人档案中。

（二）处分决定必须在生效之日起5个工作日内由受处分学生所在系辅导员或有关领导面交受处分学生，并由受处分学生在存档的处分决定上签名。如受处分学生拒绝签收的，以留置方式送达。因特殊情况无法交给受处分学生本人的，应将处分决定邮寄给受处分学生本人，并将交寄凭证及有关记录（要有二名以上证人证明）存档，或将处分决定以公告形式公布并拍照存档。

（三）受处分学生所在系辅导员或有关领导将处分决定面交受处分学生时，如受处分学生拒绝签名，送达者应做好记录（要有二名以上证人证明）并存档。

（四）受处分学生如对所受的处分有不同意见，可在处分决定送达之日起10个工作日内向学院学生违纪处分委员会或学院学生工作处提出书面申诉。学院学生违纪处分委员会在接到书面申诉之日起15个工作日内，对学生提出的申诉进行复查和作出复查决定，并告知申诉人。学生对复查决定有异议的，在接到学院复查决定书之日起15个工作日内，可以向我省教育主管部门提出书面申诉。超过以上期限的，学院学生违纪处分委员会、福建省政府教育行政部门不再受理学生申诉。受处分学生对处分决定不服的，可依《中华人民共和国行政诉讼法》向人民法院提请行政诉讼。

（五）学生违纪处分委员会的操作细则根据《福州软件职业技术学院学生违纪处分委员会审理程序》执行。

第四章 附 则

第二十八条 本规程中的"从轻处分"是指在规定的处分幅度内，对违纪学生适用相对较轻的处分；"减轻处分"是指在违纪学生应该适用的处分幅度的最低限度以下处分；"从重处分"是指在规定的处分幅度内，对违纪学生适用相对较重的处分；"加重处分"是指在违纪学生应该适用的处分幅度的最高限度以上处分。

第二十九条 本规程没有列入的违纪行为，确应给予处分的，可比照本规程相近条款给予处分。

第三十条 本规程由院学生工作处解释。

第三十一条 本规程自2017年9月1日起执行。原颁布的规定同时废止。其他有关文件与本规定不一致的，以本规定为准。

福州软件职业技术学院违纪处分委员会审理程序（修订）

第一章 总则

第一条 为规范学院学生违纪处分制度，保证学生违纪行为得到公正合理的处理，维护学生的合法权益，根据《中华人民共和国教育法》、《普通高等院校学生管理规定》、《福州软件职业技术学院学生违纪处分规程》及遵照"以人为本，依法治校，程序公开，按章办事"的原则，特制定本程序。

第二条 本学院学生因违纪受到纪律处分依照本程序进行。

第三条 学生违纪处分审理除涉及国家秘密及个人隐私的情况外，一般应公开进行，但必须尊重社会道德准则与当事学生的民族习惯。学生及其监护人可以提出不公开审理的书面请求，由违纪处分委员会决定审理形式。

第四条 学院学生违纪处分的正常审理程序，原则上必须在事件发生后的十个工作日内，在不影响学生课程学习的合理时间、合理地点进行，必须全面、公正地听取当事人的陈述合申辩。

第五条 学生违纪处分审理使用标准语言为普通话。学院为不懂普通话的学生监护人免费提供翻译。

第六条 学院管理部门有权对审理活动进行监督。

第二章 机构及人员组成及指责

第七条 设立院学生违纪处分委员会。学院学生违纪处分委员会主任委员、副主任委员由学院领导担任，委员由学生工作处、教务处、团委等部门和各系代表，以及法律顾问、教师代表、学生代表7至11人组成，其中学生代表原则上必须为在任学代会代表；学院学生违纪处分委员会委员原则上任职期为三年。

第八条 院学生违纪处分委员会享有以下职权和职责：

（一）制定、修改《福州软件职业技术学院学生违纪处分规程》、《福州软件职业技术学院学生违纪处分委员会审理程序》，提请学院党政会审议通过；

（二）监督、检查、指导系学生违纪处分委员会的审理工作；

（三）对学生重大违纪事件进行调查、取证、审理；

（四）对留校察看处分做出处理决定，对开除学籍处分提出处分建议，提请院务会研究决定；

（五）对受记过以上处分的学生的申述进行复查，做出复查结论。

第九条 学生违纪处分委员会主任委员、副主任委员履行以下职责：

（一）主持学生违纪处分委员会审理过程；

（二）决定并宣布中止、延期、终止或结束审理；

（三）维护会议秩序，对违反纪律的行为予以制止；

（四）对审理会议记录进行审核；

（五）宣布审理结果。

第十条 学生违纪处分委员会职责：

（一）负责对学生违纪事件开展会前调查、取证，形成书面报告；

（二）出席审理会议，对当事人或当事人代理人的违纪事件自述进行补充、询问、说明、开展会议调查；

（三）回答当事人的提问；

（四）承担会议安排的其他义务。

第十一条 当事学生的权利与义务：

（一）有权书面申请选择正常程序或简易程序审理；

（二）有权申请审理会议不公开进行；

（三）有权核对会议笔录，请求修正笔录中的错误记录；

（四）允许查阅事件相关材料；

（五）有如实陈述其所知道的违纪事件情况的权利和义务，有权拒绝回答与事件无关的提问；

（六）有权参加或委托1~2人代理参加会议，进行陈述与申辩，也可申请回避；

（七）无民事行为能力或者限制民事行为能力的学生，由其监护人作为法定代理人参加，享有同等的权利和义务；

（八）申请参加或委托代理人参见会议，必须按时出席，遵守会场纪律。未经申请，不参加会议者，作为自动弃权处理；

第十二条 学生违纪处分委员会享有以下职权和职责：

（一）对被处分学生的申诉进行复查，做出复查结论。

（二）作出复查结论后，未改变原处分决定的，应直接告之申述人并抄送相关部门；如需改变原处分决定的，提交学院或学院相关部门重新研究决定。

第三章 参加审理会议人员组成

第十三条 学生违纪处分委员会审理会议必须有主任委员或副主任委员及三分之二以上委员参加。

第四章　违纪处分委员会会议议程

第十四条　学生违纪处分委员会必须提前三天，将《学生违纪处分委员会审理会议告知书》送达当事学生本人，告知权利及义务，对于违纪情节严重者，可邀请其监护人参加。必要时，《学生违纪-处分委员会审理会议告知书》可以公告张贴。

第十五条　当事学生及其监护人收到《学生违纪-处分委员会审理会议告知书》后，可以依据本规定在二日内向学生违纪处分委员会提出对留校察看及以下处分选择正常程序或简易程序审理，审理会议不公开进行或委托他人代理参加会议的书面申请。

第十六条　学生违纪处分委员会审理会议正常议程：

（一）会议主持人宣布会议开始，宣布会议纪律，介绍参加会议委员情况，本次会议事件调查委员、书记员情况、征询学生当事人是否有申请回避对象；

（二）学生当事人或委托他人叙述违纪情况、原因；

（三）事件调查委员对当事人或当事人代理人的违纪事件自述进行补充、询问、说明、开展会议调查；

（四）委员发言，帮助违纪学生分析所犯错误的危害性，综合分析违纪是否有客观原因、该生平时学习、表现情况、对错误认知、悔改意愿情况，根据《福州软件职业技术学院学生违纪处分规程》有关条款提出处分等级建议；旁听的师生可申请发言，旁听师生的意见供委员决策参考；

（五）学生本人最后陈述意见，查阅会议笔录，并签字盖章；

（六）委员根据大家提议的处分等级建议，实行不记名投票表决；

（七）会议主持人宣读表决结果，做出对违纪学生的处分决定或建议；

（八）参加会议的委员，查阅会议笔录，并签字盖章；

（九）形成学生违纪处分决定或建议文件；

第十七条　学生违纪处分委员会审理会议简易议程：

（一）对于《福州软件职业技术学院学生违纪处分规程》已规定明确的属于留校察看及以下处分的违纪行为，经违纪当事人申请，学院学生违纪处分委员会主任委员或副主任委员批准，启动简易程序审理；

（二）指派委员对学生违纪事件开展调查、取证，审查处理记录；

（三）有三分之二以上的委员签署同意意见，学院违纪处分委员会主任委员签发；

（四）形成学生违纪处分决定文件。

第五章　送达及申诉

第十八条　处分文件必须依据《福州软件职业技术学院学生违纪处分规程》有关程序送达当事人，并办理相关手续，处分文件归入学生档案。

第十九条 以非实名制（公布学号+姓名××）在宣传栏、网络上公布处分决定。

第二十条 当事人对处分决定不服，在处分决定下达5日内向学院学生申述处理委员会提出书面申诉，亦可于15日内向福建省教育主管部门提出书面申诉或向人民法院提请行政诉讼。

第二十一条 学生申述处理委员会接到被处分学生书面申诉后，必须对有关事件展开重新调查，申诉合理，应予复议，调查结果及结论一般在事务日内给予当事人书面回复，特殊情况给予说明。

第六章 其 他

第二十二条 本审理程序自2017年9月1日起执行，由学生工作处负责解释。

福州软件职业技术学院学生申诉处理办法（试行）

第一章 总 则

第一条 为保障学生的合法权益，根据《普通高等学校学生管理规定》等有关法律、法规，结合学院实际，制定本办法。

第二条 本办法所称的申诉，是指学生对学院做出的涉及本人的处理决定不服，向学院提出意见和要求。

第三条 本办法适用于具有我校正式学籍的全日制普通在校接受学历教育的学生。

第四条 学生坚持诚实、严肃、认真的原则提出申诉；学院坚持公开、公正、实事求是和有错必纠的原则处理学生的申诉。

第二章 机构组成和职能

第五条 学院成立学生申诉处理委员会，负责日常受理申诉、调查收集有关证据、宣布申诉处理决定等事宜。申诉处理委员会下设办公室，办公室设在学生工作处，负责处理日常事务；申诉处理委员会办公室有权要求各系、各职能部门对申诉过程中的审核调查工作予以协助和配合。

第六条 学生申诉处理委员会设主任1人，由分管学生工作的学院领导担任，副主任1人，由学生工作处处长担任。委员由学院相关负责人、职能部门负责人、教师代表、学生代表、负责法律事务的相关机构负责人等组成，可以聘请校外法律、教育等方面专家参加。

第七条 申诉处理委员会的职能：（一）受理学生申诉；（二）就学生申诉的问题进行复查或听证；（三）作出处理决定或建议。

第三章 处理申诉的工作程序

第八条 申诉处理程序由提出申诉、受理申诉、复查、作出复查结论并告知申诉人等环节组成，依次进行。

第九条 学生对学院做出的涉及本人的下列处理决定有异议，可向学院学生申诉处理委员会提起申诉：

（一）取消入学资格；
（二）退学处理；
（三）违规、违纪处分；
（四）法律、法规规定可以提起申诉的其他处理决定。
学生已向省教育厅等教育主管部门提出申诉或已向法院起诉的不在受理范围。

第十条 学生对处理决定有异议的，须在接到处理决定书之日起10日内向学院学生申诉处理委员会提出书面申诉，直接送达申诉处理委员会办公室。若在规定时间内未按要求提出申诉申请的，视其同意学院的处理意见，申诉处理委员会将不再受理其申诉。

第十一条 学生提出申诉时，应当向学院学生申诉处理委员会递交申诉书，并附上学院做出的处理决定（复印件）。申诉书应当载明下列内容：
（一）申诉人的姓名、班级、学号及其他基本情况，联系方式；
（二）申诉的事项、理由及要求；
（三）申诉人签名或盖章，提出申诉的日期。

第十二条 对学生提出的申诉，学院学生申诉处理委员会应当在接到申诉书之日起三个工作日内，区别不同情况作出如下处理：
（一）予以受理，同时告知申诉人；
（二）申诉材料不齐备的，限期补齐。过期不补齐的视为撤诉；
（三）不予受理，同时以书面的形式说明理由，告诉申诉人。

第十三条 对决定予以受理的申诉，学院学生申诉处理委员会应当在做出受理决定后立即启动申诉的处理程序。如遇特殊情况学院学生申诉处理委员会延期办理申诉事项，应书面向申诉人说明理由。

第十四条 除申诉人撤回或中途中止申诉等情形外，应在接到申诉书后的15日内，做出复查结论并告知申诉人。情况复杂不能在规定期限内做出结论的，经学院负责人批准，可延长15日。如需改变原处理决定的，学院学生申诉处理委员会认为必要的，可以建议学院暂缓执行有关决定。

学生申诉处理委员会经复查，认为做出处理或者处分的事实、依据、程序等存在不当，可以作出建议撤销或变更的复查意见，要求相关职能部门予以研究，重新提交院长办公会作出决定。学生申诉处理委员会以书面形式向学院提出重新研究处理决定的建议。

第十五条 申诉处理决定意见必须获学院学生申诉处理委员会到会成员三分之二（含三分之二）以上人员同意方为有效，同时委员会成员三分之二（含三分之二）以上到会方可开会。

第十六条 学生对申诉处理决定有异议的，在接到学院申诉处理决定书之日起15日内，可向省教育厅提出书面申诉。学生在申诉期内未提出申诉视为放弃申诉，学院不再受理其提出的申诉。

第十七条　处理、处分或者复查决定书未告知学生申诉期限的，申诉期限自学生知道或者应当知道处理或者处分决定之日起计算，但最长不得超过6个月。

第十八条　学生认为学院及其工作人员违反本规定，侵害其合法权益的；或者学院制定的规章制度与法律法规和本规定抵触的，可以向学院所在地省级教育行政部门投诉。

第十九条　学院学生申诉处理委员会组成人员与申诉人有利害关系的应当回避，当事人也有权申请回避。

第二十条　对违纪处分和学籍处理提出申诉的，在申诉期间原处理决定继续有效。

第四章　附　则

第二十一条　每起违纪事件申诉或听证次数限为1次。

第二十二条　本办法由学院学生申诉处理委员会办公室负责解释。

福州软件职业技术学院奖学金管理规则

第一章 总 则

第一条 为了全面贯彻党的教育方针，鼓励学生勤奋学习、积极进取、勇于创新，并充分发挥学生的特长，促进德、智、体全面发展，培养合格的社会主义事业的建设者和接班人，特修订本规则，以规范奖学金的管理和评定工作。

第二条 福州软件职业技术学院奖学金分为优秀学生奖学金、单项奖学金。

1. 优秀学生奖学金用于奖励德智体全面发展、品学兼优学生。
2. 单项奖学金用于鼓励学生充分发挥自己特长。

第二章 组织管理

第三条 学院成立奖学金评定委员会（以下简称"院奖评会"），由学院分管领导、学生处处长、系分管学生工作副书记、辅导员、学生代表共同组成。由院奖评会根据本规则，制定相应评定细则并组织实施评定工作，负责奖学金评定、公示及解释、咨询与发放等工作。

第四条 奖学金评定工作按以下程序进行：根据评定标准由本人申请（或他人推荐）→班级评议→辅导员（系党总支副书记）核实→院奖评会审核→全院公示→印制颁发荣誉证书（制表发放奖学金）。

第五条 获得优秀学生奖学金的学生必须填写《学院奖学金申请表》，经审批签章后存入学生的个人档案。《奖学金证书》由学院统一编号印制，并在学院网站进行注册实现网络查验。

第三章 优秀学生奖学金

第六条 优秀学生奖学金设立一等奖、二等奖、三等奖。

1. 一、二、三等奖分别占学生数的3%、5%、12%。
2. 奖学金金额：一等奖1 000元/学年，二等奖500元/学年，三等奖200元/学年。

第七条 优秀学生奖学金的评定以学生每学期的综合素质测评成绩从高到低的排序为主要依据，以每学期各门课程学分（学习）成绩为评定条件。

凡有下列情况之一者，无资格申请奖学金：

1. 留校察看期间或本学期内因违纪受到行政处分者；
2. 本学期本专业修习课程有不及格者；
3. 其他由学院通过的实施细则确定的不符合获奖条件者。

第八条　优秀学生奖学金评定标准：

1. 一等奖学金：（1）学期综合测评名次在全班学生中居前3%。（2）学期的学分成绩（指学期修习的所有课程，包括各类选修课的学分成绩）在80分以上，学分成绩排列在同年级同专业（班级）的前10%，单科成绩不低于70分。（3）凡教学计划规定的教学实习实训和职业技能课程的考核成绩应在良以上。

2. 二等奖学金：（1）学期综合测评名次在全班学生中居前8%。（2）学期的学分成绩（指学期修习的所有课程，包括各类选修课的学分成绩）在75分以上，学分成绩排列在同年级同专业（班级）的前20%，单科成绩不低于60分。（3）凡教学计划规定的教学实习实训和职业技能课程的考核成绩应在及格以上。

3. 三等奖学金：（1）学期综合测评名次在全班学生中居前20%。（2）学期的学分成绩（指学期修习的所有课程，包括各类选修课的学分成绩）在70分以上，学分成绩排列在同年级同专业（班级）的前40%，单科成绩不低于60分。（3）凡教学计划规定的教学实习实训和职业技能课程的考核成绩应在及格以上。

注：以上评定标准中，单科成绩可视其所修课程修习难易程度，由班级两委提出适度调整的评定标准，经辅导员审核并报院奖评会审批。

第九条　优秀学生奖学金每学期评定一次。学生综合素质测评须在本学期末（学生放假前）完成；奖学金的评定和发放工作一般在下个学期开学后两个月以内完成。

第四章　单项奖学金

第十条　单项奖学金是为了鼓励学生充分发挥自己特长而设立的。单项奖学金可包括社会工作奖、文体活动奖、学科竞赛优秀奖、科研成果奖、外语优秀奖等。单项奖学金总额不高于奖学金总额的5%。学生参加国家、省级单位组织的活动并获奖，学院配套给予奖励。

第五章　附　则

第十一条　学生在校期间的品德操行（课外素质教育）及综合素质测评由院奖评会另行制定相关细则，并组织实施。

第十二条　本规则2011年9月1日修订并执行，由院学生处负责解释。

福州软件职业技术学院学生宿舍使用计算机及上网管理规定（修订）

为了加强我院学生宿舍的计算机管理，维持学生正常的学习生活秩序，保证学生能够更好地利用学校的网络资源，特制定本规定。

第一条 学生在宿舍内使用计算机，主要用于进行教学、科研、管理、服务和学习，其使用对象必须为本校在籍住校学生，严禁私自跨宿舍进行计算机联网或在公共网络上私拉乱接。

第二条 必须按照《学生手册》等，严格遵守网络礼仪和道德规范，不得使用宿舍网或通过使用宿舍网从事危害公共安全、损害公众利益、侵害他人正当权益、窃取或泄露他人秘密等不道德活动；不得制作、传播计算机病毒程序，也不得复制、发布、传播以下信息：

（一）违反四项基本原则，煽动颠覆国家政权，推翻社会主义制度；

（二）煽动分裂国家、破坏祖国统一；

（三）损害国家利益，危害国家安全；

（四）煽动民族仇恨、民族歧视、破坏民族团结；

（五）捏造或歪曲事实，散布谣言，扰乱社会秩序和校园秩序；

（六）宣扬封建迷信、淫秽、色情、暴力、恐怖、赌博以及教唆犯罪等；

（七）公然侮辱他人或捏造事实诽谤他人；

（八）其他违反宪法、法律和行政法规的网络行为；

第三条 宿舍计算机必须按照宿舍内务卫生标准等机关规定摆放整齐、统一美观；不得因为计算机影响整个宿舍的室容室貌。

第四条 学生宿舍内使用计算机必须严格遵守消防与安全相关规定，严禁"人走机开"的现象发生。所有宿舍楼内的网络设备（包括光纤、交换机、设备箱、网络插口等）均属公共财产，其安装、维护等操作由网络中心工作人员和学生公寓网络维护小级进行，其他任何人不得打开、维修和破坏。

第五条 学习期间，学生不得留在宿舍使用电脑，做与学习无关的事。除按考勤相关规定处罚外，首次发现者给予口头警告；第二次发现者，责令其做书面检讨；第三次发现者，给予通报批评；屡教不改者将给予纪律处分。

第六条 学生应保管好自己的笔记本电脑等上网设备，学校不对住宿人员的电脑等设备承担保管责任

第七条 本规定自2017年9月1日起执行，由福州软件职业技术学院学生工作处负责解释。

福州软件职业技术学院学生宿舍管理规定（修订）

　　学生公寓是学生在校期间学习、生活、休息的公共场所。为了维护学生公寓正常的学习、生活秩序，营造整洁、健康、文明、和谐的学生公寓环境，充分发挥学生自我教育、自我管理和自我服务的主观能动作用，根据教育部关于高校学生住宿管理的相关规定，结合学校实际情况，特制定本规定。

　　一、学生入住宿舍，由学院与校区物业部统一安排，未经许可不得变动房间床位，违者按学生宿舍管理有关规定处理，住校生宿舍内务由各专业为主负责全面管理。

　　二、住校生应遵守宿舍管理有关规定，按时起床、按时返宿，讲文明、讲道德、讲礼貌、爱护公物和设施，做到人人有责，搞好爱国卫生。

　　三、每天起床后必须及时整理好内务，叠放好被具，打扫寝室卫生，保持床铺、桌面、书垛、地板整齐干净。每天要有人值日，保证寝室整洁干净，每周进行一次全面卫生大扫除，禁止在门口堆放垃圾。

　　四、遵守社会公德，保持宿舍内外环境卫生整洁。不随地吐痰和乱丢果皮纸屑等。严禁向窗外泼水扔杂物，走廊、水槽严禁倾倒剩饭菜、茶叶等。不得在宿舍楼内的墙上乱涂乱画和焚烧纸（信）等物品。杜绝"白色污染"，禁止将任何快餐带进宿舍楼。

　　五、学生宿舍按规定配齐家具、照明设施，不准任何人随意拆搬变动。

　　六、住校生应做好安全保卫、防火、防盗工作。来客必须到楼管处登记并经批准方能入内，离开时，必须办理注销手续，严禁留宿外来人员过夜。自觉遵守学生宿舍安全和用电管理规定，严禁学生私自乱拉电线、网络线和安装插座，严禁使用充电式应急灯、床头灯、微风扇、电热棒、电热杯等大功率电器和液化气炉等易燃易爆物品、严禁点蜡烛、蚊香等明火行为。违者将按有关规定处理。

　　七、要保持宿舍安静，不得高声喧闹、吹拉乐器、开放高音喇叭，以免影响他人学习和休息，违者批评教育并停电处罚。严禁在宿舍楼内经商摆摊和招呼商贩进楼等其他活动。不许在宿舍楼内踢打球，违者没收球具。

　　八、学生宿舍的家具、照明等设施和资产要爱惜，不得擅自搬移或调换。使用过程中的正常损坏，可向物业报修，人为损坏和丢失要追究当事人责任并照价赔偿。

　　九、学生宿舍是学生学习、休息、社交活动场所，应积极开展文明宿舍活动，要争创文明宿舍。

　　十、严禁爬窗、爬阳台、爬栏杆等危险行为，有事请找宿舍管理人员。

　　十一、严禁在校区（包括生活区、教学区以及公共场所）携带或饲养宠物。

十二、学生公寓门禁制度

1. 加强学生宿舍安全保卫工作，维护学生宿舍正常生活秩序，根据教育部有关规定，学生宿舍实行门禁制。

2. 为了不影响学生学习和休息，未经公寓管理人员同意不得进入异性宿舍。

3. 寝室作息时间

学生宿舍晚熄灯休息时间为23：00，23：00后归寝学生视为迟归。

23：00后，进入公寓楼的学生必须出示证件并在楼管处进行登记，由思政辅导员定期查看记录，加强对熄灯以后出入公寓楼学生的教育管理。

23：00后，如学生有特殊原因需离开学生公寓不能按时归寝，学生本人必须向辅导员请假，获得书面批准后方可离开学生公寓。

4. 公寓楼管理人员对来访者，应认真验证，坚持原则，发现可疑情况应及时报告，妥善处理，并做好记录。凡因执行公务者进入学生宿舍，需出示有效证件。

十三、星级文明宿舍建设评比

"文明宿舍"建设是宿舍文化建设工作的重要体现，"文明宿舍"每学年评选一次，按照高标准、严要求的原则，学工处将加强管理和指导，努力使学生公寓文明水平大幅提高，突出体现学生公寓的育人功能。

1. 文明宿舍标准

项目	具体要求	分数
团结互助	能互帮互学，互敬互爱，个人活动不影响他人学习和休息，年度内没有不团结问题发生	10
卫生	宿舍内环境整洁，集体、个人卫生好，宿舍卫生成绩按百分制打分，按比例进行计算	40
坚持作息制度	严格遵守作息时间，正课时间不无故在宿舍内睡觉，无夜不归宿或无故晚归现象发生	10
文化建设	墙壁装饰文明健康，简洁淡雅，无低级庸俗和封建迷信画面，无乱贴乱画乱写乱挂现象	10
行为语言	言行文明规范，无打架斗殴、赌博、起哄、打闹现象，不留宿外来人员，学习风气良好	10
公共财物保护	宿舍内墙壁、暖气、外墙保温材料保持良好，床、书桌、书架、放衣柜无人为破坏现象	10
安全防范	能认真执行福州软件职业技术学院公寓安全管理规定，无责任事故发生	10

2. 星级文明宿舍评定

（1）七项指标总计100分，95分以上为优秀，90～94分为良好，85～89分为合格，84分以下为不合格。此分数作为每个宿舍成员的成绩，纳入评奖评优体系。

（2）有以下问题之一者，取消星级宿舍评选资格：

①宿舍成员学年度内有严重不团结问题；
②学年度内宿舍卫生月平均成绩在90分以下或年平均成绩在92分以下；
③在宿舍内乱写乱画，张贴低俗或封建迷信画页；
④有打架斗殴、酗酒、赌博现象；
⑤私自留宿异性或外来人员；
⑥无故夜不归宿1次或无故晚归3次以上；
⑦私接和违章使用电器；
⑧扰乱公寓楼内公共秩序，造成不良影响；
⑨故意损坏公寓楼内公共设施；
⑩不服从管理，与管理人员顶撞，言行不文明。

（3）学生宿舍卫生标准

项目	具体要求	分数
床铺整洁	床铺整洁，床面无杂物，被褥摆放整齐，床下生活用品摆放一致，符合要求	30
墙壁卫生	墙壁干净，墙角无蜘蛛网，无乱钉乱挂乱写乱画现象	10
门窗灯具卫生	门窗框、玻璃干净，上面无积尘；窗台物品摆放整齐有序，门外无垃圾杂物摆放，灯管、灯架、电扇干净	10
桌凳书桌衣柜	桌、凳、书架、衣柜等表面干净，摆放合理、整齐，书架上物品摆放有序	15
地面干净	地面干净，无积水、纸屑、果皮杂物	15
整体印象	宿舍整体环境干净，物品摆放符合要求，整齐统一，室内文化设计高雅和谐	15

（4）宿舍卫生评定

自律部组织相关人员对学生宿舍每周进行一次全面检查，检查结果进行登记并公示。学工处根据各楼每周所查成绩在学年末进行全校总评，总评结果作为星级文明宿舍评选条件之一。

3. 奖励

学年末，分数达到"星级宿舍"标准的，将在宿舍门上挂星，以示荣誉。并于期末按有关标准给该宿舍课外素质加分。

十四、住宿生申请走读的，必须在每学年第二学期末前根据要求提交申请并办理有关手续。走读生需要住宿舍的，在新生报到一周后提出申请。申请变更均须经学院领导的审批。

十五、毕业生离校，应按规定办理离校手续，清点移交家具资产，损坏家具公物照价赔偿。毕业生应在办理离校手续后按通知要求按时离校。"离校待考"学生参照毕业生办理相关手续和离校。

十六、本规定自公布之日起执行。

福州软件职业技术学院学生申请走读及管理若干规定（修订）

为了规范学生办理走读申请手续，加强对走读学生的教育和管理，维护学校正常的教学和生活秩序，促进学生德、智、体全面发展，根据学校学生管理有关规定，结合我院实际情况，特制定学生申请走读及管理有关规定，具体内容如下：

一、凡全日制学生在校学习期间原则上应按学校安排集中住宿、统一管理。

二、户籍在福州市鼓楼区，家庭居住处离学校较近，有直达公交车到学校，不影响正常学习的学生，经本人申请，家长担保，并出具市区户口簿、个人身份证复印件和社区居委会证明，向学院提出走读申请，经批准后方可走读。

三、户籍在福州市非鼓楼区的学生原则上应按学校安排集中住宿、统一管理，若有以下特殊情况，可申请走读，申请手续与户籍在福州市鼓楼区的学生一样办理。

1. 患病，经二级甲等以上医院证明无法住校的情况。
2. 直系亲属患病，父母需要照料，但无法亲自照料，须由学生本人与患者同住，对其进行照料的情况。

四、申请和办理走读手续的程序：

1. 由申请人提出书面申请，经系批准后填写《福州软件职业技术学院走读学生申请审批表》。
2. 申请人按照要求如实填写《申请表》中相关内容。
3. 申请人所在系部辅导员，必须与申请人家长面谈并签署有关意见，认真核实情况后由系主管负责人员签署意见。需核实的情况包括：

（1）申请人申请走读的理由是否属实；
（2）确认申请人父母身份，确认申请人父亲（或母亲）是否亲自来学院担保；
（3）申请人校外住宿地点是否属实，住宿环境是否良好；
（4）住宿所在地与学校之间是否交通便利、安全；
（5）其他需要核定的内容。

4. 由学生工作处核实签署学生工作处意见，并加盖学生工作处公章。
5. 学生凭《申请表》到学院主管领导处签署意见，并到财务处办理退费手续。

五、走读学生不得在校外租房住宿，违者视情节轻重，给批评教育和纪律处分，对经教育坚持不改者，加重处分直至开除学籍。

六、批准在校外住宿的走读生，如需回校住宿，须重新办理公寓入住手续。

七、走读学生须积极参加院、系、班级组织的集体活动，无故缺席者按旷课处理。

八、走读学生不在校期间也应遵纪守法，注意安全，若出现安全问题，后果由学生本人及家长自负。

九、各系部要采取切实措施，加强走读学生的思想政治和品德教育，主动关心他们的学习和生活，建立广泛的联系和走访制度，由辅导员负责定期联系，各系部应每学期向学生处反馈校外住宿学生的有关情况。

十、本办法自颁布之日起施行，由学工处负责解释。

福州软件职业技术学院学生考勤管理办法（修订）

为维护学校正常教学、生活秩序，规范学生请假、销假行为，保障广大学生顺利完成学业，制定本办法。

第一条 除节假日外，学生应当参加学校规定的教学活动，未经批准，不得擅自离校。寒暑假期间，学生应当按学校规定的日期离校、返校。学生在校期间实行考勤制度。

第二条 除特殊情况另行通知外，学生需准时参加培养计划规定的和学校统一安排组织的活动。上课、实训、实习、毕业设计（论文）、军训、形势任务教育以及规定参加的会议都实行考勤。因病因事不能参加者，必须履行请假手续，否则以旷课论处。

第三条 学生请假应事先办理手续，凡因病或其他正当事由，不能参加学校安排的学习、活动，或离开学校，或夜间不能返回宿舍住宿，须事先提供有关证明，办理书面请假手续，经批准后，方可离校。学生因病请假，一般须出具二级甲等以上医院证明。

第四条 请假学生必须填写请假条，注明事由、起止时间、外出目的地及有效联系方式，并由审批人签字。

第五条 考勤方法：

一、考勤表由学工处印制，各系负责实施对本系学生的具体考勤。各班考勤班委每周一到所在系办公室领送考勤表。学生考勤表由班级考勤班委保管，不得遗失。如遗失，要及时到所在系补领一份考勤表，写明原因。如果个别学生有意拿走，各系应通过辅导员调查，视其情节轻重给予教育或处分。

二、学生课堂考勤由班级考勤班委于每节上课考勤并由任课教师签字。

三、每一节课迟到、早退15分钟以上者，一律按旷课一节处理，迟到或早退累计三次按旷课一学时处理。

四、有晚自习的，由值班老师带领值班学生干部负责考勤，各班考勤班委必须如实向当班老师汇报考勤情况，如有请假的应由班级考勤班委出示完备的请假条，否则，以缺勤处理，后补无效。不参加规定晚自习的，一次按旷课一节计算，依此类推。

五、升国旗仪式、全院学生大会及其他大型活动由各系组织各班纪检委员考勤，学生工作处进行抽查。各系组织的会议、劳动和其他活动由各班纪检委员考勤后送所在系，考勤结果作为班级、个人评优依据之一。

第六条 请假、销假制度：

一、学生请病假或住院须提供书面请假手续并附有学校医务室或其他医疗单位诊断书及收费单据复印件。

二、学生参加由学校组织的各类重大活动，与上课时间冲突需请假的，由组织者提出书面请假申请和相关证明，组织者负责通知学生所在系辅导员，报备教务处并转告任课教师。

三、请假审批手续：学生请假1天以内，提出书面申请并经辅导员审批；1天以上3天以内，提出书面申请辅导员签注意见并经系党总支副书记审批；3天至7天，由系党总支副书记签署意见后，经学生处处长审批后备案；7天以上，报送主管院长审批。

四、寒暑假后以及请假期满后，因故不能按时返校的，均需提前通过电话等有效方式和辅导员或所在系取得联系，告知事由及返校时间，并取得续假批准，否则按旷课处理。

五、不能当面请假或请假期满有特殊情况需延期的应通过电话、传真、委托他人请假等方式请假或延假，返校后凭有关证明办理补假手续。

六、未经请假、事后补假或虽经请假但未获批准的，请假期满逾期不归或经查明延假理由弄虚作假的，均按旷课处理并由学生写出书面检查，由辅导员签署意见，经所在系研究，提出书面处理意见报学生工作处，视情节轻重给予纪律处分。

七、住宿学生在校期间不得在外留宿，若有特殊情况夜间不能返回学校住宿的，需提前通过电话等有效方式联系辅导员，告知事由及返校时间，否则给予警告至记过处分。

八、请假获准的期限结束时，应及时办理销假手续。如有特殊情况需续假，应办理续假手续。不销假不办理续假手续者，按旷课处理。

九、请假未获批准而离校或续假未获批准而没有按时返校者，一律按旷课处理。学校安排的学习包括课堂教学、实习、实验、毕业设计、军训、会议、参观等，未明确规定课时的，按一天6课时计，休息日按一天6课时计。

十、不允许学生将长假分段申请，如有发现，将视情节轻重予以严肃处理。

第七条 严格课堂考勤，各系每周应统计并公布考勤情况一次，如有疑义，当事学生应在公布后一周内到所在系核对。

第八条 各系每月应向学生工作处报送学生考勤统计情况表一份，每学期末向学生工作处报送班级考勤汇总表一份。每学期开学报到时的考勤情况应在开学后一周内报学生工作处。

第九条 旷课学生的纪律处分依据《福州软件职业技术学院学生违纪处分实施细则》执行。

第十条 本办法适用于学院所有取得学籍的学生。

第十一条 本办法由学生工作处负责解释。

第十二条 本办法自2017年9月1日起施行。

福州软件职业技术学院学生外出活动管理办法(修订)

为了使我院学生外出活动能够安全、有序、文明地进行,保证正常的学习、工作和生活秩序,特制定本办法。

第一条 学生组织开展活动,内容必须积极向上,有利于身心健康,自觉维护学院声誉和大学生形象;严格遵守学院各项纪律和制度,不得从事任何违法违规和不安全的活动,不得组织任何游行示威活动。

第二条 组织外出活动以"谁组织,谁负责"为原则,组织单位应对带离校园的所有人员的安全负责。任何团体在组织学生外出参观或旅游前,组织部门要有充分的计划和准备,负责人必须领取并填写《福州软件职业技术学院集体外出活动申请表》,对外出学生登记造册,将外出活动的地点、时间、带队教师、联系电话、外出活动方案、安全措施等以书面材料报学生工作处批准,附活动安全应急预案,部门负责人严格审核后批准,报学生处备案,100人以上的外出活动须经院级分管领导审批后方可进行。未经批准不得擅自组织学生集体外出活动。系以下单位组织的活动安全保卫措施不力,无安全保障的,学工处有权提出改变活动计划,情况紧急时有权责令中止活动。集体活动时,活动负责人及相关老师必须参加,共同做好组织工作。

第三条 各系、各班级或其他团体组织学生外出活动前,要对活动期间可能发生的各种安全问题进行认真调查和分析,制定安全应急预案,并确定不少于出行人数10%的安全员;同时要认真对学生进行安全教育,对活动提出具体要求,明确活动范围,不断提高学生的安全意识。外出活动的安全预案应包含以下内容:

1. 活动的主办单位或部门;
2. 活动的主要内容和形式;
3. 活动的起止时间和地点;
4. 活动赞助商名单、社会各界人员名单等;
5. 活动的组织者以及各个项目的具体负责人(责任人);
6. 活动期间的安全、卫生、车辆和人员管理、紧急疏散方案等相关具体措施;

第四条 外出活动或旅游的地点,原则上在福州地区,并于当天下午18:00前返校;原则上不允许在外住宿。

第五条 严禁组织危险性活动;严禁在雷雨天气、汛期等恶劣气候期间出行;严禁组织到危险地质状况的区域活动;严禁到江、河、湖、水库等游泳;严禁任何集体或个人以营利为目的,单独或与社会旅游经营部门联合组织学生外出旅游;活动中禁止携带易燃易爆物等危险品。

第六条　学生集体外出活动中必须严格执行社会治安、消防和交通安全管理规定，自觉服从治安管理人员的管理，确保学生外出安全。

第七条　外出用车必须使用正规渠道的车辆，与车辆单位签订运输安全协议，确保带出的人员全部安全带回，出发前检查车况，防止乘坐黑车或有安全隐患的车辆，严禁租用无牌无证车辆。

第八条　外出期间须注意个人安全，坐车时要注意随身携带的物品，避免拥挤时丢钱失物造成经济损失。

第九条　外出活动前备好药品和急救物品，如有患病者，须经医生批准后方可参加。

第十条　保证联络畅通，外出人员与在校值班人员交换联系方式，以便互相联络，回校后，必须及时向值班领导汇报外出情况。

第十一条　未经批准而组织学生外出活动，对有关负责人将进行批评教育；造成严重后果者，依照有关规定严肃处理。对因组织不力，违反本规定的造成事故或人身伤害的，由主办单位（部门）负责人承担相应责任，并视情节轻重，提请公安部门按有关规定查处。

第十二条　本制度自2017年9月1日起执行，由学生工作处负责解释，并监督实施。

福州软件职业技术学院学生心理健康咨询实施办法（修订）

第一章 总则

第一条 为深入贯彻落实教育部《关于进一步加强和改进大学生心理健康教育的意见》（教社政〔2005〕1号）和《中共福建省委教育工作委员会、福建省教育厅关于进一步加强和改进大学生心理健康教育工作的若干意见》（闽委教宣〔2009〕56号）文件精神，切实把我院大学生心理健康教育和咨询工作落到实处，使之规范化、专业化和科学化，特制定本规定。

第二条 大学生心理健康教育是学校学生思想政治工作的重要组成部分，是实施素质教育的重要措施，是促进大学生全面发展、提高人才培养质量的重要途径和手段，各级领导、全体师生员工都应重视并支持该项工作。

第三条 心理健康教育工作和心理咨询中心的主要任务是：根据大学生的心理特点，运用心理学的理论、方法和技巧，通过心理咨询和心理健康教育的形式，有针对性地对学生进行心理健康教育和指导，帮助大学生树立心理健康意识，优化心理品质，增强心理调适能力和社会适应能力，预防和缓解心理问题，帮助大学生处理好环境适应、自我管理、学习成才、人际交往、交友恋爱、求职择业、人格发展和情绪调节等方面的矛盾和困惑，提高健康水平，促进其德、智、体、美、能等方面全面发展。

第四条 心理健康教育和心理咨询工作纳入学校学生思想政治工作管理体系，由主管学生工作的校领导统管，以学生工作职能部门为主导，实行学生工作职能部门与卫生保健部门相互配合和专兼职人员相结合的工作体制。

第五条 心理咨询和心理健康教育以课堂教学、课外咨询教育指导为主要渠道和基本环节，实行课内与课外、教育与指导、咨询与自助紧密结合的心理健康教育工作网络。

第六条 心理健康教育必须坚持以辩证唯物主义与历史唯物主义为指导，以科学的心理学、教育学和医学为理论基础，防止唯心主义、封建迷信和伪科学的干扰，确保心理健康教育工作的正确方向。

第二章 工作机构

第七条 学校设立心理健康教育与咨询中心，配备专职人员作为开展心理咨询和大学生心理健康教育工作的骨干，专职编制按有关文件规定配置。

第八条 心理健康教育与咨询中心是学校组织实施心理咨询工作和心理健康教育的业务机构，隶属于校党委学生工作处，由学生工作处负责管理，同时接受福建省普通高等学校心理健康教育与咨询专业委员会的业务指导。

第九条 心理健康教育与咨询中心以服务学生、帮助大学生排解心理困扰、增强自我认识能力、挖掘自身潜力、提高大学生的心理素质、促进大学生健康成长和全面发展为宗旨。

第十条 心理健康教育与咨询中心的主要工作职责是：

（一）借助大学生心理健康教育系列课程，传授心理调适知识和方法，引导和帮助大学生树立心理健康意识，学会自我心理调适，培养良好的心理素质，提高承受和应对挫折的能力以及社会生活适应能力；

（二）开展心理咨询活动，帮助大学生排解、消除心理困惑和心理障碍，进行危机干预，预防和减少心理危机事件的出现；

（三）开展心理健康普查和心理测量，建立大学生心理档案，为学生了解个人能力、兴趣、人格、气质以及心理健康状况提供服务，为学校开展心理健康教育、团体辅导以及改进学校德育工作提供资料和依据；

（四）编印心理健康教育的有关材料，开设心理健康教育网页，建设和完善心理素质教育载体，宣传普及心理健康知识；

（五）开展心理保健工作，建立和完善学院心理咨询中心、学院心理健康教育与咨询中心、系心理辅导站、班级心理委员和宿舍信息员组成的四级心理保健网络体系；

（六）进行大学生心理问题与心理健康教育的调查研究，为学校改进和加强学生思想政治工作提供信息、对策和建议。

第十一条 心理健康教育与咨询中心既是实施心理健康教育的重要基地，也是实施素质教育的重要基地。学校应发挥其在培养提高大学生心理健康素质中的重要作用。

第十二条 心理健康教育与咨询中心要加强与各系的沟通和联系，各系要大力支持和配合心理咨询中心和大学生心理健康教育教研室开展工作，以共同促进大学生的心理健康教育和素质教育。

第十三条 心理健康教育与咨询中心要加强与各兄弟院校的心理咨询机构和其他心理学教学科研机构的联系，开展业务合作或科研与学术交流。

第三章　心理咨询服务

第十四条 心理咨询服务的主要形式有：
（一）讲授心理健康教育课程或专题讲座和报告会；
（二）个体心理辅导和团体心理辅导；
（三）电话咨询、信函咨询和网络咨询；

（四）专家现场咨询；

（五）心理健康普查与心理测量；

（六）心理健康档案；

（七）心理行为训练和团体培训；

（八）学术与科研活动。

第十五条 开展学生心理健康状况普查，建立学生心理健康档案。在新生入学的第一个学期进行心理健康状况普查（SCL—90），对有心理障碍倾向的学生及时与其辅导员沟通，进行预约咨询。

第十六条 心理健康教育与咨询中心要充分利用校内的广播、影视、计算机网络、心理健康报纸、官微、橱窗等宣传媒体和第二课堂、素质拓展活动等途径，广泛宣传、普及心理健康知识，强化学生的参与意识，提高广大学生的兴趣，陶冶学生高尚的情操，促进学生全面发展和健康成长。

第十七条 心理咨询和心理健康教育活动要坚持从实际出发，根据不同的对象采取不同的工作方式，努力增强工作的针对性、适应性、主动性和实效性。

第十八条 本办法自2017年9月1日起执行。

福州软件职业技术学院学生突发事件应急处理预案（修订）

为有效预防、及时控制和消除学生突发事件的危害，保障我院学生身心健康和生命安全，维护正常的校园秩序，营造良好的育人环境，根据学校安全工作的有关要求，结合学院实际，特制定本预案。

一、本预案所称"学生突发事件"主要是指危及学生身心健康和生命安全的突发性意外事件，如学生自杀、自残、自虐性事件，学生离校出走或失踪事件，学生打架斗殴事件，学生重大失窃事件，学生发生交通意外或其他重大恶性事件，学生宿舍发生火灾事件，学生突发性疾病、食物中毒或发生群体性流行疾病等突发性学生公共安全事件等。

二、本预案是学院处理学生突发事件的主要依据。

三、学院一旦发生学生突发事件，将立即启动应急处理预案，全力投入突发事件的处理工作。

四、学生突发事件应急处理原则是：预防为主、常抓不懈，统一领导、分级负责，及时应对、措施果断，依法办事、团结合作。

五、学院成立学生突发事件应急领导小组，由学院党委书记和分管学生工作的副书记分别任组长和副组长，领导小组成员由学生处处长和各系书记、副书记组成。领导小组下设办公室，办公室设在学生工作处。学院学生突发事件应急领导小组的主要职责：

1. 了解和掌握学生突发事件的情况，控制局面，阻止事态发展，并研究突发事件处理的具体策略；

2. 组织和协调各方面力量处理突发事件，并及时将突发事件向学校分管领导和职能部门汇报；

3. 密切配合好校医院、保卫处及当地医疗、防疫、公安等机构对事故的处理；

4. 协助相关部门做好事件的调查和善后处理工作；

5. 总结事件教训，提出整改措施；

6. 各系成立相应应急处理小组，系书记为第一责任人，负责突发事件的应急处理工作。

六、各类学生突发事件的应急处理预案。

1. 学生自杀、自残、自虐性事件的应急处理预案。

（1）学生自杀、自残、自虐性事件，知情人员除立即实施救治之外，还应及时将情况报告辅导员；

（2）辅导员获悉情况后，应立即向系副书记汇报，并在第一时间赶到现场，组织人员及时将伤员送至医务处或市区医院；学院应在 2 小时之内将情况报告学校突发事件应急指挥领导小组；

　　（3）辅导员接到报告后应及时将情况通知学生家长，并做好家长来校的接待和安抚工作；

　　（4）学院学生突发事件应急领导小组立即组织和配合有关职能部门开展调查，必要时应配合公安机关做好情况不明的案件的侦查工作。

2. 学生离校出走或失踪事件的应急处理预案。

　　（1）学生擅自离校后，知情人员应及时将情况报告辅导员；

　　（2）辅导员在获悉学生擅自离校后的情况后，应立即向系副书记汇报，同时及时进行调查了解；对去向不明的学生应立即组织查找，及时查明该学生的去向；

　　（3）在无法查明学生去向的情况下，辅导员接到报告后应在 2 小时之内将情况向学校突发事件应急指挥领导小组汇报，同时及时通知学生家长。

3. 学生打架或群殴事件的应急处理预案。

　　（1）学生发生打架或群殴事件，知情人员应及时将情况报告辅导员；

　　（2）辅导员在获悉情况后，应在第一时间赶到现场，设法稳定局势，防止事态恶化；如有人员受伤，应立即组织人员将伤员送至市区医院诊治；同时辅导员应立即将情况向系副书记汇报；

　　（3）辅导员接到报告后应在 2 小时之内报告学校学生突发事件应急指挥领导小组；

　　（4）发生学生伤亡的，学院应及时将情况通知学生家长，并做好家长的接待和安抚工作；

　　（5）学院应积极配合有关部门开展调查取证工作，尽早向目击者了解事件的真实情况，及时查清突发事件的原因和经过；

　　（6）学院应立即提出整改措施，加强对学生的思想教育。

4. 学生重大失窃事件的应急处理预案。

　　（1）学生发生重大失窃事件，知情者应在第一时间向学校保卫部门报案，同时将情况报告辅导员；

　　（2）辅导员应立即赶到现场，采取应急措施，组织保护现场；同时辅导员应立即将情况向系副书记汇报；

　　（3）辅导员接到报告后应在 2 小时之内将情况及时向学校学生突发事件应急指挥领导小组汇报；

　　（4）学院应积极配合学校保卫处和公安机关做好现场勘查和事件的调查工作。

5. 学生发生交通意外或其他重大恶性事故的应急处理预案。

　　（1）学生发生交通事故，辅导员在接到通知后，应立即向系副书记汇报，并及时与家长取得联系；

（2）辅导员接到报告后应在2小时之内将情况向学校突发事件应急指挥领导小组汇报，并积极配合医院和交警部门，做好学生的救治和事故处理工作；

（3）学院应积极配合学校突发事件应急指挥领导小组和以有关职能部门，做好学生家长的接待和安抚工作。

6. 学生宿舍发生火灾等突发事件的应急处理预案。

（1）学生宿舍发现火情后，在场人员应立即开展灭火，同时立即向学生宿舍管理中心和学校保卫部门报告；同时将情况报告辅导员；

（2）辅导员在接到通知后，应立即向系副书记汇报；立即协调学生宿舍管理中心和学校保卫部门立即组织有关人员到达现场进行灭火；当火情严重，无法自行扑灭时，应立即拨打119电话报警；同时立即采取自救措施，转移物品，打开消防通道，疏散人员，隔离电源；

（3）辅导员接到报告后应在2小时之内将情况向学校突发事件应急指挥领导小组汇报；

（4）学院应积极配合学生宿舍管理中心和学校保卫部门做好抢险灭火工作。

7. 学生急病、食物中毒或发生群体性疾病事件的应急处理预案。

（1）学生发生突发性疾病或食物中毒后，应立即报告辅导员；

（2）辅导员问明情况后，应立即与医务室取得联系，迅速组织人员将患者送至医务室救治，同时立即向系副书记汇报；学院分管领导接到报告后应在2小时之内将情况报告学校突发事件应急指挥领导小组；

（3）如学生患重大或急需转院治疗的疾病，辅导员应立即联系车辆送至市区医院；同时通知学生家长；

（4）如发现学生中发生群体性流行疾病，辅导员除立即向校分管安全领导报告外，应及早采取隔离措施，并及时向系副书记汇报；辅导员接到报告后应在2小时之内将情况报告学校突发事件应急指挥领导小组；

（5）学院应积极配合学校有关部门和当地医疗、防疫等机构做好现场消毒、取样分析等工作。

8. 心理援助与危机干预应急处理预案。

（1）学校成立心理援助与危机干预小组，小组成员由学院党委副书记、心理健康咨询中心负责人组成为心理援助与危机干预工作小组成员；

（2）每学年初建立、更新学院心理援助档案数据库，落实定期追踪和班级心理健康教育工作汇报制度（学院心理健康指导老师应对了解的有心理问题的个案主动追踪，原则上每个月各班级向学院反馈一次学生情况）；对于心理异常的学生在争得学生本人同意后交由学校心理健康教育中心提供个别咨询或联系转介到相关机构或医疗单位进行治疗；

（3）学院心理健康指导老师对于本人难以决断的疑难案件，应及时提交学校心理健康教育中心，由心理健康教育中心根据情况决定是否请专家会诊；

（4）对于有过激行为（如自杀）、突发精神障碍的个体以及其他严重影响校园稳定的危机情况，学院心理健康指导老师应尽力做好前期处理工作，并及时与学校心理援助与危机干预小组联系；并由学院负责与学生家长联系，决定最后干预方案，并将干预方案报心理援助与危机干预小组。

9. 政治敏感时期学生公共安全等突发性政治事件发生后的处理预案

（1）在校园范围内出现不利于政治稳定和具有煽动性破坏性的大小字报、标语、传单，发现人应立即揭掉并送保卫处；不能揭掉的，应保护现场并立即向学院有关部门报告。

（2）对校外个人或集体进校串联闹事的，发现人要及时向学院领导小组报告，隐瞒不报者要追究责任。学院要做好本学院学生的教育工作，让本学院学生与串联者划清界限。对不听劝阻者，由保卫部门、学校警务室按有关规定取证后扭送公安机关。

（3）一旦发生公共安全突发事件，知情者要做到快速反应，发现人应立即报告学院学生处，校内的同时上报保卫部门，校外的同时向110报警。

（4）接到突发事件报告后，学院突发事件应急领导小组成员应按照职责分工立即到达现场投入工作，并立即向校领导和学校职能部门报告。到达现场后要加强现场的有效控制，避免事态扩大，然后积极疏导，妥善解决出现的问题。

（5）一旦事态扩大，特别是出现非法集会、讲演、游行、散发传单等情况，学院突发事件应急领导小组应调动和指挥全院学生工作干部立即行动起来，深入到学生中间做说服、教育和劝阻工作，争取教育大多数，孤立极少数。在劝阻无效的情况下，由学院统一指挥，协同保卫部门和当地公安部门采取相关措施，并配合公安部门维护学生队伍秩序，防止社会人员介入学生队伍阶级煽动闹事，扩大事态。

（6）突发事件发生后，学院突发事件应急领导小组要组织动员学院广大学生骨干起先锋模范作用，并切实加强组织化工作，防止更多的学生投入突发事件。

（7）校内政治性突发事件发生时，学院学生工作干部应立即配合校内广播站、网络中心、现代技术教育中心等部门对这些重要宣传部位加强警戒和安全保卫，防止这些要害部位被非法侵占使用。同时，配合保卫处负责收集信息和情报，作好正常或秘密取证工作，积极配合公安、国保等部门，做好掌握重点可疑人物和骨干分子动向的工作。

七、对学生突发事件的知情报告是全院师生的责任和义务。

对重大的学生突发事件迟报、漏报、瞒报、虚报的，对获悉学生突发事件发生而未及时到位进行处理的，学院将上报学校追究有关人员的责任。

福州软件职业技术学院学生军事训练管理规定（修订）

一、训练规定

1. 坚持四项基本原则，虚心向解放军学习，发扬爱国主义、集体主义和革命英雄主义精神，增强国防观念。
2. 增强组织纪律性，严格遵守部队、和学校的各项规章制度，服从命令，一切行动听指挥。
3. 发扬吃苦耐劳的精神，积极参加军事理论学习、军事训练、时事政治学习和各项文体竞赛活动。
4. 爱护训练器材，保守军事秘密，团结同志，艰苦奋斗，厉行节约。

二、军容风纪

1. 学生上课、操课统一着军训服，课外自由活动可穿便服，但不准穿短裤、背心，不准穿高跟鞋和拖鞋。
2. 男学生不准留长发、大鬓角、长胡须。女学生不准戴耳环、项链，不准描眉、涂口红。
3. 要举止端正，姿态良好。行走时不准袖手、背手、手插衣袋，行走中不准吸烟、吃东西或搭肩挽臂。严禁酗酒和打架斗殴。
4. 对不符合军容风纪的学生要当场纠正，违纪学生要立即改正，不得无理取闹。对严重违反军容风纪及不服从管理者要进行批评教育，屡教不改者要按有关规定给予处理。

三、安全规定

1. 提高对安全工作重要性的认识，加强对安全工作的组织领导。军训带队干部、教师要高度重视军训期间的安全工作，在组织实施军训科目以及外出活动时，要制定安全工作预案，明确安全责任，防止各类事故发生。
2. 要经常对学生进行安全教育，提高学生安全意识。定期开展安全检查评比，表扬先进单位和个人，及时解决存在的问题。
3. 严格执行各项条令、条例和规章制度，严格按照操作规程组织实施训练和集体活动。
4. 乘车出行时，严禁在车厢内嬉戏打闹，严禁将身体的任何部位探出窗外。
5. 军训期间未经批准，不得私自外出。

6. 加强医疗保健和疾病防治工作，搞好室内和营区卫生，病员要及时请医生诊治。医务人员和军训卫生员要做好防暑防寒、饮食卫生和环境卫生的检查管理工作。

7. 发生事故要立即处置并及时上报。对事故要查明原因，追究责任。

四、考评规定

根据国家教育部通知的精神，进一步明确考评标准和办法。

1. 学生军训成绩考评按百分制。90分以上者为优；80~89分为良；60~79分为及格；60分以下为不及格，并按学校规定折合学分。

2. 因身体有残疾确实不能参加军事技能训练者可以免训，但必须参加军事理论课学习，成绩达60分以上为合格。

3. 学生在集中军训期间，凡有下列违纪情况，即：一般违纪超过两次；超假2小时；与教官、教师及工作人员顶撞；打架斗殴行为。在成绩考评时降一个等次。

4. 凡有下列情况之一者，依据学校规定给予纪律处分。
（1）集中训练期间缺勤三天；
（2）军事理论课旷课三次；
（3）集中训练期间擅自离队。

5. 严重违纪或军训成绩不及格者，给予一次重训机会，仍有违纪行为或成绩不及格，不准毕业。

五、请假规定

1. 军训期间参训学生原则上不得请假，因特殊情况必需请假者，按有关程序办理，未经批准不得离开校区。

2. 请假半天以内（不远离校区）由教官批准，请假一日（含一日）以上必须经军训团负责人批准。

3. 因伤、病不能参加训练者，需持医务室诊断证明，经所在教官批准后，方可见习或休息。

六、行为准则

1. 服从命令，听从指挥，令行禁止；
2. 克服困难，认真学习，刻苦训练；
3. 爱护设施，讲究卫生，文明礼貌；
4. 尊重教官，服从管理，遵章守纪。

七、优秀军训生（标兵、连嘉奖）评选条件

1. 军训目的明确，态度端正，军训热情高；
2. 严格要求自己，自觉执行各项军训条令、条例和规章制度；
3. 认真参加军政训练和集体活动，表现突出；

4. 服从命令，听从指挥，讲究文明礼貌，尊重各级首长、教官、教师；

5. 有集体主义精神，关心别人，团结互助；

6. 勤奋学习，刻苦训练，军政训练成绩优秀。

本规定自 2017 年 9 月 1 日起施行，由学生工作处负责解释。

福州软件职业技术学院校园文化活动管理办法

第一章 总 则

第一条 学校校园文化是社会主义先进文化的重要组成部分。加强校园文化建设，提高校园文化活动水平，对于推进高等教育改革发展、加强和改进大学生思想政治教育、全面提高大学生综合素质，具有十分重要的意义。为维护正常的学习、生活秩序，保障学生校园文化活动健康、有序地开展，我院特制定本办法。

第二条 校园文化活动的总体要求是：以中国特色社会主义理论为指导，坚持社会主义先进文化的发展规律，借鉴吸收人类文明有益成果，以实施科学文化素质教育为基础，以建设优良的校风、教风、学风为核心，以优化校园文化环境为重点，以树立正确的世界观、人生观、价值观为导向，弘扬主旋律，突出高品位，加强管理，注重积累，努力建设体现社会主义特点、时代特征和学校特色的校园文化，不断满足大学生日益增长的精神文化需求，为培养社会主义合格建设者和可靠接班人提供强大的精神动力，使学校成为发展中国特色社会主义先进文化的重要基地、示范区和辐射源。

第三条 校园文化活动的主要任务是：一是以理想信念教育为核心，深入进行树立正确的世界观、人生观和价值观教育；以爱国主义教育为重点，深入进行弘扬和培育民族精神教育；以基本道德规范为基础，深入进行公民道德教育；以大学生全面发展为目标，深入进行素质教育。二是以校风、教风、学风建设为核心，形成对教职工具有凝聚作用、对学生具有陶冶作用、对社会具有示范作用的良好风气。三是以校园文化活动为载体，把德育与智育、体育和美育有机地结合起来，寓教育于活动当中，促进大学生思想道德素质、科学文化素质和身心健康素质协调发展。四是以制度文化建设为基础，努力形成催人奋进的学校精神、科学民主的价值观念和导向正确的舆论环境，着力构建具有深厚文化底蕴、百年一脉的校园文化。五是以物质文化建设为保证，加强校园人文环境和自然环境建设，建造精神内涵丰富的物质文化环境，努力营造良好的育人氛围。

第二章 校园文化活动的基本原则

（一）弘扬健康向上的精神，坚持正确的政治方向，高扬爱国主义、集体主义和社会主义主旋律，抵制腐朽思想和不良文化现象的侵蚀和影响，用格调高雅、内容健康的校园文化活动丰富学生的课余文化生活；

（二）努力把德育、智育、体育、美育渗透到校园文化活动之中，使大学生在活动参与中受到潜移默化的影响，思想感情得到熏陶、精神生活得到充实、道德境界得到升华；

（三）学校以大型活动为示范，逐步锻造精品活动，形成品牌效应。院（系、部）以小型多样的活动为主体，逐步形成结合专业教育的特色活动；

（四）学生举办校园文化活动必须遵守国家法律法规和校规校纪，有利于学生的身心健康和全面发展，有利于推动校园文化活动的良性开展；

（五）校园文化活动一般应安排在课余时间、双休日进行，不影响正常教学秩序；

（六）校园文化活动主办单位要精心组织，明确责任，制定活动安全方案，并提前报保卫处备案；

（七）大型校园文化活动组织单位要制定突发事件工作预案，加强现场秩序维护和安全管理。

第四条 本办法所称的学生校园文化活动包括：非课程教学计划内的各种文化活动和集体活动，包括在学校公共场所或在校外举办的各种思想教育、文化、体育、社会实践活动、志愿者活动、报告会、讲座、竞赛和其他在校内、校外有重大影响的活动等。

第三章 校园文艺、体育、社会实践活动的管理

第五条 校园文化活动的管理本着"谁主办、谁负责"的原则，活动的秩序和安全由举办单位负责，场地审批分别由后勤基建管理处、体育部、教务处负责，活动外围的安全和秩序由保卫处负责。

第六条 各教学单位、党团组织、学生会、社团联合会、可以在校内面向全校学生举办活动。学生社团活动原则上在本社团内部开展，面向全校的活动或与校外组织开展活动必须经校团委审批同意后方可进行。

学生个人不能私自组织各种校园文化活动，如果需要举行个人才艺展示或爱好兴趣展示的学生，需要事前向所在院（系、部）申请，经批准后方可进行。

各院（系、部）的学生活动由院（系、部）分管领导签署意见，校学生社团由校团委签署意见，其他学生组织由其主管部门签署意见。

第七条 组织单位须自组织活动之日起提前一周向主管部门提出申请，申请时应提供以下材料：

1. 举办活动的目的、内容、方式、主办单位；
2. 举办活动的时间、地点、规模、参加人员构成；
3. 活动的安全保障措施、安全责任人（一般是各院（系、部）团工委（团总支书记））；
4. 其他需要说明的情况，或需要校团委协调解决的问题。

第八条 主管部门应在收到申请书之日起三个工作日之内做出是否同意举行的审批决定。

第九条 活动场地使用的审批。

1. 在校内公共开放区域（生活区，篮球场，科报厅A）举行的校园文化活动（体育活动除外）由团委审批；
2. 在校内公共开放区域（体育场、操场）举行的校园体育活动由团委审批；
3. 在校内公共阶梯教室举行的报告会、讲座、竞赛等活动由教务处负责审批。

第十条 室内活动超过200人、室外活动在500人以内的由院（系、部）或主办部门审批后报校团委、保卫处备案；室内活动超过400人，室外活动超过1 000人的由校团委审查后报学校分管校领导审批，室内活动超过500人，室外活动超过2 000人的由校团委报分管校领导审查、学校党委主要领导审批。

第四章　邀请活动的管理

第十一条 学生组织经审批可以邀请校外专家、教授和其他专业人士、社会名流、校友等来校举行公开讲座、报告、演出等活动。学生个人不得举行上述活动。

第十二条 组织单位需提前一周向校党委宣传部提出申请，经批准后方可向对方发出邀请，组织单位负责接待安排。申请时须提供以下材料：

1. 活动的地点、时间及主要内容；
2. 参加邀请活动的人员、规模及范围；
3. 拟邀请人员的情况简介和其他资质证明；
4. 其他需要说明的情况。

第十三条 学生组织不得邀请宗教人士进行活动，涉及人文、社会、政治类的邀请活动须报党委宣传部审核后，报请学校主要领导或分管领导批准。

第五章　募捐活动的管理

第十四条 募捐活动是广大师生弘扬中华民族传统美德，真情助困的爱心行为，应以切实帮助解决同学困难为宗旨，有组织、有秩序地进行。

第十五条 国家或上级党委政府因国内外重大灾害等事件发出募捐倡议或学校确定进行的募捐活动，由学校统一组织实施。面向学生的募捐活动由学校委托校团委通过共青团系统进行募集。

因在校学生生病、家庭变故或其他突发事件需要通过募捐筹集必要资金的，由学生所在单位团工委（团总支）写出详细情况说明和申请，报校团委审核，由分管校领导审批同意后由申报单位组织实施。

学生班级和个人不得组织募捐活动。

第十六条　校团委制作专门用于捐款活动的捐款箱供组织单位在进行募捐活动时使用；募捐活动由审批单位统一管理。

第六章　校园文化活动的宣传管理

第十七条　学生校园文化活动需使用横幅宣传的，内容须报校团委审查，悬挂和摆放地点须由学院物业处指定。活动结束后，举办单位应及时撤除横幅。

第十八条　需要聘请校外媒体进行宣传报道的必须经过校党委宣传部审批同意。

第十九条　学校鼓励学生通过多种渠道筹集活动经费。筹集到的经费要严格财务管理，合理开支。

第二十条　所有在校内举行的学生活动，组织单位要提前一周向校团委提出申请，经校团委同意后在后勤基建管理处办理活动场地审批手续，并严格按照审批的时间和地点开展活动。

第二十一条　其他宣传管理按照学校宣传管理办法执行。

第七章　责任承担与违纪处罚

第二十二条　学生校园文化活动的行为应符合学校的有关规定。

第二十三条　学生校园文化活动组织单位的负责人对活动的内容、秩序、安全及结果负责。

第二十四条　凡违反本办法有关规定举办活动的，主管部门有权视违纪具体情况，给予相应处理：

1. 责令停止举办活动；
2. 对活动组织者和主要责任者进行批评教育或根据学校相关办法给予处理；
3. 对于违反国家法律法规的将移送司法部门追究法律责任。

第八章　附　则

第二十五条　本办法由共青团福州软件职业技术学院委员会负责解释。

共青团福州软件职业技术学院委员会工作条例

第一章 总 则

第一条 共青团是在共产党领导下的先进青年组成的群众团体，福州软件职业技术学院团委是在院党委领导下的对在校学生进行思想教育、政治教育的服务型机构，同时，作为学院行政部门，团委负有协助学院学生管理部门作好相关管理工作的责任，主要通过领导和培养学生干部队伍，实现学生的自我管理、自我服务和自我教育。

第二条 根据团的工作性质及我院的实际情况，制定本工作制度。

第二章 组织管理制度

第三条 每学年上学期举行学院团员代表大会、学生代表大会，选举新的两委干部，吐故纳新，以旧带新，培养学生干部队伍。

第四条 每年五月召开"五四"表彰，评选优秀团组织及个人；以基层团组织为依托，逐级评选，各级团组织要高度重视该评选，在评选过程必须公开、公平、公正，不能弄虚作假。

第五条 基层团组织必须认真贯彻"三会一课一册"制度，做好各团支部的团课及团日活动。并由各系自行评比，团委不定期抽查，作为支部评优评先的项目。

第三章 例会制度

第六条 各级团组织要严格例会制度，定期召开会议，总结上期工作，制定下期工作计划，具体例会时间安排如下：

会议名称	与会人员	周期
团委全体老师例会	团委老师、分团委书记	每周一次（原则上周一上午）
院两委工作例会	团委、学生会学生干部	每周一次（原则上周一晚上）
团委扩大会议	院两委，系分团委主要干部	每月一次
临时会议	相关人员	不定期

第七条　每次会议由院两委办公室负责会议记录，每会一纪要，存档；

第八条　例会不得无故缺席，因病、事请假的须有书面申请，并得到相关部门批准后方为有效。

第四章　学习制度

第九条　每学年院团委、各系分团委至少对学生干部进行一次集中培训，培训前要制定培训计划，培训要有记录和总结。

第十条　每位从事团工作的教师和辅导员都负有向学生干部传授各项技能的义务。

第十一条　各级团组织、学生干部都应定期进行政治时事的学习，学习的途径可以多样，既可以在网上学习，也可组织专题座谈或讨论。

第五章　公文制度

第十二条　团委的各项事务和活动均以发文的形式规范组织、执行。

第十三条　团委文件由专人起草，负责人审批，经分管领导签字后方可发文，所发文件各收文单位必须签收。

第十四条　团委须有专人对收发文件进行存档、编号、备查。

第六章　信息制度

第十五条　每月 28 日前各系分团委须按时以电子文档形式上交团讯。

第十六条　福软团委（微信公众号）的内容上班期间应每日更新，具体事宜由广播站人员负责，老师管理、审核。

福州软件职业技术学院共青团员管理办法

第一章 总 则

第一条 为了维护共青团组织的先进性，保障福州软件职业技术学院团工作的正常开展，进一步完善团的制度，强化青年团员意识，严格团的纪律，结合我院的实际情况，特制定本办法。

第二条 本条例适用于在校注册的全体团员。

第二章 奖 励

第三条 奖励是团组织对团员和团干部的工作、学习、生活中所做成绩的肯定，是激发他们加倍努力学习，同时也为广大团员青年树立榜样，是鼓励他们学习先进、不断进步的有效措施。

第四条 奖励分为：通报表扬、授予荣誉称号。荣誉称号分为优秀团干部、优秀团员。

第五条 评优的组织实施工作在院团委的组织领导下，由各系团总支、团支部具体实施，评优须结合综合评分和学年鉴定进行，坚持民主集中制原则，按学院规定程度进行，保证评定质量。

第六条 优秀团员条件：

1. 热爱祖国、热爱社会主义、拥护中国共产党的领导，认真学习党的十八大精神、邓小平理论、"三个代表"重要思想和科学发展观，坚持党的基本路线。认真上好政治理论课和思想教育课，成绩优良。积极参加党小组等党团组织活动，政治上要求进步。积极参加集体活动，在文体活动、社会实践活动、文明修身工程建设、青年志愿者活动等各项活动中成绩显著。热心为同学服务，艰苦朴素，注重个人品德修养，勇于同不良现象作斗争，遵守《学生守则》和校纪校规。

2. 学习目的性明确，态度端正，能够帮助、带动同学共同进步。

3. 积极参加社会工作、体育锻炼和社团、艺术团文体活动，体育达标。

4. 具有良好的创新精神、钻研精神，具有较强的独立思考和分析、解决问题的能力；求知欲强，知识面宽；积极参与文化知识活动（获奖者可优先考虑）；全面提高自身素质。

5. 学习刻苦认真，本学年内无旷课行为，无不及格现象，学年平均成绩需获得过三等奖学金及以上，综合测评、素质、能力等项均名列班级前茅。

6. 品德高尚。克己奉公，助人为乐，团结同学，公道正派，诚实谦虚，有自我批评精神，积极参加青年志愿者服务活动。

7. 本学年内无任何违反团纪、校纪、校规行为。

第七条 优秀团干部条件：

1. 政治立场坚定。坚持四项基本原则，贯彻执行党的路线、方针、政策，敢于同各种错误思想和歪风邪气作斗争。

2. 学习认真。在学习政治，科学文化和专业知识等活动中起模范带头作用，成绩良好。学年度德育测评成绩在班级人数前30%以内，学业成绩无补考现象。

3. 工作勤奋。有强烈的事业心和责任感，勤于思考，勇于创新，自己动手，多干实事，知难而进，积极主动地在青年中开展工作。

4. 品德高尚。克己奉公，助人为乐，团结同学，公道正派，诚实谦虚，有自我批评精神，积极参加青年志愿者服务活动。

5. 本学年内无任何违反团纪、校纪、校规行为。

第八条 评优程序：

1. 优秀团干部由各团支部按有关规定民主评选，征求辅导员意见后向分团委推荐，经分团委考核后报院团委，由院团委审批；

2. 优秀团员由各团支部和辅导员征求支部团员的意见并经分团委考核后，上报院团委审批。

第三章 处 分

第九条 处分是对违反团纪律的团员的一种教育，目的是严肃团的纪律，纯洁团的队伍。同时，使广大团员从被处分者所犯错误中吸取教训，提高觉悟，严格要求自己，自觉履行团员义务。

第十条 对团员的处分有：警告、严重警告、撤销团内职务、留团察看、开除团籍。

第十一条 凡违反国家法律、法令、法规受到公安、司法等法律部门处理的团员，给予开除团籍的处分。

第十二条 凡受到学校行政处分的团员，根据实际情况给予留团察看或开除团籍处分。

第十三条 连续六个月不交团费的团员以自动退团论处。

第十四条 团组织开会、举行活动迟到、早退学期累计三次以上（包括三次）的团员给予警告以上处分。

第十五条 团组织开会、举行活动学期累计无故缺席两次的团员，给予通报批评，三次者给予严重警告处分，三次以上，给予留团察看或开除团籍处分。

第十六条 团组织开会、举行活动请假不实的团员学期累计一次给予通报批评，两次给予警告以上处分。

第十七条　团员无故不完成团组织分配的工作，学期累计两次者，给予通报批评，三次者给予警告或严重警告处分，三次以上给予留团察看或开除团籍处分。

第十八条　凡有偷、抢、打架、拐骗等行为者，给予留团察看或开除团籍处分。

第十九条　看黄色录像、参与赌博、上营业性网吧或同学间超出正常交往关系者，给予留团察看或开除团籍处分。

第二十条　团员如受到警告以上（包括警告）行政处分，同时给予团内相应处分。受到警告以上（包括警告）处分的团员一年内不能参加团内评优。

第二十一条　受到纪律处分的团员再违反团的纪律，视其态度在原处分的基础上加重一级进行处分，情节严重者，加重两级处分。

第二十二条　凡团员警告（含严重警告）处分、撤销团内职务、留团察看、开除团籍由福州软件职业技术学院团委管理、备案。留团察看或开除团籍处分应在校内予以张贴公布。

第四章　附　则

第二十三条　处分违纪的团员，要做到事实清楚，证据确凿，定性确定，处分恰当，经团组织集体研究决定。

第二十四条　受警告、严重警告的同学，如能及时改正错误，表现突出，经团组织研究决定，可撤销其处分。

第二十五条　留团察看期限为三个月或半年，受此处分的团员没有选举权、被选举权和表决权，也不能作入团介绍人。团员在留团察看期间表现不好，已不具备团员条件的，应开除团籍，但认为有必要延长察看期限，可延长察看时间，时间不超过一年，若实践证明该团员已改正错误，应按期解除察看，恢复团员的权利，如在察看期间，表现突出，做突出贡献的团员可以提前解除察看，恢复团员的权利。

第二十六条　如团员对所受处分不满，可向院团委担出申诉；无论团员是否在处分决定上签署本人意见，处分经批准后生效。

第二十七条　本办法由福州软件职业技术学院团委负责解释。

福州软件职业技术学院学生代表大会章程（试行）

第一章 总 则

第一条 根据《中华全国学生联合会章程》和《福建省学生联合会章程》要求，结合我院际情况，特制定本章程。

第二条 学生代表大会（以下简称学代会）是全体学生在学院党委、团委领导下行使民主权利和参与学院民主管理的基本形式，是学院联系学生的桥梁和纽带，代表学生的利益、权利，并履行应尽的义务。

第三条 学代会的基本任务

（一）全面贯彻党的基本路线和教育方针，全力配合学院引导广大学生认真学习马克思主义、毛泽东思想、邓小平理论和"三个代表"重要思想，深入学习贯彻习近平总书记系列重要讲话精神，坚持四项基本原则，带领广大同学自觉地成为有理想、有道德、有文化、有纪律的社会主义事业接班人和建设者；

（二）积极倡导和鼓励我院学生进行自我服务、自我管理、自我教育，培养学生民主意识、责任意识，配合学院建设良好的教学秩序和学习、生活环境；

（三）发挥联系学院部门和广大同学的桥梁纽带作用，参与学院有关学生事务的民主管理，维护广大同学的正当利益，反映同学的意见和要求，协助学院解决同学在学习和生活中遇到的实际问题；

（四）指导学生组织广大学生开展健康有益、丰富多彩的活动，推动校园文明建设，创造富有特色的校园文化氛围。

第四条 学代会在院党委和院团委指导下开展工作。

第五条 学代会的一切活动以遵守国家的宪法、法律和法规为最高准则。

第六条 学代会的组织原则是民主集中制。

第二章 职 权

第七条 学代会行使下列职权：

（一）审议和通过学生会工作报告；

（二）审议和通过学代会提案工作报告；

（三）审议与学生切身利益有关的基本规章和制度，以及其他涉及学生切身利益的具有普遍性的重要事项，并提出意见和建议；

（四）制定、修订和通过学生会章程；
（五）选举产生新一届学生委员会；
（六）根据学院现实情况向全体学生发出倡议；
（七）讨论、决定学生会工作的重大问题。

第八条 学代会要支持院学生会主席和院学生会职能部门行使管理权力，协助他们开展工作。

第三章 学代会代表

第九条 学代会代表的基本条件
（一）具有我院正式学籍的全日制在院生；
（二）认真学习马列主义、毛泽东思想、邓小平理论、"三个代表"重要思想和科学发展观，深入学习贯彻习近平总书记系列重要讲话精神，坚持四项基本原则，能正确地执行党和国家的各项方针、政策、法律法规；
（三）品德优秀，自觉践行社会主义核心价值观，具备良好的社会公德、个人品德，遵纪守法，无违反院规院纪情况；
（四）学习目的明确，态度端正，成绩优良；
（五）密切联系同学，团结同学，乐于奉献，具有一定的议事能力，能够反映广大同学的呼声、建议和要求。

第十条 学代会代表选举工作在学院党委的领导下，由学院学生会组织实施，学院团委给予具体指导。

代表受选举单位学生的监督，必要时原选举单位可以按照程序撤换、更换和补选本单位的代表。学代会代表出现退学等不能在院继续学业的情况，不再保留代表资格，原选举单位可进行更换或补选；临时性外出学生，在召开会议前不能回院参会，但在届期内可以参加下次学代会的，可以保留代表资格。

第十一条 学代会代表总人数原则上根据学生总数按比例进行分配，在选举时要充分考虑性别、民族、政治面貌等因素。学代会根据需要可邀请有关的干部、教师等作为特邀代表或列席代表参加会议。特邀代表和列席代表享有发言权，无选举权、被选举权和表决权。

第十二条 学代会代表享有下列权利：
（一）行使表决权、选举权，有被选举权；
（二）有对院学生会所有工作报告进行质询并提出建议、批评和实行监督的权力；
（三）有就院、院学代会职权范围提出议案和发表意见的权力。

第十三条 学代会代表必须履行下列义务：
（一）努力学习并认真执行党的路线、方针、政策和国家的法律法规；
（二）根据院党委要求，认真贯彻落实学院中心工作，不断提高思想政治素质和参与民主管理的能力；

（三）积极参加学代会的活动，认真宣传、贯彻学代会决议，完成学代会交给的任务；

（四）从实际出发，深入基层，密切联系学生，办事公正，为人正派，如实反映学生的意见和要求；

（五）自觉遵守学院的规章制度和文明道德规范，努力提高学业水平。

第四章　组织制度

第十四条　学代会每届任期一年。学代会每年召开一次代表会议，每次会议须有三分之二以上代表出席。大会的表决必须有全体代表半数以上通过方为有效。如因特殊原因不能按期开会，应向代表说明，取得多数代表的同意。如遇重要问题，或者根据三分之一以上代表的要求，可以提前或临时召开代表会议。

第十五条　学代会的议题，应围绕学院的中心工作和学生迫切关心的问题，广泛吸收学生的意见，并经大会主席团审议。

第十六条　学代会根据需要可以组织若干专门工作委员会或举行有关人员的专题会议，主要任务是对学代会要讨论的重大问题和代表提出的重要提案进行调查研究，提出建议；督促有关单位贯彻学代会决议和及时处理提案；落实大会交办的其他事项。

第五章　权力机关

第十七条　学生委员会由学生代表大会选举产生，承担与学代会相关的工作职责，执行由学代会赋予的职权，对学代会负责、受学代会监督。

第十八条　学生委员会会议应有三分之二以上委员参加，学生委员会决议必须有全体委员半数以上通过方为有效。

第十九条　学生委员会在院党委的领导、院团委的指导下，履行以下职责：

（一）做好学生代表大会的筹备工作和会务工作，组织选举学生代表，征集和整理提案，提出大会方案和主席团人选建议名单，经学院党委批准后，召开大会。

（二）大会闭会期间，执行大会决议，督促检查提案落实，组织代表团及各专门工作委员会的活动，组织代表传达贯彻大会精神。

（三）大会闭会期间，遇有重要问题，经学院党委同意可召集代表团团长会议或组织代表讨论，必要时可按规定的程序临时召开代表会议。

（四）负责解释学生会章程，保障代表和学生的民主权利，接受他们的申诉。

（五）选举学生会主席团；增补或罢免学生委员会委员、学生会主席团成员。

（六）处理大会交办的其他事项，行使大会赋予的其他职权。

第六章　执行机构

第二十条　学生会是学代会的执行机构，对院学代会及其委员会负责。

第二十一条　学生会实行主席团集体负责制。主席团为院学生会最高行政决策机构。

第二十二条　学生会职权：

（一）执行学代会的决议，实施本章程，落实学代会各项基本任务；

（二）学生会各职能部门，按实际需要招选有关工作人员；

（三）领导学生会开展工作，协助筹备学代会；

（四）建立和发展与其他院校学生组织的友好关系；

（五）行使学代会赋予的其他职权。

第二十三条　各项计划内工作经费须经学生会主席审批并报院团委核准后，予以报销。

第七章　附　则

第二十四条　本章程由福州软件职业技术团委负责解释。

第二十五条　本章程自发布之日起施行。

福州软件职业技术学院学生社团管理规定（修订）

第一章 总 则

第一条 为了进一步规范我院学生社团的管理机制，繁荣校园文化生活，加强学生素质教育工作，促进校园精神文明建设，特编制本规定。

第二条 本规定所称学生社团，是指我院学生自愿组成，为实现成员共同意愿，按照其章程开展活动的学生组织。

第三条 学生社团必须遵守宪法、法律、法规和国家政策，以及我院的有关规定。

第四条 学生社团的基本任务：

（一）遵循和贯彻党的教育方针，促进同学德、智、体全面发展，培养和提高同学综合素质；

（二）开展健康有益、丰富多彩的课外活动，服务和凝聚同学；

（三）发挥共青团基层组织建设的载体作用。开展内容丰富、形式灵活的团组织生活。

第五条 学生社团受学院团委的领导。在相关部门的支持下成立院社团联合会承担本院学生社团的日常管理工作。

第六条 各学生社团的活动经费目前主要通过会费缴纳、接受奖励或捐赠等方式获得的经费由社团自主管理，但其财务活动必须遵守挂靠院社团工作指导部门的财务制度。

第七条 学生社团成立，需依照本规定的规定进行登记，报共青团福州软件职业技术学院委员会备案。

第八条 学生社团的成员应当是我院具有正式学籍全日制的学生。

第二章 学生社团的成立

第九条 院团委通过社团联合会进行社团成立、变更、注销登记，并报院团委登记备案。

第十条 成立学生社团，应当具备下列条件：

（一）由3名以上的学生联合发起，发起人必须具有开展该社团活动所必备的基本素质，且未受过校纪校规处分；

（二）有规范的名称和相应的组织机构；
（三）有至少一名社团指导教师；
（四）有规范的章程。

学生社团的名称应当符合法律、法规的规定，不得违背校园文明风尚。学生社团名称应当与其性质相符，准确反映其特征。

第十一条 申请筹备成立学生社团，发起人应当向团委提交下列文件：
（一）筹备申请书；
（二）章程草案；
（三）发起人和拟任负责人的基本情况介绍，负责人所在系出具负责人品德成绩证明；
（四）指导教师基本情况；
（五）出具至少20名会员的名单。

第十二条 学生社团章程应当包括下列事项：
（一）名称、活动场所；
（二）宗旨、活动范围和活动方式；
（三）学生社团类别；
（四）社团成员资格及其权利、义务；
（五）组织管理制度、执行机构的产生程序及权限；
（六）财务管理、经费使用的原则；
（七）负责人的条件、权限和产生、罢免的程序；
（八）章程的修改程序；
（九）社团终止的程序；
（十）应当由章程规定的其他事项。

第十三条 团委会在自收到本规定第十二条所列全部有效文件之日起30日内，做出批准或不批准筹备的决定。批准筹备成立的学生社团，应当自团委批准筹备之日起60日内召开会员大会，通过章程，产生执行机构、负责人。筹备期间不得以学生社团的名义收取会费和组织筹备以外的活动。

第十四条 从筹备之日起60日内，团委应当做出批准或不批准成立的决定。期间具体的考察办法和细则由团委自行制定。批准成立的学生社团应尽快以公告或其他方式宣布成立。

第十五条 以下情况不得批准社团成立：
（一）社团宗旨、活动内容、范围不符合本规定第三条和第十一条规定的；
（二）发起人受过校纪校规处分的；
（三）在申请筹备成立时弄虚作假的；
（四）批准成立期限届满，筹备社团的人数未超过20人的。

第三章　学生社团的监督管理

第十六条　团委社团联合会负责下列监督管理工作：
（一）负责学生社团的成立、变更、注销的登记和备案；
（二）对学生社团实施年度检查；
（三）对学生社团聘请校内外专家担任顾问的申请进行审查批准；
（四）对学生社团违反本规定的问题进行监督检查和处理。

第十七条　学生社团的经费必须用于章程规定的活动，任何人不得侵占、私分或挪用学生社团的财产，亦不得在社团成员中分配。

学生社团接受捐赠、资助，必须向团委报告接受、使用捐赠、资助的有关情况，并向全体社团成员公开。

第十八条　学生社团必须遵守所在院系的财务管理制度，接受社团工作指导办公室的监督。学生社团在换届或者更换负责人之前，社团工作指导办公室应当组织对其进行财务检查。

学生社团应当定期向社团联合会申请注册，审批后在每学期初到社团联合会登记注册。学生社团不得刻制公章。可以自备艺术图章和其他标志，但须由社团联合会批准。

第十九条　学生社团开展除内部活动以外的开放性活动，必须经社团联合会批准。

第二十条　学生社团可以创办内部刊物，但必须符合国家法律法规、校纪校规和其他相关规定。内部刊物的编印和发行必须由团委审查通过。团委有权对违反本规定规定的社团刊物进行整改和停刊。

第四章　学生社团的组织机构

第二十一条　学生社团会员大会由会员组成，会员大会是学生社团的最高权力机构，依照本章程的规定行使职权。

第二十二条　会员大会行使下列职权：
（一）选举和更换社团负责人；
（二）审议批准负责人的工作报告；
（三）对社团变更、注销等事项做出决定；
（四）修改社团章程；
（五）监督社团财务活动。

第二十三条　社团会员大会应当每学期召开一次，并将大会形成的决议报社团工作指导办公室批准和备案。

第二十四条　会员大会做出决议，必须经出席会议的会员半数以上通过；对社团变更、注销和修改章程做出决议，必须经出席会议的会员三分之二以上通过。

第二十五条 社团执行机构是会员大会领导下的社团日常事务处理机构。执行机构由社团负责人组成。

第二十六条 学生社团负责人主要指社团正副社长及财务负责人，学生社团负责人由本社团成员通过首次会员大会选举通过，经团委审查后产生。学生社团的正副社长不得兼任财务负责人。

第二十七条 有下列情况之一者，不得担任或继续担任学生社团负责人：
（一）在校期间曾经受到校纪校规处分的；
（二）曾因违反有关规定被撤职或社团被宣布解散或注销，应当承担主要负责的社团负责人；
（三）有两门以上主要课程挂科的。

第五章 学生社团成员的权利义务

第二十八条 学生有权按照任何一个社团的章程自由加入或退出该社团。社团内部成员在享有权利和履行义务方面一律平等。

第二十九条 社团成员有权了解所在社团的章程、组织机构和财务制度，对社团的管理和活动提出建议和质询。

第三十条 学生社团执行机构负责人违反本规定的有关规定和校纪校规，损害成员利益的，社团成员有权向团委反映问题和情况。

第三十一条 学生社团成员应当接受社团的定期注册。

第三十二条 社团成员有选举权和被选举权，有按照章程担任社团职务的权利，并承担相应义务。

第三十三条 社团成员应当积极参加社团的各项活动，并有权向社团建设提出批评和建议，促进社团的健康发展。

第六章 学生社团的变更和注销

第三十四条 学生社团的登记事项、备案事项需要变更的，应当在7日内向团委申请变更登记。学生社团修改章程，应当在7日内报团委核准。

第三十五条 学生社团有下列情形之一的，应当向团委申请注销登记：
（一）违背学生社团章程规定的宗旨的；
（二）会员大会决议解散的；
（三）分立、合并的；
（四）社团被责令关闭或解散；
（五）由于其他原因终止的。

第三十六条　学生社团提出注销申请登记，应当提交由社团负责人签名、经会员大会通过的注销申请书。团委应当组织对其财务进行清算，并出具清算报告书。清算期间，学生社团不得开展清算以外的活动。

第三十七条　学生社团应当自清算结束之日起15日内向团委办理注销登记。

第三十八条　学生社团处理注销后的剩余财产须返还社团成员。

第三十九条　学生社团的变更和注销，应当在报批后以公告形式宣布。

第七章　学生社团的奖惩制度

第四十条　共青团福州软件职业技术学院委员会每年对各院、系学生社团进行综合评估，评选一批"福州软件职业技术学院优秀社团"，其负责人获得"福州软件职业技术学院优秀社团负责人"称号。

第四十一条　我院创建"优秀社团"实行挂牌和年度淘汰制度。

第四十二条　共青团福州软件职业技术学院委员会、福州软件职业技术学院学生联合会每年将对"优秀社团"进行重点奖励和资助。

第四十三条　校团委和社团联合会每年五月份对全校社团进行综合评估，对优秀社团和负责人给予奖励。

第四十四条　学生社团有下列情形之一者，社团联合会和上级组织有权责令其停止活动，进行整顿：

（一）活动范围与内容与社团宗旨、章程不符；

（二）不接受本规定和团委的规定和指导；

（三）财务制度混乱；

（四）应当进行定期注册而未注册的；

（五）社团执行机构有严重违纪行为；

（六）组织纪律性较差，不配合社团联合会和团委开展工作。

第四十五条　学生社团有下列情形之一者，团委有权将其解散：

（一）社团活动违反宪法、法律、法规和规章的；

（二）社团执行机构知道或应当知道有成员利用社团名义从事非法活动而未予有效制止的；

（三）背弃社团宗旨，情节恶劣的；

（四）应当进行定期注册而未注册，进行整顿后仍未注册的；

（五）社团成员连续两学期不足20人的；

（六）社团连续两学期未进行活动的。

第八章　附　则

第四十六条　本规定由共青团福州软件职业技术学院委员会制定，社团联合会受以上机关委托，对本规定的有关规定进行解释。

福州软件职业技术学院学生干部管理办法（修订）

第一章 总 则

第一条 学生干部既是学院教育、管理、服务等各项工作在学生中的组织者、协调者和执行者，又是学生进行"自我教育、自我管理、自我服务"的中坚力量。为了加强院级学生组织学生干部的管理，提高学生干部的综合素质，更好地发挥学生干部在学院校风、学风建设中的作用，特制定本办法。

第二条 本办法所指的学生干部主要指院（系）团委学生会、社团联合会副部长及以上干部；团委学生会、社团联合会的学生干事；班委、辅导员助理及团支委学生干部。

第三条 各级学生干部在党组织的领导下和团组织的具体指导下开展工作和组织活动。党团组织必须按照党建带团建的工作要求重视学生干部队伍的建设，加强对学生干部队伍的培养。

第二章 学生干部的权利和义务

第四条 学生干部享有下列权利：
（一）代表学生参与学院教学、管理和服务工作，加强与学院有关部门的沟通，加强与广大学生的联系，努力引导全院学生自我教育、自我管理和自我服务；
（二）向学院各级党政组织反映学生的要求、建议和意见，并获得答复；
（三）组织学生开展自我管理、自我教育、自我服务活动；
（四）参加相关的技能、知识的培训；
（五）《普通高等学校学生管理规定》规定的学生依法享有的其他各项权利。

第五条 学生干部必须履行下列义务：
（一）自觉维护学院的稳定和改革与发展大局，模范遵守法律法规和校纪校规。在思想、学习、工作、生活等各方面以身作则，发挥模范表率作用；
（二）及时传达贯彻学院的决定和要求；
（三）及时向学院各级党政组织反映学生的思想动态、要求、建议和意见；
（四）认真履行职务职责，高质量、高水平地开展工作；
（五）《普通高等学校学生管理规定》规定的学生依法履行的其他各项义务。

第三章　学生干部的选拔与任用

第六条　学生干部实行任期制，原则上每届任期为一年，可连选连任，新任职学生干部试用期为一个月。

第七条　学生干部任职基本条件和任职资格：

（一）基本条件：

1. 思想政治好。认真学习马克思列宁主义、毛泽东思想、中国特色社会主义理论体系，深入学习习近平总书记系列重要讲话精神和治国理政新理念新思想新战略，自觉坚持四项基本原则，具有共产主义远大理想和中国特色社会主义坚定信念，拥护党的路线、方针、政策。

2. 道德品质好。具有良好的道德修养，精神面貌积极向上，作风正派，纪律性强，有较强的责任心和奉献精神。自觉遵守国家法律法规和学院的各种规章制度。

3. 学习成绩好。具有认真、进取、勤奋的学习态度、敢于创新的能力和良好的学习成绩。在竞聘时无重修课程。

4. 综合素质强。实践工作能力和组织管理能力较强，能够胜任本职工作，在各方面都能以身作则，发挥模范带头作用，在同学中有良好口碑和较高威望。

第八条　学生干部的产生必须按照相关制度要求，坚持民主集中制的原则，采取推荐、自荐、选举或任命等不同形式。

第九条　学生干部初选时或当选后必须进行公示，接受全校师生的监督。

（二）任职资格：

学生干部选拔任用应坚持下列原则：

1. 民主集中制原则；

2. 德才兼备、以德为先原则；

3. 同学公认、注重实绩原则；

4. 公开、平等、竞争、择优原则。

第十条　学生干部选拔程序：

（一）学生团干部的选拔

院团委学生委员、院团委学生干事、院（部）团总支学生委员和团支部委员的选拔任用按照《中国共产主义青年团章程》有关规定进行。

（二）班级学生干部的选拔

1. 班级学生干部的选拔，首先通过个人自荐或同学推荐产生学生干部预备人选；其次辅导员、班主任或导师采取民意测验的方式并结合平时掌握的情况确定候选人名单；再次在全班范围内进行民主选举，并当场公布选举结果；最后由辅导员根据选举结果确定学生干部名单后报系备案。班级学生干部原则上每学年可改选一次。

2. 对于大学一年级新生，班级的学生干部可以由辅导员根据学生档案资料、个人自荐情况及入学后的考察等临时指定。临时学生干部的任期原则上不超过三个月。之后，要按规定程序进行改选。

（三）院（系）学生会干部的选拔

院学生会主席团应通过学生代表大会在主席团候选人中选举产生，闭会期间可通过自荐、院（系）推荐、竞争答辩、组织考察、公示等程序产生。院（系）学生会主席、副主席从新一届主席团中产生，经学院团委审批后确定。院（系）学生会部长及以下人员，由新一届院院委按照相关程序组织选拔，经院团委批准后确定。

（四）院社团联合会干部的选拔

院社团联合会是全院学生社团的联合组织，院社团联合会主席团经团委相关程序组织选拔、推选产生。院社团联合会下设部门负责人及成员，按照相关程序组织选拔，经院团委批准后确定。

（五）辅导员助理的选拔

辅导员助理由班级进行初选推荐，辅导员考察确定后上报系。

第十一条　在特殊情况下，学生干部也可由其上级组织指定、委任或特别聘任等形式产生。

第十二条　学生干部任期一年，可以连选连任，原则上连续担任同一职务不得超过两年。

第十三条　学生干部选拔原则：

（一）学生干部的选拔和任用坚持民主和公开、公平、公正的原则；

（二）院团委学生干部、学生社团联合会干部的选拔，由学生本人提出申请或组织推荐，通过公开竞聘等方式，由院团委审核通过产生；

（三）院学生会干部的选拔，由学生本人提出申请或组织推荐，院团委审定，通过代表大会或公开竞聘产生，报学院团委批准；

（四）学生干部在任职前须进行公示；

（五）特殊情况下，经组织推荐，院团委学生干部、学生社团联合会干部可由院团委直接任用，院学生会干部由学院党委直接任用。

第十四条　学生干部选拔基本程序：

（一）发布公告。由院团委、学生会、学生社团联合会公布学生干部岗位、报名资格条件、选拔的基本程序和方式。

（二）自主申报和基层推荐。学生根据自身条件对照公告内容，自主申报岗位。学院各二级基层团组织、学生分会可在征询本单位学生干部本人意见基础上，向学院推荐符合选拔要求的学生干部。

（三）资格审查。院团委、学生会、学生社团联合会根据学生干部选拔任用条件和不同职务的职责要求，对自主申报或基层推荐的学生干部人选进行资格审查。

（四）面试答辩。

1. 院团委下辖各学生组织负责人的面试答辩，由院团委组成换届工作小组进行。各二级部门负责人的面试答辩由分管教师和新聘任负责人组成换届工作小组进行。

2. 学生会主席团成员的面试答辩，由院团委和学生委员会组成换届工作小组负责进行。二级部门负责人的面试答辩由指导教师和学生会新聘任主席团成员组成换届工作小组进行。

3. 学生社团联合会主席团成员的面试答辩，由院团委和学生社团联合会委员会组成换届工作小组负责进行。二级部门负责人的面试答辩由指导教师和学生社团联合会新聘任主席团成员组成换届工作小组进行。

（五）酝酿推荐。根据面试答辩情况，各换届工作小组对人选进行酝酿，产生拟聘人选推荐名单。

（七）研究决定。院团委学生干部、学生社团联合会干部拟聘人选由院团委研究决定。院学生会干部拟聘人选由院团委审核，报学院党委研究批准。

（八）任职公示。由院团委、学生会、学生社团联合会在学院主要宣传媒介上进行任职公示。

（九）发文聘任。公示无异议后，由院团委、学生会、学生社团联合会发文聘任。

第四章　学生干部的教育与培养

第十五条　学生干部任职期间，应接受一定的培训。学生干部的培训情况是任免、考核的重要依据。

第十六条　学生干部培训按层次可分为青年马克思主义者培养工程、青年共产主义学院、学生组织日常业务培训等。学生组织日常业务培训由各学生组织负责。

第十七条　对培训合格的学生干部院团委将颁发结业证书。对培训中表现优秀的学员进行表彰，结合平时工作情况和定期考核结果，推荐优秀干部参加省市级学生干部培训。

第五章　学生干部的考核和奖惩

第十八条　学生干部的考核工作每学期进行一次，在每学期开学后两周内集中开展。主要从德、能、勤、绩四个方面进行量化考核。考核结果为优秀者，可参加学院"优秀学生干部"的评选。具体考核办法参见《福州软件职业技术学院院级学生干部考核细则》。

第十九条　学生干部每学期考核后，可根据考核结果予以综合测评加分。具体加分标准如下：

1. 担任各级学生干部并履行职责，视工作表现加 0~4 分。

2. 承办各级学生活动，组织者、参与者视活动情况加 1~5 分/项。

第二十条　对未恪尽职守，不能很好履行职责的学生干部视情节轻重予以通报批评、撤销职务、劝退等处理。

第二十一条　学生干部有下列情况之一者，应予以免职。

（一）违反学院相关管理制度，受到学院纪律处分的；违反国家法律法规，受到法律法规制裁的。

（二）在学生中威信较低，不能起表率作用者；

（三）由于工作严重失误、失职造成重大损失或者恶劣影响，不宜再担任现职的。

（四）学生干部因社会工作等原因，影响学习，成绩明显下降，一学期有 1 门以上（含 1 门）必修课课程重修；

（五）能力差不能胜任工作或考核"不合格"者。

免职程序如下：

（一）所在学生组织召开负责人会议，对该学生干部的情况进行充分讨论。形成免职决议后，报上级组织批准。

（二）上级组织作出批复后，由所在组织通报免职结果，并存档备案。

第二十二条　学生干部任期未满提出辞职的，辞职程序如下：

（一）学生干部提出申请，交所在学生组织；

（二）学生组织接到学生干部辞职报告后，召开负责人会议讨论，提出意见，并报上级组织批准审核；

（三）上级组织批复后，申请人方可交接离任。未经批复，申请人不得擅离职守。

第六章　附　则

第二十三条　本办法由福州软件职业技术学院团委负责解释。

第二十四条　本办法自发布之日起施行。

福州软件职业技术学院青年志愿者管理办法（修订）

第一章 总则

第一条 为了弘扬志愿服务精神，奉行"奉献、友爱、互助、进步"的宗旨，促进我院志愿服务事业的发展，规范志愿服务活动，保障志愿者，志愿服务组织以及志愿服务对象的合法权益，根据有关法律法规，结合福州软件职业技术学院青年志愿者实际情况，制定本办法。

第二条 本规定所称的志愿者服务，是指志愿者组织和志愿者为促进社会文明发展，自愿、无偿地服务于社会生产，生活的行为。

第三条 福州软件职业技术学院青年志愿者协会是由我院自愿参与社会公益事业的广大青年志愿者组成的非营利性群众性组织，是学院服务和互助领域的开拓者。协会通过组织和指导全校志愿服务活动，为学校、社会提供力所能及的志愿服务，推动社会主义精神文明建设，提高青年的综合素质，为经济社会的协调发展和全面进步做出积极贡献。

第四条 本协会的原则"自愿参加，量力而行，讲求实效，持之以恒"。

第五条 本协会的行动宗旨：服务社会，帮助他人，完善自己，弘扬新风。

第六条 本协会接受福州软件职业技术学院团委领导，福州市青年志愿者服务中心指导和社会各界的监督管理。

第二章 工作内容

第七条 本协会的工作内容：

（一）改善社会风气和人际关系，为发展社会主义市场经济创造良好的社会环境；

（二）适应社会主义市场经济发展的需要，推动青年志愿服务体系和多层次社会保障制度的建立和完善。

（三）培养青年的公民意识、公共道德意识、奉献精神和服务能力，促进青年健康成长；

（四）为城乡发展、社区建设、环境保护、抢险救灾以及大型社会活动等公益事业提供志愿服务；

（五）为具有特殊困难以及需要帮助的社会成员提供服务；

（六）规划、组织全院青年志愿活动，协调、指导其开展活动。

（七）与校外志愿组织和团体的交流、合作，共同开展有关活动。

第三章 组织管理

第八条 本管理办法适用于我院各级青年志愿者组织及其志愿行动。

第九条 我院青年志愿者组织受院团委指导老师的指导和监督。

第十条 每学期院团委青年志愿者组织根据志愿活动情况，评选出优秀个人，在年度志愿者工作总结会上给予表彰，并在院级评优评先中予以推荐。

第十一条 各系团总支，志愿者组织应根据各自实际需求，积极组织各种形式和内容各异的志愿服务活动，实施不同领域的志愿服务项目，向注册志愿者提供志愿服务岗位，推荐注册志愿者到其他部门和机构提供志愿服务。

第四章 青年志愿者组织的权利与义务

第十二条 志愿者应具备相应的民事行为能力。

第十三条 青年志愿者享有下列权利：
（一）参加我院青年志愿者组织的志愿服务活动；
（二）获得参与本协会组织开展的志愿服务的优先权；
（三）对我院青年志愿者的工作进行批评建议和监督的权利；
（四）获得所参加志愿服务活动的相关信息，向协会推荐会员的权利；
（五）获得志愿服务活动必要的安全保障权利；
（六）自身有志愿服务需求时优先获得志愿服务的权利；
（七）参与评选优秀志愿者的权利；
（八）入会自愿，退会自由的权利；
（九）法律、法规及志愿服务组织章程规定的其他权利。

第十四条 志愿者履行下列义务：
（一）遵守青年志愿者协会的章程，执行协会的决议，宣传和推广青年志愿者活动；
（二）维护协会的合法权益、声誉和形象，不能以志愿者的身份从事营利性或者违背社会公德的活动；
（三）参加协会组织开展的活动，履行志愿服务承诺，完成本协会委托的任务，保守志愿服务对象的隐私；
（四）法律、法规及志愿服务组织章程规定的其他义务。

第五章 组织行动经费来源和使用

第十五条 本协会经费来源：
（一）团组织支持；

（二）社会捐赠；

（三）政府资助；

（四）在核准的业务范围内开展活动或服务的收入；

（五）其他合法收入。

第十六条　任何单位和个人不得侵占、私分或者挪用青年志愿者组织的资产。经费的筹集，使用和管理应接受团组织的监督。

第六章　志愿服务

第十七条　志愿服务范围主要包括扶贫济困、扶弱助残、帮老助幼、支教助学、环境保护、科技传播、社区服务、大型社会公益活动等社会公益服务。

第十八条　青年志愿者协会、志愿者和志愿服务对象之间是自愿、平等的关系。任何单位和个人不得强行指派志愿服务组织提供服务，不得利用志愿服务或者志愿者的名义、标识进行营利性活动或非法活动。

第十九条　志愿者在从事志愿服务时应佩戴志愿者标识，或者其他可以证明身份的物品，完成志愿服务后，志愿服务组织应当如实为志愿者提供志愿服务证明，记录服务时间。

第二十条　需要志愿服务的单位和个人可以向校青年志愿者协会提出申请，并告知需要志愿服务事项的完整信息和潜在风险。协会对志愿服务申请进行审议，及时答复，不能提供志愿服务的，应予以说明。

第二十一条　我校青年志愿者协会可以与接受志愿服务的单位和个人签订书面协议，明确双方的权利、义务以及解决争议的方法。

第七章　附　件

第二十二条　本办法的最终解释权归福州软件职业技术学院团委、青年志愿者协会所有。

福州软件职业技术学院学生社会实践活动管理办法

第一章 总 则

第一条 根据中宣部、中央文明办、教育部、共青团中央《关于加强和改进大学生社会实践的意见》精神，结合我院社会实践的实际，特制定本办法。

第二条 社会实践是高校教学的一个重要组成部分，是加强大学生思想道德建设、培养综合素质的重要途径之一，是大学生深入基层、深入实际、深入群众的有效方式。

第三条 社会实践是学生第二课堂活动的重要组成部分，以"受教育、长才干、作贡献"为活动宗旨。

第四条 社会实践活动要坚持广泛动员、精心组织，突出重点、讲求实效，创造条件、提供保障，密切配合、加强宣传、安全第一的原则。

第五条 大学生要充分发挥专业特长，通过社会实践的形式，为专业学习和学术科研服务，为软件技术发展服务。

第二章 活动形式

第六条 除教学计划安排的教学实践外，各院系、社团、部门、协会组织重点利用假期组织社会实践活动，成员可跨年级、跨专业、跨系。

第七条 开展以个人社会实践为主要形式的假期社会实践活动，即学生就近就便组织小分队回到家乡，参观调研、勤工助学、社区服务或依托教学实习开展社会实践活动。

第三章 活动内容

第八条 重点组织以加强大学生思想政治教育为目的，以大学生"三下乡"、"进社区"、志愿服务计划、青年志愿者等为载体的社会实践活动。

第九条 大学生参加社会实践活动要根据专业特长、年级和学历教育实际，采取自愿与要求相结合，假期与平时相结合，集中与分散相结合的形式，创新和丰富社会实践内容，扩大活动覆盖面与影响，确保思想政治教育贯穿于社会实践的全过程。

第十条 社会实践活动主要围绕科技帮扶、文化宣传、法律宣讲、支教扫盲、环境保护等方面开展，同时，可以结合学院专业特色，到软件技术行业开展实践活动，为大学生社会实践提供广阔的空间和有利条件。

第十一条 团（队）社会实践活动实行申报制，经所在系对实践项目进行论证并做出基本评价，由团总支统一上报院团委。跨系、跨学科的项目由团（队）负责人所在系负责该项目的申报。

第十二条 社会实践活动结束后，及时整理实践活动中搜集的各种资料并作好总结，提交高质量的社会实践报告，院团委负责组织开展社会实践成果报告会。

第四章 活动要求

第十三条 各级党团组织要从贯彻落实科学发展观、培养高素质人才的战略高度，深入、扎实地组织开展好社会实践活动。切实加强对社会实践活动的指导，对重点团（队）选派得力干部和专业教师带队。

第十四条 要不断丰富社会实践活动的内容和形式，积极探索和建立与专业学习相结合、与服务社会相结合、与创新创业相结合的社会实践机制。了解基层需求，科学规划项目，增强服务针对性，使更多的学生投入到活动中去，在实践中得到锻炼。

第十五条 实践过程中，应遵循社会实践守则，扎实工作，讲求实效，遵纪守法，遵守校纪校规，积极维护学院的声誉。

第五章 经费来源及管理办法

第十六条 社会实践经费来源于学院专项经费、系学生活动经费和社会赞助等方面。

第十七条 学院每年设立社会实践专项经费，主要用途包括：资助社会实践项目；奖励优秀社会实践团（队）、个人等。

第十八条 学院社会实践专项经费由院团委统一管理，系团（队）通过团总支向院团委上交活动计划，院团委将组织专家评审，择优予以资助。

第十九条 对于虚报实践经费的团（队），一经核实，将不再考虑予以资助，并视情节轻重进行批评教育或纪律处分；作虚假活动策划或没有开展实践活动的，将追回先期拨付的经费，并追究当事人的相关责任。

第二十条 各社会实践团（队）要合理使用实践经费，专款专用，账目要清晰、规范，在规定期限内报销。

第六章 表彰与奖励

第二十一条 为了鼓励更多的学生参与到社会实践活动中去，不断推进我院社会实践活动向前发展,对社会实践活动中涌现出的先进团体和个人进行表彰。对社会实践活动中表现突出的集体分别授予"优秀组织单位"、"社会实践优秀团（队）"荣誉称号；对社会实践活动中表现突出的个人分别授予"优秀指导教师"、"社会实践先进个人"等荣誉称号。

第二十二条 "社会实践先进个人"和"优秀指导教师"的评选，由各团总支根据学生和指导教师在社会实践中的具体表现提出建议,并报院团委审定；社会实践先进集体,由院团委组织评审委员会依据申报单位的活动方案、活动情况按照评审条件和规则确定。

第七章 附 则

第二十三条 本办法由共青团福州软件职业技术学院委员会负责解释。

第二十四条 本办法自公布之日起施行。

福州软件职业技术学院学生诚信档案管理办法

第一章 总 则

第一条 为进一步加强对学生的诚信教育和日常管理，促进学生全面发展，提高我院学生社会适应能力和竞争力，根据《普通高等学校学生管理规定》和《公民道德实施纲要》等文件精神，特制定本办法。

第二条 福州软件职业技术学院学生诚信档案（以下简称"学生诚信档案"），是记载我院学生在校期间诚信状况和操行表现的管理系统，是学院、用人单位以及其他相关单位或部门对学生进行诚信程度评价的重要依据，是学生个人档案的有机组成部分。学生诚信档案的建立和管理遵循实事求是，客观公正，系统规范的原则。

第二章 学生诚信档案基本内容

第三条 学生诚信档案构成：

1. 福州软件职业技术学院学生诚信承诺书（附件1）。

学生诚信承诺书是我院学生在校期间自觉履行社会责任和义务，遵守诚实守信的道德规范的慎重承诺。凡我院学生入学时都必须在诚信承诺书上签字，践行自己的承诺，接受各方监督。

2. 福州软件职业技术学院学生诚信状况履历登记表（附件2）。
3. 福州软件职业技术学院学生诚信状况汇总表（附件3）。

第四条 学生诚信状况的主要指标：

1. 学习诚信状况

记录学生平时作业有无抄袭、编造实验数据、撰写论文有无剽窃他人成果现象。此项由主管部门和院（系）共同认定。

2. 生活诚信状况

记录学生在校期间的日常生活中是否有不良行为表现。所谓不良行为是指有无违纪违法、不文明举止、违背社会公德、损害学院名誉的行为。此项由院（系）和学生工作处共同认定。

3. 考试诚信状况

记录学生在校期间的各种考试中是否有作弊等违纪行为。此项由院（系）和教务处、学生工作处共同认定。

4. 缴费诚信状况

记录学生每学年缴纳学费、住宿费的诚信情况,主要记录是否存在恶意欠费事实。所谓恶意欠费是指具备缴纳学杂费能力,但在学院规定时间内无任何正当理由拒绝缴费;此项由院(系)和学生工作处共同认定。

5. 贷款诚信状况

记录学生从申请国家助学贷款到偿还国家助学贷款过程中的诚信状况。主要包括所提供的个人贷款信息是否真实,有无骗取国家助学贷款的行为;贷款还款是否严格遵守协议和有关规定。此项由院(系)和学生工作处共同认定。

6. 受助诚信状况

记录学生在申请各类资助过程中的诚信状况。主要包括所提供的个人申请信息是否真实;贫困助学金和勤工俭学岗位补贴的使用是否存在不当消费行为。所谓不当消费行为是指将助学金用于购买高档商品和社交性消费。此项由院(系)和学生工作处共同认定。

7. 就业诚信状况

记录学生在求职过程中向用人单位提供个人基本信息的诚信状况。主要包括学生提供的求职信息是否真实,是否存在未经用人单位同意单方面执意解除协议的情况。此项由学院就业办和院(系)共同认定。

8. 上网诚信状况

记录学生上网时的行为表现。主要包括是否有散布、传播恶意攻击性信息、虚假信息或中伤他人、制造事端的行为。此项由主管部门和院(系)共同认定。

第三章　学生诚信档案的建立

第五条　学生诚信档案的建立

1. 学生诚信档案从入学报到之日起建立,到学生毕业离校时结束。

2. 学生在毕业前,院(系)要将学生各学期的《福州软件职业技术学院学生诚信状况履历登记表》进行汇总整理,形成该生的《福州软件职业技术学院学生诚信状况汇总表》,装入学生档案。

3. 对于有不诚信行为能知错就改的学生,可根据该生在校期间的综合表现,经本人提出申请,院(系)学生工作领导小组评议,报学生工作部(处)批准,酌情修订该生的《福州软件职业技术学院学生诚信状况汇总表》,但《福州软件职业技术学院学生诚信状况履历登记表》不得修改。

第六条　学生诚信档案的记录

1. 学生诚信档案必须遵照提出记录议案、院(系)认定、专人记录、签字盖章的流程进行记录。任何单位和个人都可以根据事实向学生所在院(系)提出记录议案。

2. 院(系)学生工作领导小组负责对所提出的记录议案进行认定。认定结论分为同意记录、责令改正暂不记录、不予记录三种,院(系)学生工作干部按照认定结论进行记录。

3. 院（系）学生工作领导小组在进行认定之前，必须告知当事人所提记录议案的内容；认定并正式形成记录后一周内必须以书面形式告知当事人。

4. 学生对本人诚信档案的记载内容有异议，可在诚信档案记载内容被告知后5个工作日内向院（系）学生工作领导小组提出复议请求；如对复议结论仍有异议，可在5个工作日内向学生工作处提出复议请求。院（系）学生工作领导小组和学生工作处在调查取证的基础上，做出撤销记录、修改记录和驳回复议请求的答复。

第四章　学生诚信档案的管理和使用

第七条　学生诚信档案的管理

1. 学生毕业后，院（系）要将学生的诚信档案副本以电子文本的形式移交学生工作处妥善保管，不得更改、遗失、损毁。

2. 任何人不得擅自改变学生诚信档案的内容。

第八条　学生诚信档案的使用

1. 各学生宿舍每学期根据诚信状况的主要指标，至少进行一次对宿舍成员的评议工作，并将评议结果以书面形式上报班委，班委对宿舍评议结果进行认定，经班委同意，宿舍评议结果上报院（系）备案。

2. 每学期，由各院（系）学生辅导员、班委会及学生代表对各班学生进行诚信状况评议工作，参照宿舍评议结果，得出该生本学期的诚信状况，评议结果上报院（系）备案。

3. 凡是有重大不诚信行为的学生无权参与当学年各类荣誉的评比，并将不诚信记录抄送所属党支部；凡是有重大不诚信行为的学生比例达到或超过20%的集体取消当学年优秀（先进）集体的评选资格。

4. 查阅毕业学生的诚信档案必须经过学生工作处和院（系）主管领导的同意。未经批准，任何人不得查阅、复制或对外披露学生诚信档案内容。

第五章　学生与学院的权利和义务

第九条　学生的权利

1. 学生有权获悉本人诚信档案的记载内容，并有权在有效时限内对诚信档案所记载的内容提出异议。

2. 学生有权要求对个人诚信档案进行保护与合法使用。

第十条　学生的义务

1. 遵守学生行为规范和学院的各项管理制度。

2. 向学院提供真实准确的个人信息。

第十一条　学院的权利

1. 制定学生诚信档案的管理制度，解释诚信档案管理的相关政策，管理诚信档案和记录有关诚信信息。

2. 按照规定的审批程序，学院有权批准有关单位和个人因工作需要，对学生进行考查、调查时，查阅学生诚信档案内容。

3. 学院有权在学生评优、入党、资助、就业推荐时把诚信档案作为重要考评依据。

第十二条 学院的义务

1. 向有不良记录的学生提供书面通知。

2. 确保对学生诚信档案信息客观、公正、符合规范地使用，对个人隐私负有保密义务。

第六章 附 则

第十三条 本办法适用于福州软件职业技术学院全日制在校学生。

第十四条 本办法自公布之日起实施，由学院学生工作处负责解释。

附件1：

福州软件职业技术学院学生诚信承诺书

诚实守信是中华民族的优良传统，是做人之本，立德之源。讲究诚信，回归诚信，是对优秀传统的继承与发扬。为进一步增强自身的诚信意识，树立大学生的良好形象，努力使自己成为全面发展的高素质人才，我庄严做出如下承诺：

一、学习诚信。端正学习态度，不迟到、不早退、不旷课；不抄袭他人作业、文章；撰写论文不剽窃他人成果；不伪造实验数据；不虚报成绩。

二、生活诚信。以诚为本，以信立人。做到诚信待人，说实话、办实事，言行一致，知行统一。

三、考试诚信。遵守考场纪律，自觉抵制各种不良行为，考出真实水平。

四、缴费诚信。按时足额交纳学费、住宿费、书费等费用，做到不弄虚作假，不恶意拖欠。

五、贷款诚信。如实填写申请信息，积极履行贷款合同，按时归还贷款本息，不恶意拖欠国家助学贷款，维护个人及学院的信贷信誉。

六、受助诚信。如实填写资助申请信息，获得资助后不进行与自己经济情况不符的消费活动。

七、就业诚信。诚信求职，慎重签约，不恶意违约，做诚实守信的毕业生。

八、上网诚信。文明上网，不浏览非法和不健康网站；不编造、传播虚假信息，做网络的文明使者。若有以上不诚信行为，我自愿承担相关责任。

承诺人：

年　月　日

附件2：

福州软件职业技术学院学生诚信状况履历登记表

20　—20　学年　　第　　学期　　编号：

院（系）		年级、专业		照片粘贴处
学号		姓名	性别	
民族		政治面貌		
出生日期		籍贯		
身份证号		社会兼职情况		
是否担任党、团、班级、学生组织干部，担任何职				
家庭详细地址				
家庭联系电话		本人联系电话		
学习诚信状况				
生活诚信状况				
考试诚信状况				
缴费诚信状况				
贷款诚信状况				
受助诚信状况				
就业诚信状况				
上网诚信状况				
填表人		认定部门公章		

附件3：

福州软件职业技术学院学生诚信状况汇总表

编号：

院（系）		年级、专业			照片粘贴处
学号		姓名		性别	
民族		政治面貌			
出生日期		籍贯			
身份证号		社会兼职情况			
是否担任党、团、班级、学生组织干部，担任何职					
家庭详细地址					
家庭联系电话		本人联系电话			
操行表现：					
填表人		认定部门公章			

福州软件职业技术学院推荐优秀团员作为党的发展对象的工作细则

第一章 总则

第一条 中国共产主义青年团是中国共产党领导的先进青年的群众组织，是广大青年在实践中学习中国特色社会主义和共产主义的学校，是党的助手和后备军，积极做好推荐符合入党条件的优秀共青团员入党，是共青团"助手和后备军"作用在党组织建设上的具体体现，是团组织一项极其光荣而重要的任务。共青团组织积极认真地推荐符合入党条件的优秀团员入党，不仅可以给党源源不断地输送优秀分子，而且将大大提高团组织工作的活力。

第二条 坚持"自愿、公开、民主"的原则。

第二章 推优条件

第三条 凡我院在籍学生、在籍团员，已递交入党申请书，具有一定党的基本知识者。

第四条 积极参加学校组织的各项形势报告会、形势教育课者，无故缺席累计二次以上（含二次）者，不予推优。

第五条 思想品德和学习成绩优良，上学年综合测评成绩排名在班上前40%，其中德育测评分在班级前30%，并且在上学期不得有二科以上的补考现象。

第六条 在学风建设、校园文明建设、文体活动、科技活动等方面应起到模范带头作用，一个学期中因违纪被通报批评超过两次者不予推优，受到警告（含警告）以上处分者，不予推优。

第七条 积极、认真参加院、班团组织生活，无故缺席或请假（病假除外）超过两次者，不予推优。

第八条 在学期间担任社会职务有良好表现者、获得院级以上荣誉者、维护校园秩序成绩显著者和见义勇为者可优先考虑。

第三章 推优程序

第九条 各团支部在进行推优的工作中首先由团支部提出候选人名单，征求辅导员的意见，然后在团员大会上进行表决，确定推优名单，报院团委审批。推优工作中的推荐比例一般为3%~10%（大一10%，大二3%），在特殊情况下需要调整比例的由团支部上报院团委审核批准。

第十条 按照"成熟一个，推荐一个"的原则，根据入党的条件和团章的有关规定，在团组织民主生活会上对符合推优条件的优秀团员进行充分讨论。

第十一条 对于担任院团委、学生会的团员，原则上和其他团员一样按条件参加推荐，特殊情况下，院团委也可直接向团支部提出推荐意见，并由团支部讨论后进行推荐。

第十二条 在特殊情况下或对于特别优秀的学生，也可由团支部直接提名，报请院团委批准。

第十三条 团支部"推优"会议，必须有党员参加，到会党员对整个推优工作给予指导和监督。未到会的团员不得超过团员总数的十分之一（特殊情况报请院团委批准），且被推荐对象有60%以上到会团员表决通过者，才能列为推优对象。会议投票以无记名投票方式进行。

第十四条 成为推优对象的同学须填写由院团委统一印制的"福州软件职业技术学院推荐优秀团员作为党的发展对象登记表"，由团支部签署支部意见。且团支部向院团委呈报推荐名单时，必须附上"推优表"和团支部具体推荐材料。

第十五条 团支部考察通过者，送交院团委组织部备案。经院团委审批，再推荐给院党支部确定为入党积极分子。

第四章 推优纪律

第十六条 各团支部在推优过程中一定要严肃、认真、公正，严格遵守有关规定，不得拉帮结派，不准徇私舞弊。对推优过程中出现的违纪问题，一定要严肃处理，除取消相关责任者在校期间的推优和被推优资格外，将给予团内严重警告及以上的处分；情节严重者，由院团委上报学校给予相应的纪律处分。

第十七条 本细则自2017年3月13日起执行。

注：（1）推优每学期一次，凡推优满一年尚未被确定为入党积极分子者须重新推选。

（2）开学一个月内将推优名单报送院团委。

福州软件职业技术学院先进集体与个人评选办法

第一章 评选类型

第一条 评选项目

1. 先进班级：先进班级、五四红旗团支部、优秀部门、优秀社团。
2. 先进个人（学生）：十佳大学生、三好学生、优秀团员、优秀学干、优秀团干、先进工作者。
3. 先进个人（教师）：校园文化建设优秀指导老师、文明修身工程优秀指导老师、学生社团优秀指导老师。

第二章 评选比例

第二条 团委和每个辅导员各推荐1名"十佳大学生"候选人；先进集体约占15、16级团支部（或班级）总数的15%，优秀部门6个、优秀社团各评选3个；先进个人（学生）：14级各辅导员所带学生数的3%，15级各辅导员所带学生数的5%，16级各辅导员所带学生数的5%，团委、学生会、社团联合会、自律会共推荐15、16级学生总数的2.5%。在先进个人（学生）中，三好学生占15%（上限）、优秀团员占15%（上限）、优秀学干占25%（上限）、优秀团干占25%（上限）、先进工作者；先进个人（教师）共评8名，由学生处、团委推荐。各单位应严格按照《评选先进集体、先进个人条件》和推荐名额比例进行评选。

第三章 院级先进集体、先进个人条件

第三条 院先进集体条件

（一）先进班级条件

1. 班、团两委组织健全，成员素质好，能坚定正确的政治方向，工作能力强，以身作则，在同学中起模范带头作用，享有较高威信。班委一班人能团结协作，形成坚强的班级领导核心；能及时了解同学的思想动态，听取同学的反映，为同学办实事；敢于同各种不良行为作斗争，积极配合辅导员开展工作；认真组织全班同学参加增强团员意识教育、文明修身工程建设、社会实践活动，经常开展形式多样、生动活泼的思想教育和第二课堂活动。

2. 班风正，学习风气浓厚，获奖学金人数占全班人数的15%以上，班级集体荣誉感强，文明宿舍比例占10%以上，班级成员遵纪守法，没有严重违反校纪校规的行为（在该学年度内全班没有出现受留校察看或以上处分的同学）；协助团支部搞好各项团的活动。

（二）五四红旗团支部条件

1. 团支部班子配备齐全，分工明确，团结协作，发挥团支部的核心作用，配合支持班委会做好学生工作，做好团员的思想教育工作。团支部活动丰富多彩，富有创造力和吸引力，在文明修身工程、增强团员意识教育、文体活动、感恩教育等各项活动中成绩显著。

2. 定期组织团员参加政治学习，团组织活动制度化。搞好团员证管理和年度团籍注册工作，搞好团员评议活动，认真执行《团支部工作备忘录》制度。按期收缴团费，并根据规定上缴上级组织。支部团员没有严重违反校纪校规的现象（团支部在该学年度内没有出现受留校察看或以上处分的同学）。团支部有较强的凝聚力和战斗力。

3. 支部团员思想进步，积极向上，递交入党申请书人数占支部人数的50%以上。

（三）优秀部门评选条件

1. 部门班子配备齐全，分工明确，团结协作，及时高效保质地完成本职工作。

2. 部门管理严谨又不失人性化，能定期召开部员会议，及时传达团委、学生会的工作精神，认真总结工作，主动有效地培养部员能力，激发部员的积极性和创造力。

3. 部门主要干部以身作则，身先士卒，能准时参加团委、学生会干部例会，及时上交工作计划、总结，在活动开展中发挥核心作用。

4. 部门开展活动成效显著。

（四）优秀社团评选条件

1. 社团有自己的品牌活动，影响力较大。

2. 社团管理严谨又不失人性化，能定期召开社团成员会议，认真总结工作，主动有效地培养成员能力，激发成员的积极性和创造力。

3. 社团干部能准时参加社团联合会例会，及时上交工作计划、总结、注册、档案资料收集完备。

4. 社团的财务状况运转良好，财务清晰、公开。

第四条 院先进个人条件（学生）

（一）十佳大学生评选条件

1. 热爱祖国、热爱社会主义、拥护中国共产党的领导，认真学习党的十八大精神、邓小平理论、"三个代表"重要思想和科学发展观，坚持党的基本路线。认真上好政治理论课和思想教育课，成绩优良。积极参加党小组等党团组织活动，政治上要求进步。积极参加集体活动，在文体活动、社会实践活动、文明修身工程建设、青年志愿者活动等各项活动中成绩显著。热心为同学服务，艰苦朴素，注重个人品德修养，勇于同不良现象作斗争，遵守《学生守则》和校纪校规。

2. 学习目的性明确，态度端正，分析能力和解决问题能力较强，在学风建设中表现突出；2016—2017 学年度德育测评成绩在全班人数 10% 以内，学业成绩获二等或以上奖学金，是我院学生学习楷模。

3. 上好体育课，积极参加锻炼和课外活动，通过《国家体育锻炼标准》测试。

（二）三好学生评选条件

1. 参照十佳大学生条件第一点。

2. 学习目的性明确，态度端正，分析能力和解决问题能力较强，在学风建设中表现突出；2016—2017 学年度德育测评成绩在全班人数 20% 以内，学业成绩获三等或以上奖学金。

3. 参照十佳大学生条件第三点。

（三）优秀团员评选条件：

1. 参照十佳大学生条件第一点。

2. 模范执行团章，履行团员义务，积极参加团的组织生活和团员民主评议活动，团员意识强，积极参加党小组活动。

3. 学习目的明确，态度端正，分析能力和解决问题能力较强，在学风建设中表现突出；2016—2017 学年度德育测评成绩在全班人数 20% 以内，学业成绩获三等或以上奖学金。

4. 参照十佳大学生条件第三点。

（四）优秀学干评选条件

1. 参照十佳大学生条件第一点。

2. 热爱本职工作，工作责任心强，热心为同学服务，在院级组织或班级工作中表现突出。有较强的组织活动能力和工作协调能力。在学校各项思想教育活动、文体活动、文明修身工程及学风基础建设中能处处以身作则，起模范带头作用。工作作风正派，任劳任怨，思想政治素质好。

3. 2016—2017 年度德育测评成绩在班级人数前 30% 以内，学业成绩无补考现象。

（五）优秀团干评选条件：

1. 参照优秀团员第一点、第二点、第四点。

2. 热爱本职工作，有强烈的事业心和责任感，熟悉团的业务基本知识，工作作风扎实、勤恳、具有献身精神。在院级组织或团支部工作中表现突出。在团员学生中有较高的威信，能较好地完成组织交给的各项任务，工作成绩显著；在学校各项思想教育活动及校园文明建设中以身作则，起模范带头作用。

3. 2016—2017 学年度德育测评成绩在班级人数前 30% 以内，学业成绩无补考现象。

（六）先进工作者评选条件：

1. 热爱祖国、热爱社会主义、拥护中国共产党的领导，认真学习党的十七大精神、邓小平理论、"三个代表"重要思想和科学发展观，坚持党的基本路线，能积极参加党小组活动。

2. 工作责任心强，热心为同学服务，乐于奉献。在学校各项思想教育活动及校园文明建设中以身作则，起模范带头作用，对学院、班级作出较大贡献者。

3. 学习目的明确，态度端正。

（七）院先进个人条件（教师）：

热爱党、热爱祖国、热爱社会主义、忠诚党的教育事业，敬业爱岗，努力学习，勇于创新，积极参与学院推出的各项改革，具有爱校和献身教育的奉献精神。

在文明校园建设及本职工作中做出较显著成绩。特别在组织和指导校园文化建设、文明修身工程、教学、行政等方面表现突出，成绩优异。

附件1：福州软件职业技术学院先进集体审批表

附件2：福州软件职业技术学院"十佳大学生"推荐表

附件3：福州软件职业技术学院先进个人审批表

附件4：福州软件职业技术学院先进个人（教师）审批表

附件1：

福州软件职业技术学院先进集体审批表

类别：

五四红旗团支部		先进班级		优秀部门		优秀社团	

___年___月___日

年段班级		部门/社团	
先进事迹	附纸（A4）打印一份		
辅导员意见	签章：		
学院团委意见	签章：		
学生工作处意见	签章：		

附件2：

福州软件职业技术学院"十佳大学生"推荐表

_____级 _____班级　　　　　　　　　_____年___月___日

姓名		性别		出生年月	
籍贯		民族		入团（党）时间	
职务					
先进事迹		1. 附纸（A4）打印一份； 2. 材料附上各种证书的复印件。			
获奖情况					

学院团委意见	学生工作处意见
（盖章）	（盖章）

此表一式一份

附件3：

福州软件职业技术学院先进个人审批表

类别：

三好学生		优秀团员		优秀学干		优秀团干		先进工作者	

_____级_____班级　　　　　　　　　　　___年___月___日

姓名		性别		出生年月		入团（党）时间	
籍贯		民族		担任职务			
主要表现	\multicolumn{7}{c}{附纸（A4）打印一份}
获奖情况							

续表

	2016—2017 年下半学期			2017—2018 年上半学期		
学习成绩		课程	成绩		课程	成绩
	1			1		
	2			2		
	3			3		
	4			4		
	5			5		
	6			6		
	7			7		
	8			8		
	9			9		
	10			10		
	11			11		
	12			12		
	平均成绩		居全班名次	平均成绩		居全班名次
	奖学金等级			奖学金等级		

抄写人：_____ 审核人：_____

辅导员意见	学院团委意见	学生工作处意见
（签章）	（签章）	（签章）
2018 年 月 日	2018 年 月 日	2018 年 月 日

此表一式一份

附件4：

福州软件职业技术学院先进个人（教师）审批表

姓名		性别		政治面貌	
出生年月		文化程度		类别	
职务				联系电话	
事迹材料	附纸（A4）打印一份					
受过何表彰						
学院团委意见	 （盖章） 年　月　日					
学生处意见	 （盖章） 年　月　日					

注：此表一式一份

福州软件职业技术学院学生奖励学分
实施管理办法（试行）

为加强对学生创新意识和实践能力的培养，提高学生的创新精神和实践能力，促进学生个性发展，落实奖励学分制度，特制定本办法。

奖励学分是指全日制学生在校期间根据自己的特长和爱好从事超出本专业培养方案要求的科技创新和实践活动而取得具有一定创新意义的智力劳动成果或其他优秀成果，经学校教务处组织相关指导教师评审认定后给予奖励的学分。

一、认定范围及内容

1. 校级及以上各类专业竞赛奖励（文化、艺术、体育类竞赛为省级及以上奖励）；
2. 公开发表的作品和成果（科技成果、发明创造）。

二、认定对象和有效时间

奖励学分获得的对象是在校专科生，奖励学分的获取有效时间为专科生在校学习期间。

三、认定程序和学分登记

1. 学校每学期初受理奖励学分的申报工作，由学生本人填写福州软件职业技术学院奖励学分申请表，经指导教师同意，学生处审核公示，报教务处审批。经批准可获得奖励学分，并记入学生成绩档案。

2. 奖励学分的登记统一在每学期初进行，具体实施程序为：每学期第一周为学生申请（并附上必要的证明材料）、指导教师签署意见时间，第二周为审核公示时间，第三周为教务处审批时间，第四周为记载学分时间。

3. 如遇特殊情况，学院可以举行临时性奖励学分评审会议，以及时评定学生的成果。

4. 根据学生获得的奖项及其奖励学分的不同级别，获奖者可直接向教务处申请把奖励学分列入相应的教学评价：

（1）取代专业教学的部分实验或相应的实践教学环节；
（2）申请作为专科毕业设计（论文）的一部分，并继续完成；作为毕业设计（论文）可在专业指导教师的指导下答辩，亦可经学院教务处批准，由教务处聘请相关专业的教师组成答辩小组予以评定；
（3）代某一门任选课学分或辅修课学分。

5. 成绩登记表上的记载应明确奖励学分的项目内容、获得学分、可代替科目（课程或实践环节）的类别（原则上优先代替同学科类的学分）。

四、评定的标准

1. 公开发表的作品，在国际、国内正式刊物上，有内部准印证及学术会议论文集等非正式刊物上发表的学术论文（含学年论文、科技论文），学术论文发表以收到收录通知书或正式刊物为准。

公开发表的作品奖励学分评定标准表

项目	获奖名称和等级		奖励学分值
论文	被 SCI、SSCI、EI 检索	第一作者	5分
	国际级和国内核心期刊	第一作者	3分
	其他正式学术刊物	第一作者	2分
	全国学术会议论文集	第一作者	1分
	省级学术会议论文集及内部刊物	第一作者	0.5分

2. 各类专业竞赛活动

主要包括：国际级、国家级、省部级、校级的各类竞赛。

各类学科竞赛活动奖励学分评定标准表

项目	级别	获奖等级或排名	奖励学分值	
			个人	集体
专业竞赛	国际级	特等奖或第一名	7分	6分
		一等奖、单项奖或2~5名	6分	5分
		二等奖或第6~10名	5分	4分
		三等奖或第11~18名	4分	3.5分
		优胜奖或鼓励奖	3.5分	3分
	国家级	特等奖或第一名	6分	5分
		一等奖、单项奖或2~5名	5分	4分
		二等奖或第6~10名	4分	3分
		三等奖或第11~18名	2.5分	2分
		优胜奖或鼓励奖	2分	1.5分
	省部级	特等奖或第一名	5分	4分
		一等奖、单项奖或2~5名	4分	3分
		二等奖或第6~10名	2.5分	2分
		三等奖或第11~18名	2分	1.5分
		优胜奖或鼓励奖	1.5分	1分

续表

项目	级别	获奖等级或排名	奖励学分值	
			个人	集体
专业竞赛	校级	特等奖或第一名	2.5 分	2 分
		一等奖、单项奖或 2~5 名	2 分	1.5 分
		二等奖或第 6~10 名	1.5 分	1 分
		三等奖或第 11~18 名	1 分	0.5 分
	集体项目按主要参与者或主力队员计，非主要参与者或主力队员乘以调节系数 50% 后取整记分值（不做四舍五入）保留小数点后一位数字，以 0.5 为界限。如：0.1~0.4 则取 0；0.5~0.9 则取 0.5。			
备注	文化、艺术、体育类竞赛奖励学分只奖励获得省级以上（含省级）奖，获校级奖不奖励学分。获得省职业院校技能大赛一等奖或全国职业院校技能大赛三等奖及以上的高职毕业生，可免试入读专升本院校相应类别专业。			

3. 科技成果

科技成果的内容主要包括：科学研究和各种产品、软件、课件等。产品、软件、课件等技术成果转让，以双方鉴定的技术成果转让合同书和打入学校的转让经费为准；产品、软件、课件等技术成果的开发推广，以学校或个人应收到的分成部分经费为准；产品、软件、课件的技术成果鉴定，以校级以上组织的专家鉴定会形成的科技成果鉴定文件为准。

科技成果奖励学分评定标准表

项目	获奖名称和等级		奖励学分值
国家级科技活动科学研究	特等奖或第一名	第一负责人	5
	一等奖、单项奖或 2~6 名	第一负责人	4
	二、三等奖或 7~18 名	第一负责人	3.5
	优胜奖或鼓励奖	第一负责人	3
省级科技活动科学研究	特等奖或第一名	第一负责人	4
	一等奖、单项奖或 2~6 名	第一负责人	3.5
	二、三等奖或 7~18 名	第一负责人	3
	优胜奖或鼓励奖	第一负责人	2.5
产品软件课件	技术转让	第一转让人	3
	开发转让	第一开发人	2
	一般性研制	第一研制人	1
	第二名以下以第一名得分，依次乘以调节系数 90%，80%，70%，60% 后取整记分值（不做四舍五入）保留小数点后一位数字，以 0.5 位界限。如：0.1~0.4 则取 0；0.5~0.9 则取 0.5。		

4. 发明创造

发明创造主要包括发明、发现、实用新型、新颖独特的设计、商标、专利等，专利获准以收到交证书费的收录通知书或正式的专利证书为准。

发明创造奖励学分评定标准表

项目	获奖名称和等级		奖励学分值
专利	发明专利	第一专利人	5 分
	实用新型专利	第一专利人	4.5 分
	专利转让	第一专利人	4.5 分
	第二专利人以下以各级第一专利人得分，依次乘以调节系数 90%、80%、70%、60% 后取整记分值（不做四舍五入）保留小数点后一位数字，以 0.5 为界限。如：0.1~0.4 则取 0；0.5~0.9 则取 0.5。		

五、奖励学分的用途与认定方式

经教务处审核认定的创新学分记入学生学籍档案，并可用于：

1. 奖励学分，可以冲抵培养方案中院选修课程相应类别学分、专业选修课、任意选修课程的学分，但不能替代其他课程的学分，可以累计，但冲抵选修课程学分一般不超过 8 学分，超出部分的学分，学校予以记载，但不冲抵课程学分。

2. 奖励学分的指标列入奖学金、三好学生评比的有关条款。

3. 奖励学分的认定方式：

奖励学分认定方式

活动项目	学生类别	奖励学分认定方式
科技类竞赛	理工类学生	认定为专业选修课学分
	文科类学生	认定为专业选修课学分或理工类选修课学分
科研训练、学术论文、科研成果、发明创造	各类学生	认定为专业选修课学分
文化、艺术、体育类竞赛	理工类学生	认定为专业选修课学分或文科类选修课学分
	文科类学生	认定为专业选修课学分或理工类选修课学分

六、检查与监督

实行奖励学分检查制度。教务处每学年第一学期初对上一学年记载的奖励学分进行检查。

1. 同一学年、同一成果多次获奖，一般只以最高奖项计算一次；集体奖项与个人奖项有重复的，取最高值计奖励学分，不重复奖励。但不同类别的奖励学分可进行累加。

2. 学院成立奖励学分审查领导小组，负责奖励学分初审工作。经认定后的奖励学分应在本学院公布，以便监督。

3. 凡经查实弄虚作假者，取消该项目所得分值，对三次以上者，报学院教务处和学生工作处以作弊处理，有关责任人按学校有关规章制度处理。

七、附　则

奖励学分的实施，对促进教育教学改革有重要作用。全体教师和学生应认真学习管理办法及有关细则。

本办法自颁布之日起执行。由教务处负责解释。

第九部分　学生资助篇

福州软件职业技术学院国家奖学金管理办法（修订）

第一章　总　则

第一条　为激励我院学生勤奋学习、努力进取，在德、智、体、美等方面得到全面发展，根据财政部、教育部关于《普通本科高校高等职业学校国家奖学金管理暂行办法》（财教〔2007〕90号）及省财政厅、教育厅印发的《福建省普通本科高校、高等职业学校国家奖学金管理暂行办法》（闽财教〔2007〕70号）制定本办法。

第二条　本办法适用于我院全日制在校专科二年级以上（含二年级）学生。

第三条　国家奖学金由中央政府出资设立，用于奖励高校全日制本专科（含高职、第二学士学位）学生（以下简称学生）中特别优秀的学生。

第二章　奖励标准与基本条件

第四条　国家奖学金的奖励标准为每人每年8 000元。

第五条　国家奖学金的基本条件：

1. 热爱社会主义祖国，拥护中国共产党的领导，自觉遵守宪法和法律，遵守学校的规章制度，诚实守信，道德品质优良；

2. 期间学习成绩优异，曾获得二等（至少一次一等奖学金）以上奖学金，入学以来没有不及格科目（含选修课）；

3. 学年学业成绩和综合测评排名在班级总人数的10%以内，各科平均成绩在80分以上（含80分，不含选修课）；

4. 道德风尚、学术研究、学科竞赛、创新发明、社会实践、社会工作、体育竞赛、文艺比赛等某一方面表现非常突出（需提交证明材料）；

5. 现任院系、班级学生干部、预备党员、入党积极分子且工作表现积极者优先推荐。

第三章 申请与评审

第六条 国家奖学金每学年评审一次,实行等额评审,坚持公开、公平、公正、择优的原则,国家奖学金获奖人数由上级部门划拨的名额指标确定。

第七条 获得国家奖学金的学生为我院在校生中二年级以上(含二年级)的学生。同一学年内,获得国家奖学金的家庭经济困难学生可以同时申请并获得国家助学金,但不能同时获得国家励志奖学金。

第八条 学院成立国家(励志)奖学金评审小组全面领导国家(励志)奖学金评审工作。各系成立国家(励志)奖学金评审工作小组由系党总支副书记、辅导员、学生代表等组成。评审小组按照国家奖学金的基本申请条件,并根据学生的思想品德、学习情况等具体指标对学生进行公开评审。

第九条 申请及评审程序:

(一)评选方法:采取个人申请、民主推荐、组织审定相结合的方法。

(二)具体流程:

1. 学生本人向所在班级提出申请;

2. 各班级评选小组对照国家奖学金的评选标准以及申请人各方面的表现,进行充分讨论,班委和辅导员共同研究确定拟建议名单,填写申请表,并在班上公示,公示无异议后报各系评审工作小组;

3. 各系评审工作小组按照国家奖学金的基本申请条件,根据学生的思想品德、学习情况等具体指标对学生进行公开评审,初步确定建议名单,报学生处资助管理中心审核;

4. 学生处资助管理中心根据审核情况提出国家奖学金获得者候选人名单,报学院国家(励志)奖学金评审小组研究审定后,在院内公示不少于5个工作日;

5. 公示无异议后,学生处资助管理中心负责将国家奖学金候选人材料上报省教育厅审批。

第四章 奖学金发放、管理与监督

第十条 学院根据省财政厅的预算分配,将国家奖学金一次性发放给获奖学生,并颁发国家统一印制的奖励证书。

第十一条 对于获奖学生,各系应继续加强管理,认真做好国家奖学金的评审和发放工作,在评审过程中提供虚假证明材料及其他违纪行为者,将追回其获得的全部奖学金并视情节轻重给予相应的纪律处分,确保国家奖学金用于奖励特别优秀的学生。

第五章 附 则

第十二条 本办法由学院学生工作处负责解释。
第十三条 本办法自发布之日起施行。

福州软件职业技术学院国家励志奖学金管理办法（修订）

第一章 总则

第一条 为激励我院家庭经济困难学生勤奋学习、努力进取，在德、智、体、美等方面得到全面发展，根据《福建省人民政府贯彻国务院建立健全普通本科高校、高等职业学校和中等职业学校家庭经济困难学生资助政策体系的实施意见》（闽政〔2007〕18号）及省教育厅、财政厅《福建省普通本科高校、高等职业学校国家励志奖学金管理暂行办法》（闽财教〔2007〕71号）文件有关精神，制定本办法。

第二条 本办法适用于我院全日制在校专科二年级以上（含二年级）学生。

第三条 国家励志奖学金由中央和地方政府共同出资设立，用于奖励资助我院品学兼优的家庭经济困难学生。

第二章 奖励标准与基本条件

第四条 国家励志奖学金的奖励标准为每人每年5 000元。

第五条 国家励志奖学金的基本申请条件：

1. 热爱社会主义祖国，拥护中国共产党的领导，自觉遵守宪法和法律，遵守学院的规章制度，诚实守信，道德品质优良。

2. 同时具备以下条件：（1）家庭经济困难，生活俭朴，励志向上；（2）学习刻苦，态度认真，成绩优秀，曾获得三等（含三等）以上奖学金，入学以来没有不及格科目（含选修课）；（3）上一学年学业成绩和综合测评排名在班级总人数的25%以内，且在道德风尚、学术研究、学科竞赛、创新发明、社会实践、社会工作、体育竞赛、文艺比赛等某一方面表现非常突出（需提交证明材料）。

3. 现任院系、班级学生干部、预备党员、入党积极分子且工作表现积极者优先推荐。

4. 确保国家励志奖学金真正用于家庭经济困难且成绩优秀的学生身上。

第三章 申请与评审

第六条 国家励志奖学金实行等额评审，坚持公开、公平、公正、择优的原则，国家励志奖学金获奖人数由上级部门划拨的名额指标确定。

第七条 国家励志奖学金按学年申请和评审。申请国家励志奖学金的学生为学院在校生中二年级以上（含二年级）的学生。同一学年内，申请国家励志奖学金的学生可以同时申请并获得国家助学金，但不能同时获得国家奖学金。

第八条 学院成立国家（励志）奖学金评审小组全面领导国家（励志）奖学金评审工作。各系成立国家（励志）奖学金评审工作小组由系党总支副书记、辅导员、学生代表等组成。评审小组按照国家励志奖学金的基本申请条件，并根据学生的思想品德、学习情况、家庭经济困难情况等具体指标对学生进行公开评审。

第九条 申请及评审程序：

（一）评选方法：采取个人申请、民主推荐、组织审定相结合的方法。

（二）具体流程：

1. 学生本人向所在班级提出申请；

2. 各班级评选小组对照国家励志奖学金的评选标准以及申请人各方面的表现，进行充分讨论，班委和辅导员共同研究确定拟建议名单，填写申请表，并在班上公示，公示无异议后报各系评审工作小组；

3. 各系评审工作小组按照国家励志奖学金的基本申请条件，根据学生的思想品德、学习情况、家庭经济困难情况等具体指标对学生进行公开评审，初步确定建议名单，报学生处资助管理中心审核；

4. 学生处资助管理中心根据审核情况提出国家励志奖学金获得者候选人名单，报学院国家（励志）奖学金评审小组研究审定后，在院内公示不少于5个工作日；

5. 公示无异议后，学生处资助管理中心负责将国家励志奖学金候选人材料上报省教育厅审批。

第四章　发放、管理与监督

第十条 学院根据省财政厅下拨的资金进行国家励志奖学金的发放，并颁发国家统一印制的奖励证书。

第十一条 对于获奖学生，各系应继续加强管理，认真做好国家励志奖学金的评审和发放工作，在评审过程中提供虚假证明材料及其他违纪行为者，将追回其获得的全部奖学金并视情节轻重给予相应的纪律处分，确保国家励志奖学金真正用于资助品学兼优的家庭经济困难学生。

第五章　附　则

第十二条 本办法由学院学生工作处负责解释。

第十三条 本办法自公布之日起施行。

福州软件职业技术学院国家助学金管理办法（修订）

第一章 总 则

第一条 为切实解决家庭经济困难学生的就学问题，帮助他们顺利完成学业，激励他们勤奋学习、努力进取，促进他们在德、智、体、美等方面得到全面发展，根据财政部、教育部关于《普通本科高校高等职业学校国家助学金管理暂行办法》（财教〔2007〕92号）及省财政厅、教育厅印发的《福建省普通本科高校、高等职业学校国家助学金管理暂行办法》（闽财教〔2007〕72号）文件有关规定和要求，结合我院学生实际情况，特制订本办法。

第二条 国家助学金用于资助我院全日制大专在校生中的家庭经济困难学生。

第二章 申请条件

第三条 申请国家助学金的同学必须具备以下条件：

（一）基本条件

1. 具有我院正式学籍的全日制大专在校学生；
2. 热爱社会主义祖国，拥护中国共产党的领导；
3. 遵守宪法和法律，遵守学校的规章制度，未受到任何纪律处分；
4. 诚实守信，道德品质优良，勤奋学习，积极上进；
5. 家庭经济困难，生活俭朴，积极参加院、系组织的各项公益活动、集体活动、社会实践和勤工俭学等，能以高度的热忱和责任心回馈社会。

（二）具体条件

1. 一般贫困生界定标准

贫困家庭的学生，符合下列条件之一者，可参考认定为贫困生：

（1）家庭所在地乡镇或街道民政部门认定为家庭经济收入较低的学生；
（2）父母双方或一方下岗，家庭无固定经济收入；
（3）家庭主要成员中有残疾或疾病而丧失劳动能力；
（4）遭受自然灾害，突发变故致使家庭财产损失较重的学生；
（5）由于其他原因造成家庭经济困难的学生。

2. 特困生界定标准

贫困家庭的学生，符合下列条件之一者，可参考认定为特困生：

（1）家庭遭受严重自然灾害或重大突发变故，家庭经济特别困难，难以维持基本生活；

（2）烈士子女、孤儿、父母患有严重疾病或残疾（丧失或部分丧失劳动能力的）以及特殊困难家庭；

（3）被当地政府列为特困户、建档立卡家庭和重点优抚对象的学生；

（4）家庭持有《特困证》、《社会扶助证》、《最低生活保障证》等，难以维持基本生活的学生；

（5）由于其他原因造成家庭经济特别困难的学生。

第三章 认定机构

第四条 学院成立资助工作领导小组，全面领导、监督家庭经济困难学生认定工作；学生处资助管理中心负责组织、审核和管理全院的认定工作。

第五条 各系成立以系党总支副书记为组长、学生辅导员为成员的认定工作小组，负责组织和管理具体的认定工作。

第六条 各系以班级为单位，成立以学生辅导员为组长、学生代表为成员的班级民主评议小组，负责认定评议的具体工作。学生代表应由班长、团支部书记、舍长及一般同学组成，学生代表不少于班级总人数的10%。班级评议小组成立后，其成员名单应在本班级范围内公示确认。

第四章 认定要求和程序

第七条 国家助学金申报材料要求

1. 申请人须向辅导员提交《国家助学金申请表》、《高等学校学生及家庭情况调查表》、《高等学校家庭经济困难学生认定申请表》、《学生日常生活消费调查表》以及相关贫困证明，完善个人申请信息。（注：学生家庭经济情况证明材料，由乡镇、街道一级民政部门出具即可。）

2. 由辅导员担任组长，各班班委和学生代表（学生代表不少于班级总人数的10%。）组成的班级民主评议小组，对申请人提交的信息进行审核、汇总。完成家庭经济困难学生信息导入表和助学金明细导入表。

第八条 国家助学金的评审程序

1. 各专业班级组织符合条件的学生申请并填写《福州软件职业技术学院国家助学金申请表》，并以班级为单位由班级民主评议小组推选评议并提出受资助的初步名单及困难等级，评议结果由辅导员初步审核，并在班级范围内进行公示；

2. 公示无异议后，辅导员将初步审核确定的名单报各系资助认定工作小组进行审核，审核通过后上报学生处资助管理中心，提出享受国家助学金资助初步名单及资助档次；

3. 学生处资助管理中心汇总、复审各系上报的助学金申请材料交由学院学生资助工作领导小组研究审定；审批通过后，按照公开、公平、公正的原则，将初审合格学生名单向全院师生公示不少于5个工作日；

4. 公示期间无异议，由学生处资助管理中心将正式确定的国家助学金名单及相关材料报送省教育厅审批。

第五章　资助标准和原则

第九条　国家助学金资助标准。国家助学金主要用于资助家庭经济困难学生的生活费用开支。资助标准分两档，分别是特困生每人每年4 000元，贫困生每人每年2 500元。

第十条　国家助学金的评审原则。国家助学金坚持公开、公平、公正、择优的原则，按学年申请和评审，实行等额评审。

第六章　认定管理和监督

第十一条　各系要高度重视贫困学生的认定工作，力求客观、公正，谨防错评、漏评。辅导员要经常深入到学生当中，了解经济困难学生生活、学习、工作等方面情况，听取班级民主评议小组、班委和同学的反馈信息。同时，教育和培养学生诚实守信、感恩回馈的观念，激励学生勤奋学习，回报社会。

第十二条　学生处资助管理中心和各系认定小组每学年应定期对家庭经济困难学生情况进行复查，随机抽选一定比例的家庭经济困难学生，通过信件、电话、实地走访等方式进行核实。如发现弄虚作假现象，一经核实，取消资助资格，收回资助资金；情节严重的，依据有关规定进行严肃处理。

第七章　附　　则

第十三条　本办法由学院学生工作处负责解释。
第十四条　本办法自公布之日起施行。

福州软件职业技术学院家庭经济困难学生认定管理办法（修订）

第一章　总　则

第一条　为认真做好我院家庭经济困难学生认定工作，公平、公正、合理地分配资助资源，切实保证各项资助政策和措施真正落实到家庭经济困难学生身上，根据上级文件精神，结合我院实际，制定本实施办法。

第二条　本办法适用于经注册取得我院正式学籍的全日制普通专科学生。

第三条　本办法所称家庭经济困难学生是指学生本人及其家庭所能筹集到的资金，难以支付其在校期间的学习和生活基本费用的学生。根据我院实际情况和经济困难程度，家庭经济困难学生认定标准分为特别困难、困难两个档次。特别困难学生约占在校生数的5%，困难学生约占在校生数的15%。

第二章　认定原则和标准

第四条　认定原则。家庭经济困难学生认定工作应严格工作制度，按照公开、公平、公正的原则，坚持实事求是，确定合理标准，由学生本人提出申请，实行民主评议和学院评定相结合的原则。

第五条　认定标准

1. 基本条件。家庭经济困难学生申请认定须符合下列基本条件之一：

（1）孤儿、烈士子女或优抚家庭子女等无直接经济来源者；

（2）单亲或父母年事已高或患病长期卧床家庭缺乏劳动力，家庭又无固定经济来源且亲友无资助能力者；

（3）来自老少边穷地区，经济条件差，家庭无固定经济来源，基本生活难以维持者；

（4）因家庭经济贫困，无力支付在校期间必要的学习和生活费用者。

2. 以下情况可直接认定为家庭经济困难学生并按省定最高标准予以资助：

（1）建档立卡家庭经济困难学生；

（2）家庭被地方政府列为特困户，难以维持基本生活者；

（3）家庭为民政部门确定的城市居民最低生活保障对象者；

（4）学生家庭或本人突遭不幸（如家庭遭遇自然灾害，学生本人突发疾病或意外事故导致伤残的），超越家庭经济承受能力者。

第六条 能够证明有下列行为之一者，不能认定为家庭经济困难学生：（一）拥有或使用高档通信工具的；（二）购买高档娱乐电器、高档时装或高档化妆品等奢侈品的；（三）节假日经常外出旅游的；（四）有其他高消费行为或奢侈消费行为的。

第三章 认定机构

第七条 （一）学院资助工作领导小组。学院成立学生资助工作领导小组全面领导、监督家庭经济困难学生认定工作，学生处资助管理中心具体负责组织、审核和管理全院家庭经济困难学生的认定工作。

（二）系认定工作组。各系成立以系党总支副书记为组长、辅导员、学生代表等担任成员的认定工作组，具体负责审核本系的认定工作。

（三）认定评议小组。以年级（或专业）为单位，成立以学生辅导员任组长，学生代表担任成员的认定评议小组，负责认定的民主评议工作。认定评议小组成员中，学生代表人数视班级人数合理配置，应具有广泛的代表性，一般不少于年级（或专业）总人数的10%。认定评议小组成立后，其成员名单应在本年级（或专业）范围内公示。

第四章 认定程序和要求

第八条 认定程序和要求：家庭经济困难学生认定每学年认定一次。每学年开学初，学生处资助管理中心统一发布认定工作通知。

1. 首次申请认定的学生和家庭经济情况发生显著变化需要变更困难等级的学生要如实填写《高等学校学生及家庭情况调查表》（以下简称《调查表》），并持该表到家庭所在地乡、镇或街道民政部门签署意见并加盖公章，以证明其家庭经济状况。《调查表》新生随录取通知书寄送，在校生可从学院网站下载。已被认定为家庭经济困难的学生再次申请认定时，若家庭经济状况无显著变化，可只提交《高等学校家庭经济困难学生认定申请表》（以下简称《申请表》）和《学生日常生活消费调查表》。

2. 申请认定的学生自行打印《申请表》，并应在规定的时间内将《调查表》、《申请表》、《学生日常生活消费调查表》交到辅导员处。

3. 各系评议组组长负责召集认定评议小组。评议小组根据学生提交的《调查表》、《申请表》、《学生日常生活消费调查表》，对照本实施办法认定标准认真进行评议，确定本系各档次的家庭经济困难学生资格，报各系认定工作组进行评议。若有需要可要求学生提供其他证明材料。评议小组组长在学生《申请表》的"陈述理由"一栏中写明认定理由。

第九条　各系认定工作组审核通过后，要将家庭经济困难学生名单，以适当方式、在适当范围内公示不少于5个工作日。如师生有异议，可通过有效方式向本系认定工作组提出质疑。认定工作组应在接到异议材料的3个工作日内予以答复。如对各系认定工作组的答复仍有异议，可通过有效方式向学生处资助管理中心提请复议，并应在接到复议提请的3个工作日内予以答复。如情况属实，应做出调整。

第十条　学生处资助管理中心负责汇总各系审核通过的家庭经济困难学生材料，同时上报学院学生资助工作领导小组审批，审批通过后建立家庭经济困难学生信息档案。

第五章　对家庭经济困难学生的资助

第十一条　学院建立并逐步完善以国家助学贷款为主体、奖助学金、勤工助学、"绿色通道"等资助形式为辅助的学生经济资助体系。

第十二条　资助原则：1. 主动申请原则。需要资助的学生一般应主动提出申请。2. 差异性原则。学院对家庭经济困难程度不同的学生的资助应体现梯度差异。困难程度较低的学生所获得的资助额一般不应高于困难等级高的学生，资助数额较大的资助项目应优先评定给困难程度高的学生。3. 救急优先原则。在家庭经济困难程度相近的情况下，更急迫需要帮助的学生优先得到资助，如遭受自然灾害等。

第六章　日常管理

第十三条　各系要加强学生的诚信教育，教育学生如实提供家庭情况，及时告知家庭经济状况显著变化情况。如学生积极主动提出家庭经济状况发生显著变化的，各系应及时做出调整。

第十四条　学生处资助管理中心和各系认定小组每学年应定期对家庭经济困难学生情况进行复查，不定期地随机抽选一定比例的家庭经济困难学生，通过信件、电话、实地走访等方式进行核实。如发现弄虚作假现象，一经核实，取消资助资格，收回资助资金；情节严重的，依据有关规定进行严肃处理。

第七章　附　则

第十五条　本办法由学院学生工作处负责解释。
第十六条　本办法自公布之日起施行。

福州软件职业技术学院生源地信用助学贷款管理办法（修订）

第一章 总 则

第一条 为做好我院生源地信用助学贷款工作，帮助家庭经济困难学生顺利完成学业，根据财政部、教育部、中国人民银行、银监会《关于调整完善国家助学贷款相关政策措施的通知》（财教〔2014〕180号）有关文件精神，结合我院实际情况，制定本办法。

第二条 生源地信用助学贷款是由政府主导、财政贴息、财政和高校共同给予银行一定风险补偿金，银行、教育行政部门与高校共同操作的专门帮助高校家庭经济困难学生的贷款。

第三条 本办法适用于我院家庭经济困难的全日制专科学生。

第四条 学生申请贷款金额每人每学年最高不超过8 000元，所贷金额只能用于支付在校期间学费和住宿费问题。

第五条 学生处资助管理中心负责我院学生的生源地信用助学贷款工作。

第二章 贷款的申请条件、手续及审批

第六条 申请生源地信用助学贷款的学生须具备以下条件：（一）中华人民共和国国籍；（二）具有完全的民事行为能力（未成年人须由其法定监护人书面同意）；（三）在校全日制家庭经济困难学生；（四）遵纪守法，诚实守信，品德优良；（五）学习刻苦，能正常完成学业；（六）承诺向贷款银行及时提供在学期间和毕业后的有关情况，履行按期归还贷款本息的责任；（七）办理贷款时，学生及共同借款人（父母或其他监护人）的户籍均在贷款受理机构所在辖区内；（八）学院及经办银行规定的其他条件。

第七条 学生在校期间原则上只能申请一次生源地信用助学贷款，在规定的时间内向所在系部提出书面申请，并如实提交以下材料：（一）本人身份证和学生证复印件；（二）家庭所在地街道或乡、镇以上政府机关或其民政部门出具的家庭经济困难证明原件；（三）未成年人须提供法定监护人的有效身份证复印件和同意贷款的书面证明；（四）学院及经办银行要求提供的其他材料。

第八条 各系对学生的助学贷款申请材料进行初审，符合规定要求的学生材料报送学生处资助管理中心。

第九条 学生处资助管理中心分别对学生的助学贷款申请材料进行复审汇总，完成后组织有关学生在每年 4 月底之前，通过"生源地贷款预申请平台"，完成预申请工作。

第十条 经办银行审查确认，助学贷款学生与相关银行签订借贷合同及贷借据，办理有关手续。

第三章 贷款的发放、终止、变更及偿还

第十一条 生源地信用助学贷款实行一次申请、一次授信、逐年发放。学费贷款由经办银行按学年直接划入学院指定的学费收款账号。

第十二条 贷款学生的贷款期限和借款金额一经确定，在贷款期限内保持不变。中途若要求变更或终止贷款，可向经办银行申请办理。

第十三条 贷款学生有以下之一情形的，学院和银行可终止其贷款：（一）违反国家的法律，受到制裁，或违反学院的规章制度，受到记过以上处分的；（二）违反经办银行有关规定，经办银行可停止发放贷款，并要求贷款学生归还全部贷款本息。

第十四条 学生休学期间不提供贷款。休学期满复学转入正式学籍可重新申请贷款。

第十五条 贷款学生因转学、退学、被开除学籍等原因离校时，必须与经办银行签订还款确认书，确定还款方式和还款时间，并保证按合同归还本息后，学院方可为其办理有关手续。

第十六条 贷款学生出国留学、定居的，必须一次性还清贷款本息，方可办理有关手续。

第十七条 贷款学生毕业离校时，必须与经办银行签订还款确认书，对不签订还款确认手续，不按规定提交有关材料的毕业生，学院暂缓为其办理毕业离校手续。

第十八条 生源地信用助学贷款采用灵活的偿还方式，可一次或分次或提前归还，具体方式由贷款学生与经办银行商定并载入合同。

第十九条 贷款学生毕业（离校）后，须及时将其工作去向、变动地址、联系方式（电话、电子邮箱等）通知经办银行。

第四章 贷款的期限、利率

第二十条 贷款学生在校期间的助学贷款利息由国家财政全部补贴；毕业后的利息及罚息由贷款学生本人全额支付。毕业后有 3 年的还本宽限期，贷款期限为学制加 13 年，最长不超过 20 年。

第二十一条　助学贷款利率按照相关银行公布的法定贷款利率执行。

第五章　违约责任与贷款追索

第二十二条　接受生源地信用助学贷款的贷款学生如未按照与经办银行签订的还款协议约定的期限、数额偿还贷款，经办银行应对其违约还款金额计收罚息。

第二十三条　经办银行将已毕业贷款学生的个人基本信息和还款情况录入相关银行的个人信用信息基础数据库，以供全国各金融机构依法查询。如助学贷款毕业学生违约情况严重，将影响其向金融机构申请办理其他个人消费信贷。

第二十四条　按还款协议进入还款期后，对于连续拖欠还款行为严重的贷款学生，经办银行有权通过新闻媒体和网络等信息渠道公布其姓名、入学前家庭地址、毕业就业单位、居民身份号码、拖欠贷款本息金额及其他违约行为等信息，并依法追偿贷款本息。

第六章　相关机构工作职责

第二十五条　学生处资助管理中心：（一）负责对经办银行的确定和贷款业务的具体操作；（二）负责对申请贷款学生的资格审查、各种数据汇总和信息上报；（三）对贷款学生进行诚信教育，建立信用记录，协助经办银行做好贷款学生的还本付息催收工作，督促他们履行按时还本付息义务；（四）学生毕业离校时，组织贷款学生与经办银行办理还款确认手续，并向经办银行提供贷款学生去向、变动情况、联系方式等信息；（五）对贷款学生在校期间发生的休学、转学、出国留学或定居、退学、开除、伤残、死亡、失踪等情况及时通知经办银行，并协助经办银行采取相应的债权保护措施；（六）及时向上级主管部门报送年度助学贷款相关数据及其他相关事宜。

第二十六条　各系工作职责：（一）负责对本系学生的申请助学贷款材料的真实性进行严格审查；（二）负责召集贷款学生办理填写借款合同、借款凭证等有关手续；（三）负责助学贷款政策宣传、诚信教育，建立贷款学生信用记录，协助做好贷款学生的还本付息催收工作，督促贷款学生履行按时还本付息义务；（四）负责向学生资助管理中心及时提供本系贷款学生去向、变动情况、联系方式等信息；（五）建立和管理贷款学生的居住地址和有效联系方式等有关档案资料；（六）贷款学生毕业离校前，协助组织他们与经办银行办理还款确认手续，制定还款计划，签订还款协议；（七）学院交办的其他助学贷款工作的有关事宜。

第七章　附　则

第二十七条　本办法由学院学生工作处负责解释。

第二十八条　本办法自公布之日起实施。

福州软件职业技术学院学生勤工助学管理办法（修订）

第一章 总则

第一条 为规范管理我院学生勤工助学工作，促进勤工助学活动健康、有序开展，保障学生的合法权益，培养学生自立自强精神，增强学生社会实践能力，帮助学生顺利完成学业，制定本办法。

第二条 本办法适用于经注册取得我院正式学籍的家庭经济困难学生。

第三条 本办法所称勤工助学活动是指学生在校期间利用课余时间，通过劳动取得合理报酬，用于改善学习和生活条件的社会实践活动。勤工助学是学院学生资助工作的重要组成部分，是提高学生综合素质和资助家庭经济困难学生的有效途径。

第四条 勤工助学活动必须坚持"立足校园、服务社会"的宗旨，按照学有余力、自愿申请、信息公开、扶困优先、竞争上岗、遵纪守法的原则，在不影响正常教学秩序和学生正常学习的前提下有组织地开展。

第五条 勤工助学活动由学院统一组织和管理。学生私自在校外打工的行为，不在本办法规定之列。

第二章 管理机构职责

第六条 学院学生资助工作领导小组全面领导勤工助学工作，负责协调学院的财务、人事、学工、教务、科研、后勤、团委等部门，配合学生处资助管理中心开展相关工作。充分发挥学生会等学生社团组织在勤工助学工作中的作用，共同做好勤工助学工作。

第七条 组织开展勤工助学活动是学院学生工作的一项重要内容。学生处资助管理中心要加强领导，认真组织，学院各部门要充分发挥作用，在工作安排、人员配备、资金落实、办公场地、活动场所及助学岗位设置等方面给予大力支持，为学生勤工助学活动提供指导、服务和保障。

第八条 各系和岗位指导老师要加强对勤工助学学生的思想政治教育，帮助他们树立正确的劳动观。对在勤工助学活动中表现突出的学生予以表彰和奖励。对在勤工助学活动中违反校纪校规的，按照学院管理规定进行教育和处理。

第九条 在学生处资助管理中心的领导下,根据国家有关规定,筹措经费,设立勤工助学专项资金。配合学院财务部门共同管理和使用学院勤工助学专项资金,制订学院勤工助学岗位的报酬标准,并负责酬金的发放和管理工作。

第三章 院内勤工助学活动的管理

第十条 学生申请勤工助学的条件:
(一)经注册取得我院正式学籍的家庭经济困难学生;
(二)遵守校规校纪,无不诚信记录;
(三)学有余力,不影响学业;
(四)主动申请,并递交《福州软件职业技术学院勤工助学岗位申请表》。

第十一条 勤工助学岗位招聘原则:扶困优先。优先满足家庭经济困难的学生勤工助学的需要,原则上一人一岗。

第十二条 院内各部门遵循"谁用工,谁负责"原则:
(一)各部门申请勤工助学岗位需递交《福州软件职业技术学院用工部门勤工助学岗位申请表》;
(二)各部门要及时建立本部门勤工助学学生档案;
(三)各部门要及时对参加勤工助学的学生进行必要的岗前培训和安全教育;
(四)各部门要加强对本部门勤工助学活动的管理和考核;
(五)各部门要合理安排用工时间,原则上每周不超过8小时;
(六)各部门要维护勤工助学学生的合法权益,不得组织学生参加有毒、有害和危险的生产作业以及超过学生身体承受能力、有碍学生健康的劳动。

第十三条 上岗学生应认真履行岗位职责,服从管理,遵守学院规章制度,按时保质保量完成岗位任务。

第四章 院内勤工助学岗位的设置

第十四条 设岗原则:以工作需要定岗位。
(一)按每个家庭经济困难学生年平均上岗工时,测算全院勤工助学总工时数,统筹安排、设置院内勤工助学岗位。
(二)设置的岗位数量既要满足学生的工时需求,又要保证学生不因参加勤工助学而影响学习。学生参加勤工助学的时间原则上每周不超过8小时,每月不超过40小时。每小时酬金原则上不低于8元人民币。

第十五条 岗位类型:勤工助学岗位分固定岗位和临时岗位。
(一)固定岗位是指持续一个学期以上的长期性岗位和寒暑假期间的连续性岗位;
(二)临时岗位是指不具有长期性,通过一次或几次勤工助学活动即完成任务的工作岗位;

（三）院内勤工助学岗位设置应以院内教学助理、科研助理、行政管理助理和后勤服务等为主；

（四）学院后勤部门应大幅度减少雇用临时工，调整出适合学生参与管理和服务的岗位，为学生提供更多的勤工助学机会。

第十六条 酬金发放：

（一）勤工助学岗位的酬金，根据各岗位的劳动时间、劳动性质、劳动强度确定；

（二）各部门负责制作勤工助学岗位发放表（须附工时认定），并在次月10日之前报送学生处资助管理中心，学生处资助管理中心负责上报学院财务部门审核后发放；

（三）勤工助学酬金采用银行卡方式，由学院财务部门统一发放。

第五章 附 则

第十七条 本办法由学院学生工作处负责解释。

第十八条 本办法自公布之日起施行。

福州软件职业技术学院学生应征入伍服义务兵役资助管理办法（暂行）

第一章　总　则

第一条　为鼓励我院学生积极应征入伍服义务兵役，提高兵员征集质量，对应征入伍服义务兵役及退役后自愿回校复学的高等学校学生，国家给予资助。现根据有关规定，制定本办法。

第二条　我院学生应征入伍服义务兵役国家资助，是指国家对应征入伍服义务兵役的高校学生，在入伍时对其在校期间缴纳的学费实行一次性补偿或获得的国家助学贷款（国家助学贷款包括校园地国家助学贷款和生源地信用助学贷款，下同）实行代偿；应征入伍服义务兵役前正在我院就读的学生（含按国家招生规定录取的我院新生），服役期间按国家有关规定保留学籍或入学资格、退役后自愿复学或入学的，国家实行学费减免。

第三条　下列学生应征入伍服义务兵役不享受国家资助：

（一）在校期间已免除全部学费的学生；

（二）定向生、委培生和国防生；

（三）其他不属于服义务兵役到部队参军的学生。

第四条　我院学生应征入伍服义务兵役国家资助资金，全部由中央财政安排。

第二章　标准及年限

第五条　学费补偿、国家助学贷款代偿及学费减免标准，本专科生每人每年最高不超过8 000元。

学费补偿或国家助学贷款代偿金额，按学生实际缴纳的学费或获得的国家助学贷款（国家助学贷款包括本金及其全部偿还之前产生的利息，下同）两者金额较高者执行，据实补偿或者代偿。退役复学后学费减免金额，按学院实际收取学费金额执行。超出标准部分不予补偿、代偿或减免。

获学费补偿学生在校期间获得国家助学贷款的，补偿资金必须首先用于偿还国家助学贷款。如补偿金额高于国家助学贷款金额，高出部分退还学生。

第六条　获得国家助学贷款的在校生应征入伍后，国家助学贷款停止发放。

第七条 学费补偿、国家助学贷款代偿和学费减免的年限，按照国家对本科、专科（高职）规定的相应修业年限据实计算。以入伍时间为准，入伍前已达到的修业规定年限，即为学费补偿或国家助学贷款代偿的年限；退役复学后应完成的国家规定的修业年限的剩余期限，即为学费减免的年限；复学后攻读更高层次学历不在减免学费范围之内。

第三章 申请与审批

第八条 我院学生申请应征入伍服义务兵役国家资助应遵循以下程序：

（一）应征报名的学生登录大学生征兵报名系统，按要求在线填写、打印《高校学生应征入伍学费补偿国家助学贷款代偿申请表》（一式两份，以下简称《申请表》）并提交学生处资助管理中心。在校期间获得国家助学贷款的学生，需同时提供《国家助学贷款借款合同》复印件和本人签字的一次性偿还贷款计划书。

（二）学生处资助管理中心对《申请表》中学生的资助资格、标准、金额等相关信息审核无误后，对《申请表》加盖公章，一份留存，一份返还学生。

（三）学生在征兵报名时将《申请表》交至入伍所在地县级人民政府征兵办公室（以下简称"县级征兵办"）。学生通过征兵体检被批准入伍后，县级征兵办对《申请表》加盖公章并返还学生。

（四）学生将《申请表》原件和入伍通知书复印件，寄送至我院学生处资助管理中心。

第九条 学生处资助管理中心在收到学生寄送的《申请表》和《入伍通知书》复印件后，对各项内容进行复核，符合条件的，及时向学生进行学费补偿或国家助学贷款代偿。

对于办理校园地国家助学贷款的学生，由学院按照还款计划，一次性向银行偿还学生校园地国家助学贷款本息，并将银行开具的偿还贷款票据交寄学生本人或其家长。偿还全部贷款后如有剩余资金，汇至学生指定的地址或账户。

对于入学前在户籍所在县（市、区）办理了生源地信用助学贷款的学生，由学院根据学生签字的还款计划，一次性向银行偿还学生生源地信用助学贷款本息，或由学院将代偿资金汇入学生贷款经办地县级学生资助管理机构账户，由县级学生资助管理机构向银行偿还；学院或县级学生资助管理机构将银行开具的偿还贷款票据交寄学生本人或其家长，县级学生资助管理机构还应同时将偿还贷款票据复印件寄送学院。偿还全部贷款后如有剩余资金，汇至学生指定的地址或账户。

第十条 退役后自愿回校复学的学生，到学院报到后向学院提出学费减免申请，填写并提交《高校学生退役复学学费减免申请表》和退出现役证书复印件。学院学生处资助管理中心在收到申请材料后，及时对学生申请资格进行审核认定。符合条件的，及时办理学费减免手续。

第十一条 资助资金不足以偿还国家助学贷款的,学生应与经办银行重新签订还款计划,偿还剩余部分国家助学贷款。

第十二条 应征入伍服义务兵役的往届毕业生,如申请国家助学贷款代偿的,应由学生本人继续按原还款协议自行偿还贷款,学生本人凭贷款合同和已偿还的贷款本息银行凭证向学院申请全部代偿资金。

第三章 资金管理与监督

第十三条 因本人思想原因、故意隐瞒病史或弄虚作假、违法犯罪等行为造成退兵的学生,学院将取消其受助资格,并不得申请学费减免。

第十四条 因部队编制员额缩减、国家建设需要、因战因公负伤致残、因病不适宜在部队继续服役、家庭发生重大变故需要退出现役等原因,经组织批准提前退役的学生,仍具备受助资格。其他原因非正常退役学生的资助资格认定,由学院所在地省(区、市)人民政府征兵办公室会同同级教育行政部门确定。

第十五条 我院学生处资助管理中心要认真履行职责,按照规定要求,对应征入伍学生的入伍资格、资助资格等进行认真审核,不得弄虚作假。对符合要求的应征入伍学生,应及时办理资助手续。

第四章 附 则

第十六条 本办法由学院学生工作处负责解释。

第十七条 本办法自发布之日起施行。